JLPT 실전 모의고사 N4

문제집

일본어를 얼마나 공부하셨나요? JLPT는 1984년에 처음 시행하였고, 일본국제교육협회와 국제교류기금이 주최하는 일본 정부가 공인하는 시험으로 그동안 공부한 일본어 능력을 공식적으로 평가하는 좋은 기회로도 활용할 수 있습니다. 과거에는 1, 2, 3, 4급으로 나누었으나, 현재는 N1, N2, N3, N4, N5로 총 5레벨로 이루어져 있습니다. 그중에서도 N4를 응시할 때의 일본어 수준은 기존 시험 3급과 비슷한 레벨로 기본적인 어휘나 한자를 바탕으로 초보적인 문법을 습득하여, 일상생활에서 일어나는 간단한 회화가 가능하고 읽고 쓸 수 있는 능력 정도입니다. N4의 시험 구성은 언어지식(문자 · 어휘), 언어지식(문법) · 독해, 청해로 이루어져 있습니다.

일본어와 한국어의 문법 구성은 주어, 목적어, 술어의 구성으로 거의 비슷합니다. 그리고 일본어와 한국어 모두 조사가 존재하고, 쓰임도 비슷합니다. 그래서 한국인들이 다른 나라권의 사람들보다 좀더 수월하게 일본어 공부를 할 수 있는 건지도 모르겠습니다. 그러나 일본어 표현을 제대로 본인의 것으로 만들기 위해서는 많은 문장 유형을 습득해야 하며, 특히 한국어에 없는 한자를 암기해야 하기 때문에 무척 힘듭니다. 여러분들 모두 마음속에 'N4에 합격하겠다'는 확실한 목표가 있었기에 온갖 어려움을 극복하고 노력해서 지금 이 책으로 N4 모의고사 5회분을 풀 수 있는 능력에 이르렀을 것이라고 생각합니다.

N4의 합격증을 받는다는 것은 이미 '일상생활에 필요한 일본어 능력'을 갖췄다는 것을 의미합니다. 과거에 일본 드라마나 영화, 애니메이션을 볼 때는 완전히 자막에 의지해야 했는데 지금은 이미 상당 부분의 대사를 이해할 수 있게 되었다는 것을 느끼고 있진 않나요? 일본을 여행할 때 현지 일본인들과 직접 소통하면서도 큰 어려움을 느끼지 않게 되지 않았나요? N4 수준까지 일본어를 공부하면 누구나 자신의 일본어 실력이 이미 크게 발전했다는 것을 실감할 수 있을 것입니다.

여러분 모두에게 최대한 일본어를 사용할 수 있는 기회가 주어지길 기대합니다. 일본어로 일기를 쓰거나 좋아했던 일본 만화를 일본어로 읽어 본다던가 일본어 소설 읽기 등에 도전해 보시는 것도 좋을 것 같습니다. 끝으로 이 책을 사용하여 시험 준비를 하시는 학생분들 모두 순조롭게 N4 합격증을 받으실 수 있기를 기원합니다. 그리고 더 나아가 N4를 합격한 다음에도 일본어에 대한 흥미가 이어져 N3 합격증까지 받게 되시길 바라겠습니다. 응원합니다!

하마가와 마유미

濱川眞由美

JLPT 실전 모의고사 N4

실전 모의고사 1회 ·· 005

실전 모의고사 2회 ·· 049

실전 모의고사 3회 ·· 095

실전 모의고사 4회 ·· 141

실전 모의고사 5회 ·· 185

N4

JLPT
실전 모의고사

제 1 회

언어지식(문자 · 어휘)
·
언어지식(문법) · 독해
·
청해

もんだい1 ＿＿＿のことばは　ひらがなで　どう　かきますか。1・2・3・4から　いちばん　いいものを　ひとつ　えらんでください。

(例) どろぼうに　財布を　ぬすまれたようです。

1　ざいふ　　2　ざいさん　　3　さいふ　　4　さいきん

かいとうようし　| (例) | ① ② ● ④ |

1　最寄の　えきは　どこですか。

1　さいきん　　　　　　　2　もより
3　さいちゅう　　　　　　4　もなか

2　ちちは　工場を　けいえいして　います。

1　こうえん　　2　こうぱ　　3　こうちょう　4　こうじょう

3　くつに　砂が　入って　いました。

1　いし　　　2　くさ　　　3　すな　　　4　えさ

4 国際くうこうに つきました。

　　1　ごくさい　　2　こくさい　　3　こくぎ　　　4　くにぎわ

5 ご馳走に なりました。

　　1　ちそう　　　2　しっそ　　　3　じそう　　　4　じすい

6 バスが おくれて、遅刻 して しまいました。

　　1　ちこく　　　2　じかく　　　3　じごく　　　4　しかく

7 かれの 小説は しょうを もらいました。

　　1　しょうせい　　　　　　2　こせつ
　　3　しょうせつ　　　　　　4　くどき

8 このじしょを その本棚に おいて ください。

　　1　ほんたな　　2　きだな　　　3　もとだな　　4　ほんだな

9 あしたは 面接ですから、スーツを きて いきます。

　　1　おもせつ　　2　めんせつ　　3　めんうけ　　4　めむかえ

もんだい2 ＿＿＿のことばは　どう　かきますか。1・2・3・4から　いちばん　いいものを　ひとつ　えらんでください。

(例) きものを　きる　きかいは　すくなくなりました。

1　機械　　　2　時下　　　3　機会　　　4　奇怪

かいとうようし　　

10　この　マフラーは　じぶんで　あみました。

1　偏み　　　2　篇み　　　3　編み　　　4　網み

11　かいじょうで　さいしょに　あった人は　石川さんです。

1　最緒　　　2　最期　　　3　最近　　　4　最初

12　いっしょに　てんらんかいを　みに　いきませんか。

1　転攬会　　　2　展覧会　　　3　伝覽會　　　4　甜欖會

13　くにの　おみやげを　先生に　さしあげます。

1　差し上げます　　　　　　2　召し上げます

3 指し挙げます   4 注し揚げます

14 いみが　わからないとき、<u>じてん</u>を　ひきます。

1 亂典   2 辞典   3 乱点   4 辞書

15 九州へ　いったとき、ふるい<u>じんじゃ</u>に　まいりました。

1 陣屋   2 神社   3 神舎   4 陳社

もんだい3 （　　　）に　なにを　いれますか。1・2・3・4か　ら　いちばん　いいものを　ひとつ　えらんでくださ　い。

(例) まどが　よごれているので（　　　）ください。

1　あけて　　2　しめて　　3　わって　　4　ふいて

かいとうようし　| (例) | ① ② ③ ● |

16　駅は　あの　かどを　右へ（　　　）と　すぐです。

1　まわる　　2　とおる　　3　わたる　　4　まがる

17　李さんは　字が（　　　）ですから、いつも　みんなに　ほめら　れる。

1　へた　　　2　うまい　　3　うるさい　4　きたない

18　スミスさんは　母国語なので、英語の（　　　）が　はっきりす　る。

1　はつおん　　　　　　2　なまり

3　こうじょう　　　　　4　くちぐせ

19 この町は　人が多くなっていて、人口が（　　　）。

1　へった　　　2　さがる　　　3　ふえる　　　4　げんしょう

20 ふどうさんやは　わたしの（　　　）を　まっている。

1　しょうかい　　　　　　　2　あいず
3　せいかい　　　　　　　　4　へんじ

21 彼女は　でかけるとき、いつも　イヤリングを（　　　）。

1　けずる　　　2　いける　　　3　かける　　　4　つける

22 あしたは　休みだし、（　　　）ようじも　ないから、うちで
のんびり　しましょう。

1　それで　　　2　そこで　　　3　それに　　　4　ついでに

23 しけんは　思った（　　　）むずかしかったです。

1　きり　　　2　まま　　　3　ほど　　　4　より

24 ひこうきに　のる　まえに（　　　）で　あいましょう。

1　かいさつ（ぐち）　　　　　2　ゲート
3　ホーム　　　　　　　　　　4　バスてい

もんだい4 ＿＿＿のぶんと　だいたい　おなじ　いみの　ぶんが あります。1・2・3・4から　いちばん　いいものを ひとつ　えらんでください。

(例) ここで　かんこくごを　ならうことが　できます。

1　ここで　かんこくごを　おしえています。

2　ここで　かんこくごに　なおして　もらえます。

3　ここで　かんこくごを　ならったことが　あります。

4　かんこくじんの　せんせいに　ことばを　ならいました。

かいとうようし　| (例) | ● ② ③ ④ |

25　先生に　レポートの　かきかたを　ちゅういされました。

1　先生は　「とても　よく　できました」と　いいました。

2　先生は　「字が　たいへん　きれいですね」と　いいました。

3　先生は　「かきかたが　あまり　よくない」と　いいました。

4　先生は　「あなたの　さいのうを　しらなかった」といいました。

26 ジョンさん、ひさしぶりですね。

1　ジョンさん、よく　きますね。

2　ジョンさん、あったばかりですね。

3　ジョンさん、ずいぶん　げんきだね。

4　ジョンさん、しばらくですね。

27 まいにち　はやおきしています。

1　まいにち　あさごはんを　たべています。

2　まいにち　あさはやく　おきています。

3　まいにち　なかなか　おきられません。

4　まいにち　おそくまで　おきています。

28 ゆうべの　コンパは　２０人　でました。

1　ゆうべの　コンパには　２０人　けっせきしました。

2　ゆうべの　コンパには　２０人　はんたいしました。

3　ゆうべの　コンパでは　２０人　スピーチしました。

4　ゆうべの　コンパには　２０人　さんかしました。

29 どんどん　たべて　ください。

1　だんだん　しょくじして　ください。

2　たくさん　たべて　ください。

3　きれいに　いただいて　ください。

4　しずかに　しょくじして　ください。

もんだい5　つぎの　ことばの　つかいかたで　いちばん　いいもの　を　1・2・3・4から　ひとつ　えらんで　ください。

(例) すごす

1　もう12じを　すごしました。

2　そふは　ことし　70さいを　すごしました。

3　なつやすみは　らいしゅうまでで　すごします。

4　しゅうまつは　かぞくと　すごします。

かいとうようし　　| (例) | ① ② ③ ● |

30　たのしみ

1　きのうの　パーティーは　たのしみです。

2　せんしゅうの　りょこうを　たのしみです。

3　おあいするのを　たのしみに　しています。

4　たのしみに　えいごを　おしえています。

31　やちん

1　おおやさんに　やちんを　はらいます。

2　がっこうに　やちんを　はらいます。

3　うんてんしゅに　やちんを　はらいます。

4　じゅくに　やちんを　はらいます。

32 つとめる

1　かのじょは　びょういんで　<u>つとめて</u>います。

2　たなかさんは　ぎんこうに　<u>つとめて</u>います。

3　かれは　けいざいの　けんきゅうを　<u>つとめる</u>。

4　コーヒーを　のむと、あたまが　よく　<u>つとめる</u>。

33 やぶれる

1　あの　ガラスが　<u>やぶれて</u>います。

2　この　茶わんが　<u>やぶれて</u>います。

3　その　コップが　<u>やぶれて</u>います。

4　この　ふくろが　<u>やぶれて</u>います。

34 るす

1　だれか　きたら、<u>るす</u>ばんだと　いいなさい。

2　このバスには、<u>るす</u>のせきが　ありません。

3　<u>るす</u>のあいだに、どろぼうに　はいられた。

4　びょうきで　かいしゃを　<u>るす</u>に　している。

もんだい1　（　　　）に　何を　いれますか。1・2・3・4から
いちばん　いいものを　一つ　えらんで　ください。

（例）みち（　　　）わたるときは、じゅうぶん　ちゅういして　く
ださい。

　　1　に　　　　2　で　　　　3　を　　　　4　は

かいとうようし　

1　花子の　かおは　母親（　　　）よく　にています。

　　1　へ　　　　2　に　　　　3　から　　　　4　を

2　5時までに　うち（　　　）出ないと、コンサートに　おくれ
るよ。

　　1　を　　　　2　に　　　　3　は　　　　4　で

3　これは　京子さんが　抹茶（　　　）作った　ケーキです。

　　1　に　　　　2　を　　　　3　の　　　　4　で

4 車を 修理するのに 3週間 （　　　）かかりました。

    1　を　　　　　2　の　　　　　3　も　　　　　4　だけ

5 ちゅうがくせいは アニメ（　　　）興味が あります。

    1　を　　　　　2　が　　　　　3　に　　　　　4　で

6 部屋が 狭くて、邪魔（　　　）、テーブルを ともだちに あげました。

    1　のに　　　　2　ので　　　　3　なので　　　4　なのに

7 A「おいしいケーキを 買いたいんですが、どこか いい店は ありませんか。」

    B「ケーキを （　　　）駅前の パン屋さんが いいですよ。」

    1　買って　　　　　　　　　2　買った
    3　買ってきた　　　　　　　4　買うなら

8 この 厨房では 毎日 おいしい 弁当が 500個（　　　）いるんですよ。

    1　作れ　　　　2　作って　　　　3　作ったり　　　4　作られて

9 地震で ビルが（　　　）。

1 たおれました　　　　　　2 たおしました

3 おりました　　　　　　　4 おれました。

10 子どもが 学校で どんな 様子か、（　　　）見て ください。

1 やっと　　2 きっと　　3 たぶん　　4 ぜひ

11 味も いい（　　　）、サービスもいい（　　　）、いつも この 店で 食べています。

1 で　　　　2 り　　　　3 か　　　　4 し

12 この ドイツ語の テキストに 名前が（　　　）。

1 書きました　　　　　　　2 書いてあります

3 書いています　　　　　　4 書けています。

13 A「砂糖、入れないんですか。」

B「ええ。健康の ために できるだけ（　　　）しているんです。」

1 入れるように　　　　　　2 入れることに

3 入れないように　　　　　4 入れたままに

14 きょう、わたしは　文房具を　わすれたので、クラスメートに
貸して（　　　　）。

1　あげました 　　　　　2　もらいました

3　くれました 　　　　　4　いただきました

15 今にも　ゆきが（　　　　）。

1　降りそうです 　　　　2　降っているはずです

3　降るそうです 　　　　4　降っていることです

もんだい2 ___★___ に 入る ものは どれですか。1・2・3・4 から いちばん いい ものを 一つ えらんで ください。

（問題例）

わからないときは　うけつけのひとに_____　_____　__★__ _____ です。

1　もらえる　　　2　おしえて　　　3　きけば　　　4　はず

（答え方）

1. 正しい　文を　作ります。

> わからないときは　うけつけのひとに_____　_____　__★__ _____ です。
>
> 　　　　3　きけば　2　おしえて　1　もらえる　4　はず

2. ___★___ に　入る　番号を　黒く　塗ります。

かいとうようし　　（例）　● ② ③ ④

16 A「日曜日　雨が ＿＿＿ ＿＿＿ ★ ＿＿＿ あります

か。」

B「いいえ、雨が　降ったら　ありません。」

1　サッカーの　　　　　　　2　が

3　試合　　　　　　　　　　4　降っても

17 A「マリーさん、これから　お茶でも　飲みませんか。」

B「すみません。＿＿＿ ＿＿＿ ★ ＿＿＿ です。」

1　きた　　　2　今　　　3　ところ　　　4　飲んで

18 天気予報に　よると、＿＿＿ ＿＿＿ ★ ＿＿＿ です。

1　そう　　　2　強い　　　3　あした　　　4　雨だ

19 あの　すてきな ＿＿＿ ＿＿＿ ★ ＿＿＿ 春子です。

1　人　　　2　は　　　3　着物を　　　4　着ている

20 わたしの ＿＿＿ ＿＿＿ ★ ＿＿＿ 、教えて　くださ

い。

1意見　　　2　正しいか　　　3　どうか　　　4　が

もんだい3 [21] から [25] に 何を 入れますか。文章の意味を 考えて、1・2・3・4から いちばん いい ものを 一つ えらんで ください。

　みなさん、こんにちは。台湾から 来ました。きょうは わたしの 町を 紹介したいと 思います。わたしの 町は 台南です。みなさん、[21]。どんな 町か 知って いますか。台南は 5月に なる [22]、ホウオウと いう あかい 花が きれいに 咲きます。それで 町は とても あかるく なります。

　台南は ほかの 大都市 [23] 大きく ありませんが、観光名所が いっぱい 集まって います。中でも 特に 安平が 有名です。安平に 古い お城が あります。昔ながらの 城跡が [24] 残って います。お城の まわりを 歩く のに だいたい 1時間 かかります。近くに 海が あって、とても すずしいです。わたしは 安平を 散歩する [25] 大好きです。

---

[21]　1　行って いた ことですか。

　　　2　行くことが ありますか。

　　　3　行ったことが できますか。

　　　4　行ったことが ありますか。

22　1　ら　　　　2　と
　　　3　が　　　　4　で

23　1　なら　　　2　から
　　　3　ほど　　　4　まで

24　1　すぐ　　　2　もう
　　　3　まだ　　　4　また

25　1　のが　　　2　のを
　　　3　のに　　　4　ので

**もんだい4　つぎの（1）から（4）の文章を読んで、質問に答えてく
　　　　　ださい。答えは、1・2・3・4から、いちばんいいも
　　　　　のを一つえらんでください。**

（1）

　毎日日記を書く人もいます。特別なできごとがあったときだけ、書く人
もいます。どんな日記でも、書き続けるのは大切です。たいへんですが、
あとで読み返せば、きっと楽しいはずです。それに外国語で日記を書くの
も、いい勉強になります。みなさんはどんな日記を書いていますか。

26　この文章を書いた人にとって、日記のよさ<u>ではない</u>ものはどれで
　　すか。

　　1　毎日書くようになります。

　　2　外国語が上手になります。

　　3　楽しい思い出になります。

　　4　持続力が強くなります。

(2)

「飲料自動販売機」アンケートのお願い

社員各位

　総務部の田中一郎です。

　社員の休憩時、来客時に飲み物を出したいという意見が多数あり、自動販売機の設置を考えています。

　購入の参考にしたいと思いますので、下記のアンケートに回答の上、９月２日（月）までに、ご返信ください。

　皆様の貴重なご意見をお待ちいたしております。

総務部　田中　一郎

内線　213

（注１）アンケート：多くの人に同じ質問をして意見を求めること

27 　今回のアンケート調査の目的は何ですか。

1　自動販売機を設置していいか、調査します。

2　どんな自動販売機を買っていいか、調査します。

3　客に自動販売機の飲み物を出していいか、調査します。

4　自動販売機の飲み物はおいしいかどうか、調査します。

（3）

テーブルの上に、このメモと鍋が置いてございます。

正樹へ

　これから出かけます。さっき作ったカレーを置いておきます。ごはんを電子レンジで温めて、カレーをかけたらすぐ晩ごはんが食べられます。スープがほしいなら、インスタント味噌汁もありますよ。

母　より

28　正樹はこれから何をしますか。

1　味噌汁を作ってから、晩ごはんを食べます。

2　冷めたカレーを温めて、味噌汁に入れます。

3　ごはんをチンして、カレーをかけて食べます。

4　温かい味噌汁を飲んだ後で、お皿を洗います。

（4）

　日本語には、韓国語にはない発音（はつおん）の特徴（とくちょう）があります。例（たと）えば、「おじいさん」と「おじさん」の区別（くべつ）は、ずいぶん難しいです。わたしも「びよういん」と「びょういん」を間違えてしまって、笑（わら）われたことがあります。

29 この人は何を言って笑われたのですか。

1 「びょういんで髪を切った。」

2 「びよういんで髪を切った。」

3 「びょういんでかぜ薬をもらった。」

4 「びょういんへお見舞いに行った。」

もんだい5　つぎの文章を読んで、質問に答えてください。答えは、1・2・3・4・から、いちばんいいものを一つえらんでください。

　日本人は「風呂好き」だと言われています。

　夜だけではなく、朝もお風呂に入る人は少なくないそうです。内風呂に入ったり、銭湯に行ったりしていて、日本人はほぼ毎日お風呂に入っています。

　内風呂がある人の間でも、入浴料をはらって銭湯を楽しむ人が多いようです。サウナや薬湯、季節によって①特別なお風呂もあります。早朝から営業している風呂屋さんもあるそうです。しかし、このごろ、風呂屋さんの数がだんだん減ってきました。お風呂がついていないアパートに住んでいる人は②困ります。

　銭湯はからだをきれいに洗うだけのところではなく、昔から人と人の交流の場でした。最近は、風呂屋さんが好きな外国人がふえて、銭湯も国際的になっていくのでしょう。

（注1）内風呂：個人の家にある風呂
（注2）銭湯：外のお風呂屋さん

|30| どういったところから日本人はお風呂屋さんが好きだとわかりますか。

　1　様々な薬草をお風呂に入れています。

2　家にお風呂があっても銭湯に行きます。

3　寒い冬にも毎日お風呂に入っています。

4　朝も夜も風呂屋さんへ行っています。

31　①<u>特別なお風呂</u>はどんなお風呂ですか。

1　入浴料が要らないお風呂

2　外国人がよく行くお風呂

3　小銭（こぜに）が入っているお風呂

4　薬草（やくそう）が入っているお風呂

32　②<u>困ります</u>とありますが、それはどうしてですか。

1　風呂付きのアパートが減っているからです。

2　風呂屋さんの料金が上がっているからです。

3　風呂屋さんには外国人がよく通うからです。

4　風呂屋さんが少しずつ減っているからです。

33　この文章を書いた人にとって、風呂屋さんがどんな場所ですか。

1　からだをきれいに洗うだけでいいところです。

2　昔のように、交流の場になってほしいです。

3　のんびりとリラックスできるところです。

4　外国人に会って、英語で話すところです。

**もんだい６　つぎのページの「マッサージ」のお知らせを見て、下の
　　　　　質問に答えてください。答えは、１・２・３・４から、
　　　　　いちばんいいものを一つえらんでください。**

34　試^{ため}しにここでマッサージを受ける人は、１時間でいくらですか。

　　　1　　1,750 円

　　　2　　3,500 円

　　　3　　3,800 円

　　　4　　5,250 円

35　正しくないものはどれですか。

　　　1　　90分以下のコースは消費税を払わなくてもいいです。

　　　2　　２時間までマッサージを受けることができます。

　　　3　　店によってマッサージの料金が違うかもしれません。

　　　4　　マッサージをしているとき、タオルを使っています。

マッサージ

ボディメニュー＆料金

（店舗によって多少違います）

お客様のご希望の箇所をタオルの上から指圧・揉み解し・ストレッチなどを入れ、施術を行っていきます。

時間	初回お試し価格	会員様価格
30 分	1,750 円	1,900 円
45 分	2,620 円	2,850 円
60 分	3,500 円	3,800 円
90 分	5,250 円	5,700 円
120 分	7,000 円	7,600 円

※上記価格は全て税抜き価格となっております。

もんだい１ ♪MP3 01

　もんだい１では、まず　しつもんを　聞（き）いて　ください。そ
れから　話（はなし）を　聞（き）いて、もんだいようしの　１から４の　中（なか）
から、いちばん　いい　ものを　一（ひと）つ　えらんで　ください。

れい

1　しょうゆ　１本だけ

2　しょうゆ　１本と　レモン　１つ

3　しょうゆ　２本と　レモン　２つ

4　しょうゆ　１本と　レモン　２つ

1 ばん

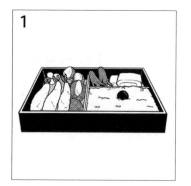 

2ばん

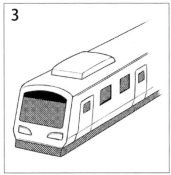

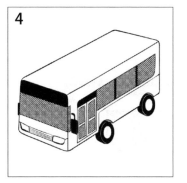

3ばん

1 きぼうの　じかんを　れんらくします。

2 りょこうの　よていを　きめます。

3 1かげつ後　れんらくします。

4 よやくを　とりけします。

4ばん

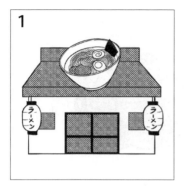

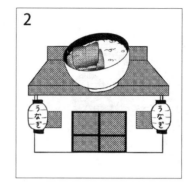

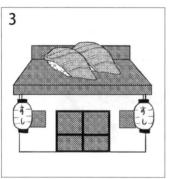

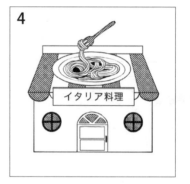

5ばん

1 話す練習

2 書く練習

3 聞く練習

4 読む練習

6ばん

1
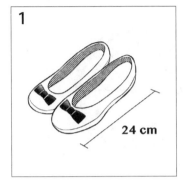
24 cm

2
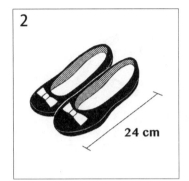
24 cm

3
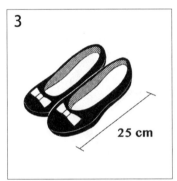
25 cm

4
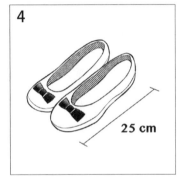
25 cm

7ばん

8ばん

1　雨が降って寒くなります

　晴れて暖かくなります

3　晴れて雪が降ります

4　雪が降って暖かくなります

もんだい2

　もんだい2では、まず　しつもんを　聞^きいて　ください。そのあと、もんだいようしを　見て　ください。読^よむ　時間^{じ かん}があります。それから　話^{はなし}を　聞^きいて、もんだいようしの　1から4の　中^{なか}から、いちばん　いい　ものを　一^{ひと}つ　えらんで　ください。

れい

1　あね

2　いもうと

3　しんせき

4　りょうしん

1ばん

1 月_{つき}に　1さつ　読_よむ

2 月_{つき}に　10さつ　読_よむ

3 週_{しゅう}に　1さつ　読_よむ

4 ほとんど　読_よまない

2ばん

1 レポートを　書_かくから

2 アルバイトが　あるから

3 かぜを　引_ひいて　外_{そと}に　出_でたくないから

4 月末_{げつまつ}に　なって　お金_{かね}が　ないから

3ばん

1　早く　技術を　習いたいから

2　大学の　勉強は　つまらないから

3　もう　若くないから

4　本を　読むのが　嫌いだから

4ばん

1　家は　借りた　ほうが　いい

2　残業するから　会社に　近い家が　いい

3　小さい　家は　買いたくない

4　高い　家賃は　もったいない

5ばん

1　3：00

2　2：30

3　2：50

4　3：20

6ばん

1　甘<small>あま</small>くない　デザートの　ほうが　いい

2　デザートより　甘<small>あま</small>くない　果物<small>くだもの</small>のほうが　いい

3　デザートは　少<small>すこ</small>し　食<small>た</small>べても　大丈夫<small>だいじょうぶ</small>

4　カロリーの　高い　デザートを　食べてもいい

7ばん

1 英語の先生
<ruby>英<rt>えい</rt></ruby><ruby>語<rt>ご</rt></ruby>の<ruby>先生<rt>せんせい</rt></ruby>

2 音楽家
<ruby>音楽<rt>おんがく</rt></ruby><ruby>家<rt>か</rt></ruby>

3 体育の先生
<ruby>体育<rt>たいいく</rt></ruby>の<ruby>先生<rt>せんせい</rt></ruby>

4 作家
<ruby>作家<rt>さっか</rt></ruby>

もんだい3

　もんだい3では、えを　見ながら　しつもんを　聞いて
ください。➡️（やじるし）の　人は　何と　言いますか。
1から3の　中から、いちばん　いい　ものを　一つ　えらん
で　ください。

れい

1ばん

2ばん

3ばん

4ばん

5ばん

もんだい４

　もんだい４では、えなどが　ありません。まず　ぶんを聞いて　ください。それから、そのへんじを　聞いて、１から３の　中から、いちばん　いいものを　一つ　えらんで　ください。

― メモ ―

N4

JLPT
실전 모의고사

제 2 회

언어지식(문자 · 어휘)
·
언어지식(문법) · 독해
·
청해

もんだい1 _____ の こ と ば は ひ ら が な で どう かきますか。 1・2・3・4から いちばん いいものを ひとつ えらんでください。

(例) どろぼうに 財布を ぬすまれたようです。

    1 ざいふ   2 ざいさん   3 さいふ   4 さいきん

    かいとうようし | (例) | ① ② ● ④ |

[1] となりの へやから だれかの 声が します。

    1 おと   2 こえ   3 はなし   4 ひと

[2] 母は 台所で ばんごはんの じゅんびを しています。

    1 だいしょ   2 じむしょ
    3 ばしょ   4 だいどころ

[3] この 書類を じむしょに とどけなければ なりません。

    1 しりょう   2 ぶんしょ
    3 しょるい   4 しょせき

4　おがわさんは　いつも　おそくまで　かいしゃに　残っている。

　　1　のこって　　2　いって　　　3　はいって　　4　かよって

5　からだの　調子が　わるいので、きょうは　やすみます。

　　1　びょうき　　2　ちよし　　　3　きぶん　　　4　ちょうし

6　屋上から　うみが　みえます。

　　1　やね　　　　　　　　　　2　おくじょう
　　3　やうえ　　　　　　　　　4　ちょうじょう

7　きょうの　ごご、かいぎに　出席　できません。

　　1　でせき　　　　　　　　　2　しゅっきん
　　3　しゅっせき　　　　　　　4　しゅせき

8　かならず　規則を　まもって　ください。

　　1　きそく　　　2　かそく　　　3　きまり　　　4　ほうそく

9　りょうの　へやは　狭いので、アパートを　かりたいです。

　　1　ひろい　　　2　せまい　　　3　くらい　　　4　やすい

もんだい2 ＿＿＿のことばは　どう　かきますか。1・2・3・4 から　いちばん　いいものを　ひとつ　えらんでください。

(例) きものを　きる　きかいは　すくなくなりました。

　　1　機械　　　　2　時下　　　　3　機会　　　　4　奇怪

　　　かいとうようし　　①　②　●　④

10　きょうは　きのうより　あついです。

　　1　熱い　　　　2　暑い　　　　3　寒い　　　　4　安い

11　ほっかいどうは　けしきも　いいし、たべものも　おいしいです。

　　1　気色　　　　2　風景　　　　3　景色　　　　4　景気

12　こまったことが　あったら、そうだん　して　ください。

　　1　指導　　　　2　対談　　　　3　相談　　　　4　世話

13 ひっこしの　<u>ようい</u>は　できましたか。

1　要意　　　　2　用意　　　　3　様子　　　　4　準備

14 にほんごは　<u>ぜんぜん</u>　わかりません。

1　全部　　　　2　全体　　　　3　完全　　　　4　全然

15 ゴールを　<u>めざして</u>　がんばります。

1　芽咲して　　　　　　　　2　目覚して

3　目指して　　　　　　　　4　目標して

もんだい3 （　　　）に　なにを　いれますか。1・2・3・4から　いちばん　いいものを　ひとつ　えらんでください。

（例）まどが　よごれているので（　　　　）ください。

　　　1　あけて　　　2　しめて　　　3　わって　　　4　ふいて

　　かいとうようし　　（例）　① ② ③ ●

16　ここは　えきから（　　　　）ので、ふべんです。

　　　1　おおい　　　2　とおい　　　3　あかるい　　4　あぶない

17　ほっかいどうの　ふゆは　とうきょうより（　　　）さむいです。

　　　1　あまり　　　2　とても　　　3　ずっと　　　4　どんどん

18　きょうとの　りょかんに　みっか（　　　　）。

　　　1　すみます　　2　とまります　3　とめます　　4　きます

19　こまかい　おかねが　ないので、（　　　　）を　ください。

　　　1　おかわり　　　　　　　　2　さいふ
　　　3　りょうしゅうしょ　　　　4　おつり

20 ねつが あるので、こどもを びょういんに（　　　）行かなけ
ればなりません。

1　もって　　　2　つれて　　　3　みせて　　　4　なおして

21 いらないものは ごみばこに（　　　）ください。

1　もやして　　2　ひろって　　3　すてて　　　4　だして

22 はさみを ひきだしの なかに（　　　）。

1　しまいました　　　　　　　2　かたづきました

3　きづきました　　　　　　　4　てつだいました

23 わからないときは この（　　　）を よんでください。

1　パソコン　　　　　　　　　2　インターネット

3　マニュアル　　　　　　　　4　マンガ

24 あした しょくじする レストランの（　　　）を しておきま
した。

1　しょくじ　　　　　　　　　2　じゅんび

3　やくそく　　　　　　　　　4　よやく

もんだい4 _____ のぶんと　だいたい　おなじ　いみの　ぶんが
あります。1・2・3・4から　いちばん　いいものを
ひとつ　えらんでください。

(例) ここで　かんこくごを　ならうことが　できます。

1　ここで　かんこくごを　おしえています。

2　ここで　かんこくごに　なおして　もらえます。

3　ここで　かんこくごを　ならったことが　あります。

4　かんこくじんの　せんせいに　ことばを　ならいました。

かいとうようし

(例)	● ② ③ ④

25　やまださんは　こうこうに　かよっています。

1　やまださんは　がくせいです。

2　やまださんは　かいしゃいんです。

3　やまださんは　じむいんです。

4　やまださんは　てんいんです。

26 やまださんが　かえるまで　ここで　またせて　いただけます
か。

1　ここで　やまださんを　まってください。

2　やまださんは　ここで　もどってくるのを　まっていますか。

3　ここで　やまださんを　まっても　いいですか。

4　やまださんが　もどったら　まって　もらえますか。

27 かちょうは　ただいま　せきを　はずしております。

1　かちょうは　でかけています。

2　かちょうは　いま　かいぎちゅうです。

3　かちょうは　すぐに　でんわに　でられます。

4　かちょうは　かぜを　ひいています。

28 ここに　くるまを　とめるなと　書いてあります。

1　ここに　くるまを　とめるように　してください。

2　くるまは　ここに　はいっては　いけません。

3　あそこに　くるまを　とめるように　書いてあります。

4　ちゅうしゃきんしと　書いてあります。

29 さいきん　いそがしくて、にちようびしか　やすめません。

1　こんしゅうは　いそがしいので、にちようび　やすめません。

2　さいきん　にちようびに　やすむことが　できません。

3　さいきん、やすみは　にちようびだけです。

4　やすみのひは　にちようびだけなので、いそがしいです。

もんだい5　つぎの　ことばの　つかいかたで　いちばん　いいもの
　　　　　を　1・2・3・4から　ひとつ　えらんで　ください。

(例)　すごす

1　もう12じを　すごしました。

2　そふは　ことし　70さいを　すごしました。

3　なつやすみは　らいしゅうまでで　すごします。

4　しゅうまつは　かぞくと　すごします。

かいとうようし　 (例)　① ② ③ ●

30　やぶれる

1　やくそくを　やぶれて、すみませんでした。

2　ふくろが　やぶれて　しまいました。

3　ボールが　あたって、ガラスが　やぶれました。

4　ひもが　やぶれたので、むすんで　おきました。

31 やっと

1 まいにち　やっと　あめが　ふっています。

2 せつめいしょを　よんで、やっと　つかいかたが　わかりました。

3 いつか　やっと　にほんへ　いきたいです。

4 コンビニで　べんとうをかって、やっと　かえりました。

32 ていねい

1 もうすこし　ていねいに　かくようにしてください。

2 あのひとは　いつも　ていねいな　はなしを　します。

3 ふたりは　とても　ていねいな　ともだちだ。

4 たくさん　れんしゅうしたら、ていねいに　なった。

33 かける

1 くるまを　うんてんするときは、かならず　シートベルトを
　かけます。

2 このボタンを　おすと、でんわを　かけます。

3 でかけるときは　かぎを　かけてください。

4 かぎが　かけていますから、るすだと　おもいます。

34 ぐあい

1　しゅっぱつの　ぐあいが　できました。

2　らいしゅうのげつようびは　ぐあいが　わるいので、ほかのひ
　　に　おねがいします。

3　きょうは　てんきがよくて、いい　ぐあい　です。

4　さいきん　ちょっと　からだの　ぐあいが　わるいです。

もんだい1 （　　　）に　何を　いれますか。1・2・3・4から
　　　　　　いちばん　いいものを　一つ　えらんで　ください。

（例）みち（　　　）わたるときは、じゅうぶん　ちゅういして　く
　　ださい。

　　1　に　　　　　2　で　　　　　3　を　　　　　4　は

　　かいとうようし　┌─────┬──────────┐
　　　　　　　　　　│（例）│ ① ② ● ④ │
　　　　　　　　　　└─────┴──────────┘

1　新宿まで　バスで　行って、そこから　電車（　　　）のりかえ
　てください。

　　1　へ　　　　　2　に　　　　　3　を　　　　　4　は

2　試験は　来週ですから、あと　一週間（　　　）ありません。

　　1　でも　　　　2　ばかり　　　3　しか　　　　4　だけ

3　日本に　来てから（　　　）1ヶ月なので、日本語が　下手です。

　　1　また　　　　2　まだ　　　　3　もう　　　　4　かなり

4 今夜は　星がきれいに　みえますから、明日は（　　　）はれる
でしょう。

1　ずっと　　　2　もっと　　　3　ちょうど　　4　きっと

5 漢字を　おぼえる（　　　）毎日　なんども　書いて　練習して
います。

1　から　　　　2　ために　　　3　ように　　　4　のに

6 さっき　ごはんを　食べた（　　　）から、まだ　おなかが　す
いていません。

1　ようだ　　　2　ことだ　　　3　ばかりだ　　4　ものだ

7 A：コーヒーに　さとうを　いれましょうか。

B：いいえ、けっこうです。わたしは　いつも（　　　）飲むんです。

1　いれて　　　　　　　　　　2　いれないで

3　いっしょに　　　　　　　　4　はいらないで

8 課長は、今度　大阪に　転勤することに（　　　）。

1　します　　　　　　　　　　2　しました

3　なりました　　　　　　　　4　いきました

9 ごはんを（　　　　）、手を 洗^{あら}いましょう。

1 食^たべるまえに　　　　　　2 食^たべたあとに

3 食^たべてから　　　　　　　4 食^たべるところに

10 ドアのよこに　はこが　おいて（　　　　）から、その中^{なか}に　これ

を入^いれてください。

1 おきます　2 います　　3 あります　4 しまいます

11 A：すてきなバッグですね。高^{たか}かったでしょう?

B：いいえ、（　　　　）高^{たか}くなかったんですよ。

1 そんなに　　　　　　　　2 どれほど

3 たしか　　　　　　　　　4 かなり

12 A：どうしたんですか。

B：窓^{まど}を　しめてくるのを（　　　　）ので、ちょっと　まってい

て

もらえますか。

1 わすれて　　　　　　　　2 わすれる

3 わすれている　　　　　　4 わすれた

13 ふうとうに　いれる前^{まえ}に　もう一度^{いちど}　まちがいが（　　　）どう
か　確認^{かくにん}してください。

1　かいて　　　2　あるか　　　3　ないか　　　4　なかったのか

14 やくそくの　時間^{じかん}に（　　　）だったので、タクシーで　来^きまし
た。

1　おくれそう　　　　　　　2　おくれるそう

3　まにあいそう　　　　　　4　まにあうよう

15 ともだちに　駅^{えき}まで　車^{くるま}で　送^{おく}って（　　　）。

1　もらいました　　　　　　2　あげました

3　くれました　　　　　　　4　くださいました

もんだい2 ____★____に 入る ものは どれですか。1・2・3・4 から いちばん いい ものを 一つ えらんで ください。

（問題例）

わからないときは　うけつけのひとに____　____　__★__ ____　です。

1　もらえる　　　2　おしえて　　　3　きけば　　　4　はず

（答え方）

1. 正しい　文を　作ります。

> わからないときは　うけつけのひとに____　____　__★__ ____　です。
>
> 　　　　　　　　3　きけば　2　おしえて　1　もらえる　4　はず

2. __★__　に　入る　番号を　黒く　塗ります。

　　　かいとうようし　　　| (例) | ● | ② | ③ | ④ |

---

16 予約を キャンセルする ＿＿＿ ＿＿＿ ＿＿＿ ＿★＿

　　　 ＿＿＿ ください。

　　1　場合は　　　2　1週間　　　3　知らせて　　4　前までに

17 わたしは　毎週＿＿＿ ＿＿＿ ＿★＿ ＿＿＿ います。

　　1　習いに　　　2　英語を　　　3　行って　　　4　1回

18 彼は　誰にでも＿＿＿ ＿＿＿ ＿★＿ ＿＿＿の人気者です。

　　1　頭も　　　　2　親切で　　　3　いいので　　4　クラス

19 道で　＿＿＿ ＿＿＿ ＿★＿ ＿＿＿ なりません。

　　1　ひろったら　　　　　　2　さいふを

　　3　交番に　　　　　　　　4　とどけなければ

20 夏休みには　＿＿＿ ＿＿＿ ＿★＿ ＿＿＿ います。

　　1　ふだん　　　　　　　　2　やろうと

　　3　思って　　　　　　　　4　できないことを

もんだい3　21　から　25　に　何を　入れますか。
文章の　意味を　考えて、1・2・3・
4から　いちばん　いい　ものを　一
つ　えらんで　ください。

　　冬が　終わって、春に　21　、さくらが　咲きます。日本人は　さ
くらの　花が　とても　好きです。さくらの花が　咲くと、みんな
木の下に　集まって、花を　22　、いっしょに　食事したり、お酒を
飲んだり　します。カラオケを　する人も　います。さくらの　花
は、薄い　ピンク色で、とても　きれいです。たくさんの人が　花
を　見に来る　23　、団子や　たこ焼きを　売る店も　出て、さくら
祭りが行われます。お祭りの間は、ライトをつけて、夜でも　さく
らが　楽しめる　24　なっています。うちの近くの　公園は、いつも
は　静かですが、さくらの季節には、人が　25　お花見に　来て、と
ても　にぎやかに　なります。わたしは　そんな　さくらの　季節
が　とても　好きです。

21　1　なって

　　2　なるから

　　3　なったり

　　4　なると

22　1　みながら

　　　2　みたら

　　　3　みてから

　　　4　みれば

23　1　が

　　　2　と

　　　3　ので

　　　4　のに

24　1　ために

　　　2　ように

　　　3　からで

　　　4　ところ

25　1　おおく

　　　2　たくさん

　　　3　こんで

　　　4　あまり

もんだい4 つぎの（1）から（4）の文章を読んで、質問に答えてください。答えは、1・2・3・4から、いちばんいいものを一つえらんでください。

（1）

日本に来てから、もう半年がたちました。家族とはなれて一人で生活するのは、はじめてだったので、最初はとてもさびしかったです。でも、学校で新しい友だちがたくさんできました。今では、日本での生活にもだいぶ慣れました。早くもっと日本語が話せるようになりたいです。

26 正しい文を選んでください。

1 今、中国の学校に通っています。

2 半年前に　日本に来ました。

3 日本での生活はとてもさびしいです。

4 まだひとりも友だちがいません。

（２）

図書館の利用について

＊図書館の中では、食べ物を食べたり、飲み物を飲んだりしてはいけません。

＊本を借りたい場合は、カウンターで、図書利用者カードを作ってください。

＊図書館の本は、1ヶ月間借りられますが、新しい本は2週間までです。

借りた本をやぶったり、よごしたりしないように、気をつけてください。

---

27 正しい文を選んでください。

1 図書館の本は、だれでも自由に借りることができます。

2 本を　借りる時、図書館利用者カードが　必要です。

3 図書館の中で、水を飲んでもいいです。

4 2週間たったら、本を返さなければなりません。

（3）

交流パーティーのお知らせ

　来週の土曜日の午後、交換留学生を迎えて、パーティーを開きたいと思います。海外から来た留学生のために、みんなで日本の歌を一曲歌いたいので、好きな歌を教えてください。それから、みんなで手巻きずしを作って食べようと思います。準備を手伝ってくれる人が必要です。土曜日の朝、時間がある人は、佐藤さんに連絡してください。

28 正しい文を選んでください。

1　パーティーは、来週の土曜日に行われます。

2　留学生はパーティーで歌を歌わなければなりません。

3　金曜日にパーティーの準備をします。

4　パーティーの日の朝、みんなで歌の練習をします。

（４）

　最近、手紙を書く機会が少なくなりました。ほとんど、パソコンでメールを書いたり、携帯電話やスマートフォンでメッセージを送ったりします。電話もあまりかけなくなりました。インターネットでメッセージを送った方が、好きな時に読んでもらえるし、写真やいろいろな情報を送れるので、便利だからです。

29 　正しい文を選んでください。

1　パソコンでメールを書くのは、めんどうです。

2　携帯電話やスマートフォンは話すためだけに使います。

3　インターネットで、情報を簡単に送れるようになりました。

4　電話は好きな時に遠くの人と話せるので、便利です。

もんだい5　つぎの文章を　読んで、質問に　答えて　ください。答えは、1・2・3・4から　いちばんいいものを　一つ　えらんで　ください。

　わたしは今、韓国に住んでいます。韓国に来てから、もうすぐ20年になります。韓国に来てからずっと、韓国の人に日本語を教えています。日本語を教えていると、いろいろな人に会いますが、ほとんどの人がとても日本が好きで、何度も日本に旅行に行ったことがあります。みんな、わたしよりたくさん日本を旅行していて、わたしが北海道にも沖縄にも行ったことがないと言うと、①とてもおどろきます。

　学生の時は、あまり国内旅行に興味がありませんでした。英語を勉強していたので、アメリカやヨーロッパの国に行きたかったです。大学の卒業旅行ではアメリカへ行きました。国内は、東京の他には、九州を一周したことしかありませんでした。

　今年、旅行が好きな友だちに誘われて、初めて富士山を見に行きました。富士山は日本を代表する山ですから、ぜひ見に行きたいとずっと思っていました。最初の日は天気が悪くて少し雨が降っていたので、全然見えませんでしたが、二日目は雨がやんで、見ることができました。日本で一番高くてうつくしい山を、初めて自分の目で見ることができて、とても感動しました。

30　「わたし」はどんな人ですか。

　1　長く韓国に住んでいる日本人

2 20年ぐらい日本に住んでいる韓国人

3 日本で日本語を教えている日本人

4 日本旅行がとても好きな韓国人

31 「とてもおどろきます」と書いてありますが、どうしてですか。

1 わたしが韓国に20年近くいるからです。

2 みんなが日本旅行に行ったことがあるからです。

3 わたしがアメリカに旅行したことがあるからです。

4 わたしが日本旅行にほとんど行ったことがないからです。

32 「わたし」はどうして北海道に行ったことがありませんか。

1 北海道は寒いし、遠いからです。

2 学生時代、日本に住んでいたからです。

3 旅行が好きじゃないからです。

4 アメリカやヨーロッパの方がおもしろいと思ったからです。

33 どうして富士山を見に行きましたか。

1 友だちがとても富士山が好きだから。

2 富士山に登りたかったから。

3 旅行がとても好きだから。

4 富士山は日本を代表する山だから。

もんだい6 次のページのお知らせを見て、下の質問に答えてください。答えは、1・2・3・4から、いちばんいいものを一つえらんでください。

34 テニスのレッスンに参加したい人は、何をしなければなりませんか。

1 ラケットを持っていかなければなりません。

2 ボールは自分で準備しなければなりません。

3 ラケットを借りたい時は、申し込まなければなりません。

4 レッスンに参加する人は、お金をはらわなければなりません。

35 鈴木さんは泳げます。プールで泳ぎたいです。どうすればいいですか。

1 好きなときに、ただでプールに入れます。

2 プールを利用する人は、かならずレッスンを受けなければなりません。

3 午前9時から午後5時まで、好きなときに泳げます。

4 朝10時にお金を払ってプールに入ります。

スポーツ教室体験レッスン
9月10日（日曜日）

秋はスポーツをするのにいい季節です。ぜひ、いっしょにスポーツを楽しみましょう。

体験レッスンの申し込みは、8月1日から9月5日までです。体育館の受付で申し込んでください。

	レッスン時間	場所	料金
サッカー	13：30 〜 15：30	運動場	無料
テニス	9：00 〜 12：00	テニスコート	無料＊
バスケットボール	14：00 〜 16：00	体育館1階	無料
バドミントン	14：00 〜 16：00	体育館2階	無料
水泳	10：00 〜 11：30	プール	入場料：大人200円、子ども100円

＊テニス、バドミントンのレッスンを受けたい人で、ラケットがない人は、申し込んでください。無料で借りられます。ラケットを持っている人は、自分で持って来て下さい。ボールは、こちらで準備します。

＊サイクリングコースは、自由に使えます。自転車を借りることもできます。料金は1時間300円です。

＊プールは自由に利用できます。入場料は一回大人200円、子ども100円です。利用時間は、午前9時から午後5時までです。泳げない人は、水泳のレッスンを受けてください。

もんだい1 ♪MP3 02

　もんだい1では、まず　しつもんを　聞いて　ください。それから　話を　聞いて、もんだいようしの　1から4の　中から、いちばん　いい　ものを　一つ　えらんで　ください。

れい

1　しょうゆ　1本だけ
2　しょうゆ　1本と　レモン　1つ
3　しょうゆ　2本と　レモン　2つ
4　しょうゆ　1本と　レモン　2つ

1ばん

1 きのう

2 あした

3 今週_{こんしゅう}の火_かよう日_び

4 今週_{こんしゅう}の金_{きん}よう日_び

2ばん

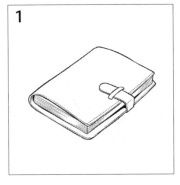

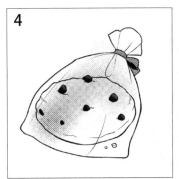

3ばん

1 ポケットの中

2 かばんの中

3 洗たく機のよこ

4 電話のよこ

4ばん

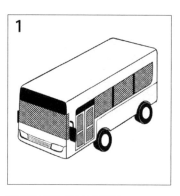

5ばん

1　スーパー

2　デパート

3　駅_{えき}

4　コンビニ

6ばん

1　うちへ帰る_{かえ}

2　会議室のいすをならべる_{かいぎしつ}

3　課長に会う_{かちょう　あ}

4　資料をコピーする_{しりょう}

7ばん

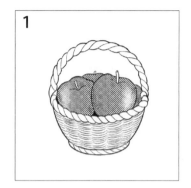

8ばん

1

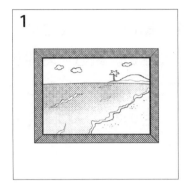

2

3

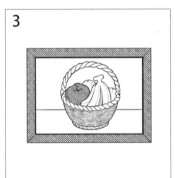

4

もんだい2

　もんだい2では、まず　しつもんを　聞いて　ください。そのあと、もんだいようしを　見て　ください。読む　時間があります。それから　話を　聞いて、もんだいようしの　1から4の　中から、いちばん　いい　ものを　一つ　えらんで　ください。

れい

1　あね

2　いもうと

3　しんせき

4　りょうしん

(例)　① ● ③ ④

1ばん

1　日本のアニメを見たいから。

2　日本の高校に行きたいから。

3　日本語の勉強を始めたいから。

4　日本の文化を知りたいから。

2ばん

1　8時

2　8時半

3　8時50分

4　9時

3ばん

1 前より広くなった。

2 前より新しくなった。

3 交通が便利になった。

4 会社から近くなった。

4ばん

1 1個

2 3個

3 5個

4 6個

5ばん

1　かぎをかける

2　エアコンを消す

3　窓をしめる

4　出かける

6ばん

1　野球選手になりたいから。

2　子どもが好きだから。

3　英語が得意だから。

4　子どもたちと野球をやりたいから。

7ばん

1 犬があまり好きじゃないから。

2 旅行に行く時、困るから。

3 毎日犬の世話をしなければならないから。

4 毎日犬を散歩させなければならないから。

もんだい3

もんだい3では、えを 見ながら しつもんを 聞いて
ください。⟶（やじるし）の 人は 何と 言いますか。
1から3の 中から、いちばん いい ものを 一つ えらん
で ください。

れい

1ばん

2ばん

3ばん

4ばん

5ばん

もんだい４

　もんだい４では、えなどが　ありません。まず　ぶんを聞^きいて　ください。それから、そのへんじを　聞^きいて、1から3の　中^{なか}から、いちばん　いいものを　一^{ひと}つ　えらんで　ください。

第2回

― メモ ―

Memo

N4

JLPT
실전 모의고사

제 3 회

언어지식(문자・어휘)
・
언어지식(문법)・독해
・
청해

もんだい1 ＿＿＿＿＿ の ことば は ひらがな で どう かきます か。 1・2・3・4から いちばん いいもの を ひとつ えらんでください。

（例）どろぼうに　財布を　ぬすまれたようです。

1　ざいふ　　2　ざいさん　　3　さいふ　　4　さいきん

かいとうようし　　（例）　① ② ● ④

1　あの　人は　眼鏡を　かけています。

1　がんかね　　　　2　ろうがん
3　めがね　　　　　4　めかがみ

2　せんせいの　むすこさんは　だいがくに　合格しました。

1　がっかく　　　　2　こうかく
3　ごうかく　　　　4　がっかく

3　しけんの　まえに、復習　しておきます。

1　さいしゅう　　　2　ふくしゅう
3　よしゅ　　　　　4　ふしゅう

4 <u>故障</u>の　げんいんは　わかりましたか。

　1　こしょう　　2　ししょう　　3　ふるしょ　　4　こうしょう

5 ともだちの　<u>結婚式</u>に　さんかしました。

　1　けっこんし　　　　　　　　2　けっこうしき

　3　けっこんしき　　　　　　　4　けっこんし

6 ほんの　なまえを　<u>入力</u>すれば、ほしい本が　しらべられます。

　1　いりりょく　　　　　　　　2　いりちから

　3　にゅうりき　　　　　　　　4　にゅうりょく

7 井上さんの　油絵は　<u>入賞</u>しました。

　1　いりしょ　　　　　　　　　2　はいしょう

　3　はいりしょ　　　　　　　　4　にゅうしょう

8 ナンプラーは　あの<u>棚</u>に　ならんでいます。

　1　たな　　　　2　ほう　　　　3　とも　　　　4　だな

9 ご<u>協力</u>、ありがとう　ございます。

　1　きょうふう　　　　　　　　2　きょうりゃく

　3　きょうりょく　　　　　　　4　きょうり

もんだい2 ＿＿＿のことばは　どう　かきますか。1・2・3・4か
ら　いちばん　いいものを　ひとつ　えらんでください。

(例) きものを　きる　きかいは　すくなくなりました。

1　機械　　　2　時下　　　3　機会　　　4　奇怪

かいとうようし　　| (例) | ① ② ● ④ |

[10]　彼は　いつも　やせて　います。

1　傻せ　　　2　捜せ　　　3　叟せ　　　4　痩せ

[11]　忘れ物を　こうばんへ　もって　いきましょう。

1　交番　　　2　後半　　　3　通販　　　4　降板

[12]　くやくしょ　に行く　用事が　あります。

1　謳設署　　2　毆投書　　3　区役所　　4　欧役所

[13]　カレーの　においが　しますね。

1　賑い　　　2　色い　　　3　匂い　　　4　香い

[14] キムさんは　いつ　しゅっぱつする　予定ですか。

　　　1　出登　　　　2　出発　　　　3　始発　　　　4　活潑

[15] 面接の　とき、とても　きんちょうしました。

　　　1　緊急　　　　2　緊張　　　　3　謹張　　　　4　出張

もんだい3 （　　　）に　なにを　いれますか。1・2・3・4か
ら　いちばん　いいものを　ひとつ　えらんでください。

（例）まどが　よごれているので（　　　）ください。

　　1　あけて　　　2　しめて　　　3　わって　　　4　ふいて

かいとうようし　┌──────┬─────────────┐
　　　　　　　　│（例）│ ① ② ③ ● │
　　　　　　　　└──────┴─────────────┘

16　まちがい電話を（　　　）場合、なんと　あやまりますか。

　　1　かかる　　　2　かける　　　3　かかった　　4　かけた

17　単語の（　　　）は　どうやって　しらべますか。

　　1　いみ　　　2　あじ　　　3　いし　　　4　ぎみ

18　今年は　お酒の（　　　）が　増えそうです。

　　1　ゆうしゅう　　　　　　　2　りゅうしゅつ
　　3　ゆしゅつ　　　　　　　　4　ゆうし

19 この町の人口が（　　　）に　へりました。

   1　はんぶん　　2　だいぶ　　　3　はんはん　　4　にばい

20 野菜は（　　　）きって、油揚げと　まぜます。

   1　うるさく　　2　こわく　　　3　せまく　　　4　こまかく

21 けんこうの　ために、しょくじに　気を（　　　）ましょう。

   1　いけ　　　　2　し　　　　　3　かけ　　　　4　つけ

22 カットは　どういう（　　　）に　なさいますか。

   1　わけ　　　　2　ふう　　　　3　かぜ　　　　4　よう

23 けんていしけんは　思った（　　　）むずかしく　なかったです。

   1　きり　　　　2　まま　　　　3　より　　　　4　ので

24 コンビニでは　コピーの（　　　）が　もらえますか。

   1　りょうしゅうしょ　　　　　2　りょうしょうしょ
   3　りれきしょ　　　　　　　　4　つりしょ

もんだい4　＿＿＿のぶんと　だいたい　おなじ　いみの　ぶんが　あ
　　　　　ります。1・2・3・4から　いちばん　いいものを　ひ
　　　　　とつ　えらんでください。

(例) ここで　かんこくごを　ならうことが　できます。

　　1　ここで　かんこくごを　おしえています。

　　2　ここで　かんこくごに　なおして　もらえます。

　　3　ここで　かんこくごを　ならったことが　あります。

　　4　かんこくじんの　せんせいに　ことばを　ならいました。

　　　　かいとうようし　　| (例) | ● ② ③ ④ |

25　はさみは　ひきだしに　しまって　あります。

　　1　はさみは　れいぞうこの　なかに　あります。

　　2　はさみは　テーブルの　うえに　あります。

　　3　はさみは　ATMの　うえに　おいて　あります。

　　4　はさみは　つくえのなかに　いれてあります。

26 にぎやかな　こえが　しますね。

1　にぎやかな　こえが　ありませんね。

2　にぎやかな　こえを　きいていますね。

3　にぎやかな　こえが　きこえますね。

4　にぎやかな　こえを　きこえませんね。

27 おてらを　はいかんするには　チケットが　いるんです。

1　おてらの　なかを　みたい　とき、チケットが　いりません。

2　おてらに　はいる　まえに、きっぷを　かわなくても　いいです。

3　おてらに　はいる　なら、きっぷを　かう　ひつようが　あります。

4　おてらを　けんがくする　とき、きっぷを　かわなければ　なりません。

28 らいしゅうは　さむく　なる　そうです。

1　らいしゅうは　さむく　なる　かもしれない。

2　らいしゅうは　きっと　さむく　なります。

3　らいしゅうは　さむく　なる　でしょう。

4　らいしゅうは　さむく　なると　ききました。

29 かのじょは　とても　やさしいです。

1　かのじょは　せいかくが　わるいです。

2　かのじょは　はたらきものです。

3　かのじょは　せが　たかいです。

4　かのじょは　せいかくが　いいです。

もんだい5　つぎの　ことばの　つかいかたで　いちばん　いいもの
　　　　　を　1・2・3・4から　ひとつ　えらんで　くださ
　　　　　い。

(例) すごす

1　もう12じを　すごしました。

2　そふは　ことし　70さいを　すごしました。

3　なつやすみは　らいしゅうまでで　すごします。

4　しゅうまつは　かぞくと　すごします。

かいとうようし　| (例) | ① ② ③ ● |

30　おどる

1　かのじょは　70さいに　なっても　タンゴを　おどっていま
　　す。

2　いすに　おどりましょう。

3　なべに　おゆが　おどりました。

4　がくせいじだいの　おもいでに　はなしが　おどる。

31　できる

1　えきまえに　おしゃれな　スーパーが　できました。

2 <u>できるだけ</u> ときどき きなさい。

3 きのうの <u>できること</u>を おもいだしました。

4 この かぐは 木(き)に <u>できて</u>います。

32 しゃべる

1 せんせいが <u>おしゃべった</u> とおりです。

2 この じしょの <u>しゃべりかた</u>が わかりません。

3 そつぎょうしきで <u>おしゃべり</u> いただけませんか。

4 しごとのとき、おしゃべりを するな。

33 おちる

1 はやく のまないと、せんどが <u>おちる</u>よ。

2 スピードを <u>おちる</u>。

3 いまにも ほんが <u>おちる</u> そうです。

4 たなかくんは にゅうがくしけんに <u>おちった</u>。

34 そうだん

1 かれらの <u>そうだん</u>が もりあがって いました。

2 せんぱいは いつも <u>そうだん</u>に のって くれます。

3 なやみを ゆうじんと <u>そうだん</u>して きめます。

4 グループ<u>そうだん</u>の おかげで えいごが よく なった。

もんだい1 （　　　）に　何を　いれますか。1・2・3・4から
　　　　　　いちばん　いいものを　一つ　えらんで　ください。

（例）みち（　　　）わたるときは、じゅうぶん　ちゅういして　く
　　　ださい。

　　　1　に　　　　　2　で　　　　　3　を　　　　　4　は

　　かいとうようし　　① ② ● ④

1　花子は　外へ　出ない（　　　）、ずっと　教室に　います。

　　　1　で　　　　　2　て　　　　　3　が　　　　　4　と

2　クリスマス（　　　）、彼女に　プロポーズします。

　　　1　が　　　　　2　で　　　　　3　まで　　　　4　までに

3　この　教室を　きれい（　　　）そうじして　ください。

　　　1　に　　　　　2　を　　　　　3　く　　　　　4　な

4 ドアを 開け（　　　）閉め（　　　）しないでください。

1 など　　　　2 とか　　　　3 たり　　　　4 だけ

5 音楽を 聞き（　　　）手紙を 書いて います。

1 ながら　　　2 ばかり　　　3 ところ　　　4 てから

6 小学校の 先生は 学生に 文章を（　　　）。

1 書かれる　　　　　　　　2 書こせる

3 書かせる　　　　　　　　4 書こうる

7 A「雪を 見る（　　　）生まれて 初めてです。」

B「すてきでしょう。」

1 のは　　　　2 のを　　　　3 のに　　　　4 ので

8 わたしは 東北大学に（　　　）と 思っています。

1 入れ　　　　　　　　　　2 入って

3 入ろう　　　　　　　　　4 入られ

9 わたしは　あの　本を（　　　）つもりです。

1　買わない 　　　　　　　　　2　買える

3　買って 　　　　　　　　　　4　買われる。

10 あなたは　寝るまえ（　　　）、歯を　磨きますか。

1　を 　　　　2　で 　　　　3　から 　　　　4　に

11 松下さんの　家は　新しく（　　　）、大きく（　　　）、きれいです。

1　て 　　　　2　も 　　　　3　に 　　　　4　し

12 机の上に　写真が（　　　）。

1　置きました 　　　　　　　　2　置いておきます

3　置いています 　　　　　　　4　置いてあります

13 A「日本語の勉強、進んでる？」

B「ええ。かんたんな　会話が　できる（　　　）。」

1　はずだ 　　　　　　　　　　2　はずがない

3　ようになった 　　　　　　　4　ことがある

14 あの　川に　長い橋が（　　　）。

    1　掛かります　　　　　　　　2　掛かっています

    3　掛かられます　　　　　　　4　掛けています

15 雨が（　　　）。

    1　ちゅうしです　　　　　　　2　やみました

    3　とまっています　　　　　　4　とめました

もんだい2　_★_　に　入る　ものは　どれですか。1・2・3・4
から　いちばん　いい　ものを　一つ　えらんで　くだ
さい。

（問題例）

わからないときは　うけつけのひとに＿＿＿＿　＿＿＿＿　＿★＿
＿＿＿＿　です。

1　もらえる　　　2　おしえて　　　3　きけば　　　4　はず

（答え方）

1. 正しい　文を　作ります。

> わからないときは　うけつけのひとに＿＿＿＿　＿＿＿＿　＿★＿
> ＿＿＿＿　です。
>
> 　　　　　3　きけば　2　おしえて　1　もらえる　4　はず

2. _★_　に　入る　番号を　黒く　塗ります。

かいとうようし　｜（例）｜　● ② ③ ④ ｜

16　A「どう　したんですか。」

　　B「＿＿＿　＿＿＿　＿★＿　＿＿＿　んです。」

　　1　切って　　2　を　　　　　3　しまった　4　指

17　A「先生、この字は　どう　書きますか。」

　　B「＿＿＿　＿＿＿　＿★＿　＿＿＿　。」

　　1　見なさい　2　字　　　　　3　黒板の　　4　を

18　あしたの　＿＿＿　＿＿＿　＿★＿　＿＿＿　よう。

　　1　は　　　　2　朝　　　　3　起き　　　4　早く

19　5時　＿＿＿　＿＿＿　＿★＿　＿＿＿　が　学校から　帰って
きます。

　　1　子ども　　2　なる　　　3　と　　　　4　に

20　電気　＿＿＿　＿＿＿　＿★＿　＿＿＿　なりました。

　　1　ので　　　2　暗く　　　3　を　　　　4　消した

もんだい3　21 から 25 に　何を　入れますか。文章の意味を　考えて、1・2・3・4から　いちばん　いい　ものを　一つ　えらんで　ください。

　大学を　卒業してはじめて、ピアノを　習(なら)いはじめました。最初は 21 弾(ひ)けませんでしたが、 22 、上手に　なりました。それでご褒美(ほうび)に　新しいピアノを　購入(こうにゅう)しました。

　最近(さいきん)は　好きな　曲(きょく)も　弾けるし、ピアノの　楽(たの)し 23 も　少しわかって　きました。母の日に　母が　いちばん　好きな　ベートーヴェンの　「エリーゼのために」 24 曲を　弾いてあげよう　と思っています。きっと　喜(よろこ)んで　くれるでしょう。将来、自分の子どもにも　習わせたいです。

　みなさん、ピアノを 25 。ピアノを　弾いて　あげたい人は　いますか。

　（注1）褒美：ほめて与える金銭や品物

21　　1　なかなか

　　　2　ぎりぎり

　　　3　ときどき

　　　4　そろそろ

22
1 練習しなければ　ならない
2 練習すれば　するほど
3 毎日　いくら　練習しても
4 あまり　練習しなくても

23
1 さ
2 の
3 ら
4 ば

24
1 だろう
2 もらう
3 らしい
4 という

25
1 習うべきですか
2 習おうことですか
3 習ったことが　ありますか
4 習うことが　ありますか

もんだい４　つぎの（1）から（4）の文章を読んで、質問に答えてください。答えは、１・２・３・４から、いちばんいいものを一つえらんでください。

（1）

　日本の夜はあまりにぎやかじゃありません。というのは、デパートも普通の店も８時頃までです。でも、食べ物の店はまだあります。それに、日本人はあまり外で夜食を食べません。ですから、夜はとても静かです。しかし、韓国では夜はとても面白いです。デパートや普通の店は１０時までです。屋台や店で夜食を食べる人はたくさんいますから、夜遅くまでにぎやかです。

26　日本の夜について、正しいのはどれですか。

　　1　昼間と同じようにとてもにぎやかです。
　　2　デパートは１０時までやっています。
　　3　外を歩く人が少ないですから、静かです。
　　4　韓国の夜食を売っています。

(2)

関係各位

近　代　大　学
インターナショナルセンター

２０１８（平成３０）年度　近代大学外国人留学生入学試験
募集用ポスター等の送付について

拝啓

（中略）

平成３０年度外国人留学生入学試験募集用ポスター等ができあがり
ましたので送付させていただきます。
入試についてのお問い合わせは下記までお願いいたします。

敬具

記

1. 送付物　　　　　　近代大学外国人留学生入学試験ポスター（前期）
2. 出願について　　　入試要項・願書は WEB からのダウンロードとな
ります。
3. お問い合わせ先　　近代大学　インターナショナルセンター

〒 577-××××　大阪府××××

TEL：06-××××-××××

E-mail：××××＠××××

（注１）募集：人を集めること
（注２）送付：書類などを送り届けること
（注３）出願：願書を提出すること

---

27 送って来た封筒に、何が入っていますか。

1 入試要項と願書。

2 入試要項とポスター。

3 募集用ポスター。

4 募集用ポスターと願書。

（3）

ドアに、このメモがはってあります。

野本^{のもとさま}様　　　　　　　　　　５月１０日　　　午前１１時

　先日は保証人の件で、たいへんお世話になりました。おかげさま
で、入学することができました。本当にありがとうございました。
近くまで来ましたので、立ち寄^た^よりました。台湾のパイナップルケー
キです。どうぞお召し上がりください。また、お電話を差し上げ^さ^あま
す。　　　　　サイ

---

28 野本さんが戻ってきたら、何が見えますか。

1 置いてあるメモだけ。

2 置いてあるメモとサイさんの電話番号。

3 パイナップルケーキと置いてあるメモ。

4 サイさんの電話番号とパイナップルケーキ。

（4）

　日本では、状況と相手が変われば、言葉も変わります。会話を聞くことで、話し手と聞き手の関係がわかることがあります。親しい友達には、敬語を使う必要はありません。最初は、敬語を使って話していた人たちが、親しくなると、話し方も親しくなっていきます。

29 親しい友達に、使わない話し方はどれですか。

　　1　「すっかり忘れてしまった。」

　　2　「てんぷら、食べたことがある？」

　　3　「チーズケーキ、食べる？」

　　4　「パーティーにいらっしゃいますか。」

もんだい5　つぎの文章を読んで、質問に答えてください。答えは、1・2・3・4・から、いちばんいいものを一つえらんでください。

　昔の日本では、男性は外で働き、女性は家にいて、家事だけをするのが、普通でした。この考え方は、日本の社会に、強く残っていました。そのために、外国に比べて、女性の社会進出が、大きく遅れていました。

　しかし、①その考え方が、だんだん変わってきました。今では、外で働いている女性が大勢います。女性の医者もいるし、女性の新聞記者もいます。様々な分野で、日本の女性が活躍しています。

　以前は、結婚したら、会社をやめる女性が多かったのです。育児や洗濯など、家の中の②仕事だけでもたくさんあります。仕事と家事を両立させるのは、とてもたいへんです。

　最近では、会社が育児休暇を認めたり、女性が働きやすい環境ができています。社会に進出する女性は、ますます増えていくでしょう。

（注1）大勢：多数の人
（注2）両立：両方が同時に成り立つこと
（注3）認める：承認する
（注4）ますます：前よりもいっそう

30 ①<u>その考え方</u>とありますが、どういう考え方ですか。

1 女性が結婚したら、勤める会社をやめるべきです。

2 育児休暇を認めて、働きやすい環境を作るべきです。

3 男性は外で働いて、女性は家で家事だけをすればいい。

4 仕事と家事を両立させるのはたいへんなことです。

31 ②<u>仕事</u>について正しいものはどれですか。

1 家庭の仕事で、つまり家事です。

2 家で働くことで、家事ではありません。

3 会社の仕事で、家事ではありません。

4 外で働くことで、家事ではありません。

32 この文章によると、どうして社会に進出する女性は増えてきましたか。

1 少子化がますます進んでいますから。

2 家事がずいぶん楽になってきましたから。

3 様々な分野で活躍する女性が大勢いますから。

4 女性が働きやすい環境ができていますから。

33 この文章を書いた人は、女性の社会進出に賛成しますか。

1 賛成します。

2 あまり賛成しません。

3 何も言っていません。

4 活躍すればいいと思います。

もんだい6　右のページの「弘前公園の桜」のお知らせを見て、下の質問に答えてください。答えは、1・2・3・4から、いちばんいいものを一つえらんでください。

34 4月27日に弘前公園を訪れるなら、何が見られませんか。

1　咲き乱れる2600本の桜

2　ライトアップ

3　弘前さくらまつり

4　満開のソメイヨシノ

35 昼間、弘前公園の絵をかきます。どんな絵になりますか。

1　焼きそばなどのような露店の食べ物の絵

2　ライトアップされたヤエベニシダレの絵

3　白い城壁と古くて緑の松の木と満開の桜の絵

4　ライトアップされたきれいで幻想的な桜の絵

弘前公園の桜

ソメイヨシノ　　　開花予想日 4/19(木)　　　満開予想日 4/22(日)

ヤエベニシダレ　　開花予想日 4/22(日)　　　満開予想日 4/27(金)

古城の白壁と老松の緑に映えるピンクの花

　1611 年に築城。櫓・城門など築城時の形態がそのまま残されており、天守・櫓・城門は重要文化財に指定されている。公園内には、ソメイヨシノを中心に、シダレザクラなど 52 種・約 2600 本の桜が咲き乱れる。ライトアップされた夜桜も幻想的だ。青森県内 1 位の人気の高いお花見スポットです。

桜の見頃・本数

　例年の見頃　4 月下旬〜5 月上旬

　さくらの本数　約 2600 本（ソメイヨシノ、シダレザクラほか全 52 種）

　ライトアップは日没〜22:00（弘前さくらまつり期間中）

　例年の人出　約 200 万人

弘前公園のイベント情報

　2018 年 4 月 21 日〜5 月 6 日 弘前さくらまつり（露店多数出店、夜間特別照明、天守入場 4 月 23 日〜5 月 5 日 7:00〜21:00）

<h2 style="text-align:center">交通アクセス</h2>

公共交通機関で　JR奥羽本線弘前駅から弘南バス市役所方面行きで15分、市役所前公園入口下車すぐ

お車でお越しの方　駐車場はなし

詳しいお問合せは弘前市公園緑地課 0172-33-8739 または弘前公園ホームページでご確認ください。http://www.hirosakipark.jp/

（注1）映<ruby>映<rt>は</rt></ruby>える：光を受けて照り輝く
（注2）櫓<ruby>櫓<rt>やぐら</rt></ruby>：城門や城壁の上につくった一段高い建物
（注3）咲<ruby>咲<rt>さ</rt></ruby>き乱<ruby>乱<rt>みだ</rt></ruby>れる：さかんに咲く
（注4）見頃<ruby>見頃<rt>みごろ</rt></ruby>：見るのに最も適した時期
（注5）ライトアップ（light up）：景観を演出するために、夜間、
　　　　植物・建物などに照明を当てたりして明るく浮かび上がら
　　　　せること
（注6）露店：屋台

もんだい１ ♪MP3 03

　もんだい１では、まず　しつもんを　聞いて　ください。それから　話を　聞いて、もんだいようしの　１から４の　中から、いちばん　いい　ものを　一つ　えらんで　ください。

れい

1　しょうゆ　１本だけ

2　しょうゆ　１本と　レモン　１つ

3　しょうゆ　２本と　レモン　２つ

4　しょうゆ　１本と　レモン　２つ

（例）　① ② ③ ●

제
3
회

1 ばん

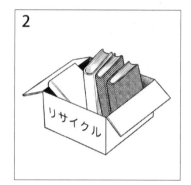

2ばん

3ばん

1　家賃が　4万円以下の　和室。

2　家賃が　4万円以下の　洋室。

3　6畳の　安い　和室

4　家賃が　6万円以上の　マンション

4ばん

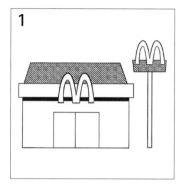

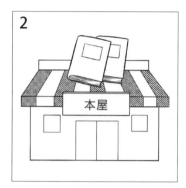

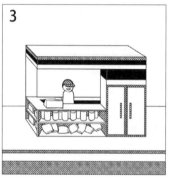

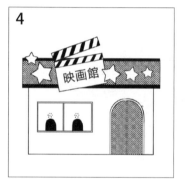

5ばん

1　東京

2　大仏

3　江ノ島

4　横浜

6ばん

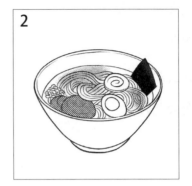

7ばん

1 大文字山

2 町家・カフェ

3 ホテル

4 金閣寺

8 ばん

1　１次会と ２次会

2　３次会

3　２次会だけ

4　１次会だけ

もんだい2

　もんだい2では、まず　しつもんを　聞いて　ください。そのあと、もんだいようしを　見て　ください。読む　時間があります。それから　話を　聞いて、もんだいようしの1から4の　中から、いちばん　いい　ものを　一つ　えらんで　ください。

れい

1　あね

2　いもうと

3　しんせき

4　りょうしん

(例)	① ● ③ ④

1ばん

1 彼女と　食事します

2 ケーキを　作ります

3 うちで　のんびりします

4 お母さんに　大阪を　案内します

2ばん

1 図書館の　人

2 大学の　先生

3 男の　学生

4 女の　学生

3 ばん

1 遠いから

2 学びたい 科目が ないから

3 高いから

4 毬藻が ないから

4 ばん

1 安い 牛肉なら どこの 肉でも いいです

2 輸入ビーフの ほうが おいしいです

3 和牛の ほうが おいしいです

4 和牛は 柔らかくて、おいしいです

5ばん

1 新幹線に　乗って、高速バスに　乗り換えます

2 新幹線と高速バス、両方に　乗ります

3 高速バスに　乗る
　<ruby>高速<rt>こうそく</rt></ruby>

4 学割で　新幹線に　乗る
　<ruby>学割<rt>がくわり</rt></ruby>

6ばん

1 今週中に　行く
　<ruby>今週中<rt>こんしゅうちゅう</rt></ruby>

2 来週の　水曜日の　午後　行きます

3 来週の　月曜日の　午後　行きます

4 今週の　水曜日の　午後　行きます

7ばん

1 招待状を　もらいます

2 お祝いに　ドイツの　お皿を　買います

3 着て行く　服を　買います

4 出席するか　どうか　返事を出します

もんだい3

　もんだい3では、えを　見_みながら　しつもんを　聞_きいて
ください。　⟶（やじるし）の　人_{ひと}は　何_{なん}と　言_いいますか。
1から3の　中_{なか}から、いちばん　いい　ものを　一_{ひと}つ　えらん
で　ください。

れい

1ばん

2ばん

3ばん

4ばん

5ばん

もんだい4

　もんだい4では、えなどが　ありません。まず　ぶんを聞^きいて　ください。それから、そのへんじを　聞^きいて、1から3の　中^{なか}から、いちばん　いいものを　一^{ひと}つ　えらんで　ください。

― メモ ―

N4

JLPT
실전 모의고사

제 4 회

언어지식(문자 · 어휘)
·
언어지식(문법) · 독해
·
청해

もんだい1 ＿＿＿＿ の こ と ば は ひ ら が な で どう かきますか。 1・2・3・4から いちばん いいものを ひとつ えらんでください。

(例) どろぼうに 財布を ぬすまれたようです。

　1　ざいふ　　2　ざいさん　　3　さいふ　　4　さいきん

かいとうようし　| (例) | ① ② ● ④ |

1　このふく、着て みても いいですか。

　1　きて　　　2　ついて　　　3　はいて　　4　ためして

2　もくようびのごご、レストランを 予約して おきます。

　1　けいやく　2　よやく　　　3　やくそく　4　ようやく

3　くるまが 故障して しまいました。

　1　こわれ　　　　　　　　2　もんだい
　3　こうしょう　　　　　　4　こしょう

4 やくそくを　やぶられると　<u>嫌な</u>　きもちに　なります。

　　1　きらいな　　2　いやな　　　3　へたな　　　4　へんな

5 あしたの　あさの　<u>講義</u>は　ごぜん8じから　はじまります。

　　1　じゅぎょう　　　　　　　2　かいぎ

　　3　こうぎ　　　　　　　　　4　こうえん

6 バスのじこで　<u>大勢の</u>　ひとが　けがを　しました。

　　1　おおぜい　　2　おおく　　　3　たいせい　　4　たくさん

7 りょこうに　いったので　<u>貯金</u>が　なくなって　しまった。

　　1　ちょぎん　　　　　　　　2　ちょうきん

　　3　ちょきん　　　　　　　　4　おかね

8 もっと　いっしょうけんめい　れんしゅうして　<u>上手</u>に　なりたいです。

　　1　うわて　　　2　うえて　　　3　うまい　　　4　じょうず

9 かれも　あすの　<u>試合</u>に　でるんですか。

　　1　しけん　　2　しごう　　　3　しあい　　　4　かいごう

もんだい2 ＿＿＿のことばは　どう　かきますか。1・2・3・4 から　いちばん　いいものを　ひとつ　えらんでください。

(例) きものを　きる　きかいは　すくなくなりました。

1　機械　　　2　時下　　　3　機会　　　4　奇怪

かいとうようし (例) ① ② ● ④

10　ともだちから　めずらしい　きってを　もらいました。

1　貴しい　　　2　趣しい　　　3　真しい　　　4　珍しい

11　ゆうがたは　みちが　こみます。

1　浴衣　　　2　夕方　　　3　夜中　　　4　早朝

12　かれは　えきまえに　ある　ぎんこうに　つとめて　います。

1　通めて　　　2　勤めて　　　3　就めて　　　4　努めて

13 せんじつは　たいへん　お<u>せわ</u>に　なりました。

　　　1　邪魔　　　　2　迷惑　　　　3　感謝　　　　4　世話

14 わたしは　<u>こわい</u>　はなしを　きくのが　きらいなんです。

　　　1　怖い　　　　2　弱い　　　　3　辛い　　　　4　強い

15 きむらせんせいに　<u>くうこう</u>まで　おくって　いただきました。

　　　1　航空　　　　2　空港　　　　3　学校　　　　4　港口

もんだい3 （　　　）に　なにを　いれますか。1・2・3・4か
ら　いちばん　いいものを　ひとつ　えらんでくださ
い。

（例）まどが　よごれているので（　　　）ください。

　　1　あけて　　　2　しめて　　　3　わって　　　4　ふいて

かいとうようし

(例)	① ② ③ ●

16　（　　　）で　おゆを　わかします。

　　1　パンチ　　　2　クリップ　　　3　ポット　　　4　ポテト

17　わたしの（　　　）は　えいがを　みること　です。

　　1　きょうみ　　　　　　　2　しゅみ
　　3　たのしさ　　　　　　　4　しゅうかん

18　らいねん、にほんごの　しけんを（　　　）つもりです。

　　1　さんかする　　　　　　2　でる
　　3　うける　　　　　　　　4　する

19 あしたのごごには　たくはいびんが（　　　）はずです。

　1　とどく　　　2　わたす　　　3　おくる　　　4　でる

20 いっしょうけんめい　れんしゅうしたので、（　　　）およげる
ように　なりました。

　1　ずっと　　　2　よく　　　3　かなり　　　4　なかなか

21 いつか（　　　）また　あえると　おもいます。

　1　ぜひ　　　2　やっと　　　3　きっと　　　4　しっかり

22 かいしゃのひとが　まちのなかを（　　　）して　くれました。

　1　けんがく　　　　　　　　2　けんぶつ
　3　けんしゅう　　　　　　　4　あんない

23 くつひもが（　　　）しまいました。

　1　やぶれて　　2　きれて　　　3　われて　　　4　おれて

24 せんせいは　たなかさんを（　　　）ですか。

　1　おしらせ　　2　にんしき　　3　ごぞんじ　　4　はいけん

もんだい4 ＿＿＿のぶんと　だいたい　おなじ　いみの　ぶんが
あります。1・2・3・4から　いちばん　いいものを
ひとつ　えらんでください。

(例) ここで　かんこくごを　ならうことが　できます。

　　1　ここで　かんこくごを　おしえています。

　　2　ここで　かんこくごに　なおして　もらえます。

　　3　ここで　かんこくごを　ならったことが　あります。

　　4　かんこくじんの　せんせいに　ことばを　ならいました。

　　　　　かいとうようし　　| (例) | ● ② ③ ④ |

25　けさ　がっこうに　ちこくしました。

　　1　けさ　がっこうを　やすみました。

　　2　けさ　がっこうに　おくれました。

　　3　けさ　がっこうは　やすみでした。

　　4　けさ　がっこうに　はやく　いきました。

26　これは　母が　おくって　くれた　セーター　です。

　　1　わたしは　このセーターを　母に　おくります。

2 <ruby>母<rt>はは</rt></ruby>が このセーターを つくって くれました。

3 <ruby>母<rt>はは</rt></ruby>は わたしに このセーターを おくりました。

4 わたしは <ruby>母<rt>はは</rt></ruby>に このセーターを おくって あげました。

27 へやを かたづけます。

1 へやを かえます。

2 へやを ひっこします。

3 へやを よごします。

4 へやを きれいに します。

28 いま きょうしつの エアコンは しゅうりちゅう です。

1 きょうしつの エアコンは もう つかえません。

2 きょうしつの エアコンを なおさなければ なりません。

3 きょうしつの エアコンを なおしている ところです。

4 きょうしつの エアコンの しゅうりが おわりました。

29 かれは それをきいて びっくりしました。

1 かれは それをきいて しんぱいしました。

2 かれは それをきいて おどろきました。

3 かれは それをきいて こまりました。

4 かれは それをきいて めがさめました。

**もんだい5　つぎの　ことばの　つかいかたで　いちばん　いいもの
　　　　　　を　1・2・3・4から　ひとつ　えらんで　くださ
　　　　　　い。**

(例) すごす

　　1　もう12じを　すごしました。

　　2　そふは　ことし　70さいを　すごしました。

　　3　なつやすみは　らいしゅうまでで　すごします。

　　4　しゅうまつは　かぞくと　すごします。

　　　　　かいとうようし　(例) ① ② ③ ●

30　きょうみ

　　1　わたしは　にほんのぶんかに　きょうみが　あります。

　　2　このほんは　とても　きょうみが　おもしろいです。

　　3　すずきさんの　きょうみは　えいがを　みることです。

　　4　いま　とても　きょうみの　ほんを　よんでいます。

31　ならぶ

　　1　きょうしつに　つくえを　ならんで　ください。

2 コンビニのまえに　ひとが　たくさん　<u>ならん</u>でいます。

3 ほんだなに　きれいに　ほんが　<u>ならんで</u>　あります。

4 わたしは　だいがくで　にほんごを　<u>ならんで</u>　います。

---

32 **はっきり**

1 なつやすみの　けいかくを　<u>はっきり</u>　たてて　おきます。

2 ちこくしないように　<u>はっきり</u>　でかけましょう。

3 めがねを　かけないと、<u>はっきり</u>　みえません。

4 しゅくだいは　<u>はっきり</u>　しなければ　なりません。

---

33 **やめる**

1 やっと　あめが　<u>やめました</u>。

2 ちちは　ことし　かいしゃを　<u>やめました</u>。

3 みせの　まえに　くるまが　<u>やめて</u>　います。

4 かぜなので、あしたは　がっこうを　<u>やめます</u>。

---

34 **おこなう**

1 らいしゅうの　げつようび　コンサートを　<u>おこないます</u>。

2 あしたから　とうきょうへ　りょこうを　<u>おこないます</u>。

3 いっしょに　こうえんへ　あそびに　<u>おこないます</u>。

4 らいげつ、さいごの　しけんが　<u>おこないます</u>。

もんだい1 （　　　）に　何を　いれますか。1・2・3・4から
いちばん　いいものを　一つ　えらんで　ください。

（例）みち（　　　）わたるときは、じゅうぶん　ちゅういして　く
ださい。

1　に　　　　　2　で　　　　　3　を　　　　　4　は

かいとうようし　┃（例）┃　①　②　●　④　┃

1　やま（　　　）のぼるときは、あるきやすい　くつを　はきまし
ょう。

1　と　　　　　2　に　　　　　3　で　　　　　4　が

2　にちようびのごご、こうえん（　　　）さんぽしました。

1　に　　　　　2　で　　　　　3　を　　　　　4　は

3　おかねを　いれた（　　　）チケットが　でてきません。

1　ので　　　　2　のに　　　　3　のは　　　　4　では

4　A：これは　日本に（　　　　）時　とった　写真です。

　　B：わあ、きれいですね。

　　1　いく　　　　2　いって　　　3　すんだ　　　4　いった

5　A：この本、どこで（　　　　）ですか。

　　B：駅前の本屋で　かいました。

　　1　かうん　　　2　かりたん　　　3　かったん　　　4　うるん

6　A：あの、かばんが（　　　　）よ。

　　B：あ、ほんとうだ。ありがとうございます。

　　1　あけています　　　　　　　2　しまっています

　　3　あいています　　　　　　　4　しまります

7　A：あした　雨がふったら　休みに　なりますか。

　　B：いいえ、雨が（　　　　）休みには　なりませんよ。

　　1　ふっても　　　　　　　　　2　ふらなければ

　　3　ふると　　　　　　　　　　4　ふれば

8　パスポートを　（　　　　）に　してください。

1　わすれて　　　　　　　　　2　わすれないよう

3　わすれるな　　　　　　　　4　もってきて

9　あしたまでに　このレポートを　かいて（　　　　）なりません。

1　しまって　　　　　　　　　2　しないと

3　しまったら　　　　　　　　4　しまわなければ

10　このかぎは　かいぎしつを（　　　　）つかいます。

1　あくのに　　　　　　　　　2　あくとき

3　あけるのに　　　　　　　　4　あけて

11　かかりの者に　せつめい（　　　　）。

1　されます　　　　　　　　　2　できます

3　してくれます　　　　　　　4　させます

12　このカメラ、先月　買った（　　　　）なのに、もう　こわれてしまったんです。

1　はず　　　　2　ばかり　　　3　らしい　　　4　ところ

13　車を（　　　　）おんがくを　きくのが　好きです。

1　のって　　　　　　　　　　　2　うんてんして

3　うんてんしながら　　　　　　4　うんてんさせて

14　A：すみません、この服（　　　　）いいですか。

B：ええ、こちらで　どうぞ。

1　きると　　　　　　　　　　　2　きないで

3　きたほうが　　　　　　　　　4　きてみても

15　鈴木さんが　引越しを　てつだって（　　　　）。

1　もらいました　　　　　　　　2　いただきました

3　くださいました　　　　　　　4　いきました

もんだい2　＿★＿に　入る　ものは　どれですか。1・2・3・4
から　いちばん　いい　ものを　一つ　えらんで　くだ
さい。

（問題例）

わからないときは　うけつけのひとに＿＿＿＿　＿＿＿＿　＿★＿
＿＿＿＿　です。

1　もらえる　　　　2　おしえて　　　　3　きけば　　　　4　はず

（答え方）

1. 正しい　文を　作ります。

わからないときは　うけつけのひとに＿＿＿＿　＿＿＿＿　＿★＿
＿＿＿＿　です。

3　きけば　2　おしえて　1　もらえる　4　はず

2. ＿★＿　に　入る　番号を　黒く　塗ります。

かいとうようし　　（例）　● ② ③ ④

---

16 かれが おわるまで まだ ＿＿＿ ＿＿＿ ★ ＿＿＿ 待^ま

ちましょう。

1 なので　　2 じかんが　　3 ここで　　4 かかりそう

17 シートベルトを ＿＿＿ ＿＿＿ ★ ＿＿＿ から、やめ

てください。

1 しないで　　　　　　2 うんてんする

3 あぶないです　　　　4 のは

18 がっこうを ＿＿＿ ＿＿＿ ★ ＿＿＿ りゅうがくする

つもりです。

1 にほんへ　　2 すぐ　　3 したら　　4 そつぎょう

19 ボランティア かつどうに ＿＿＿ ＿＿＿ ★ ＿＿＿

たちたいです。

1 こまっている　　　　2 さんかして

3 ひとの　　　　　　　4 やくに

20 ニュースを きいて、ゆうべ ＿＿＿ ＿＿＿ ＿★＿ ＿＿＿

しりました。

1 じしんが　2 ことを　　3 あった　　4 おおきい

もんだい3 21 から 25 に　何を　入れますか。文章の意味を　考えて、1・2・3・4から　いちばん　いい　ものを一つ　えらんで　ください。

　わたしは、いつも、環境を　守るために　できることが 21 、できるだけ　したいと　思っています。ですから、子どもが　着られなくなった服や　遊ばなくなった おもちゃは、リサイクルショップに　売ったり、友だちに　あげたり　しています。

　それから、いらないものは　買わないように 22 います。わりばしや　ストローも　使わないように　しています。 23 、スーパーに　買い物に　行く時も、必ず　エコバッグを　持って行きます。 24 、よく　持っていくのを　忘れましたが、今は　かばんの中にいつも　エコバッグを　入れています。みんなが　ビニール袋を使わなくなれば、 25 ごみが　減ると　思います。

21　1　あると

　　2　あったら

　　3　あっても

　　4　あって

22　1　気を　つけて
　　　2　気に　なって
　　　3　気が　ついて
　　　4　気が　して

23　1　それなら
　　　2　そうして
　　　3　また
　　　4　あとから

24　1　はじめて
　　　2　はじめると
　　　3　あとから
　　　4　はじめは

25　1　なかなか
　　　2　ぜひ
　　　3　あまり
　　　4　もっと

もんだい４　つぎの（1）から（4）の文章を読んで、質問に答えてください。答えは、１・２・３・４から、いちばんいいものを一つえらんでください。

（1）

　ひさしぶりに、友だちから　手紙が　来ました。友だちは、引き出しの中に、使っていない　切手が　たくさん　あったので、手紙を　書くことに　したと　書いてありました。今は　みんな、メールは　よく　書きますが、手紙は　なかなか　書きません。わたしは、手紙を　もらって、とても　うれしかったです。わたしも、その友だちに　手紙を　書こうと思います。

26　この文章を書いた人は、どうして「うれしかった」と言っていますか。

　　１　友だちが　れんらくして　くれたから。
　　２　手紙を　もらったのは　ひさしぶりだったから。
　　３　みんな　よく　手紙を　くれるから。
　　４　友だちが　元気だったから。

（2）

田村さんへ

　きょうの　会議ですが、午後、急に　用事が　できて　しまったので、明日の　午後４時からに　して　もらえませんか。それから、会議のときに、新しいカタログを　もってきて　ください。このメモを見たら、すぐ　電話してください。よろしく　お願いします。

スミス

27　正しい文を　選んで　ください。

　1　きょう、スミスさんは　都合が　悪く　なりました。

　2　田村さんは　きょう、会議を　します。

　3　スミスさんは　このメモを　見て　すぐ　電話を　しました。

　4　このメモは、田村さんが　スミスさんに　書きました。

（3）

　最近、あまり　現金を　使わなく　なりました。電車や　バスに　乗る
ときも、カードで　払います。インターネットで　買い物を　する時も、
カードを　使います。カードは　とても　便利ですが、使いすぎないよう
に　しなければ　なりません。それから、落としたり、盗まれたりする
と、お金より　たいへんなことに　なるので、気を　つけなければ　なり
ません。

28 この文章を書いた人が一番言いたいことは何ですか。

1　カードが　ないと、とても　こまります。

2　インターネットで　買い物する時、現金は　使えません。

3　カードを使いすぎたり、落としたり　しないように　しましょ
　　う。

4　現金より　カードの方が　便利で、役に　立ちます。

（４）

試験を受ける時の注意

■答えは　黒の　ボールペンで　書いて　ください。

■問題の紙は　最後に　集めます。メモを　しても　かまいませんが、持って帰らないで　ください。

■試験が始まる前に、かばんや　いらないものは　教室の　後ろの　棚に　入れて　ください。

■途中で　気分が　悪くなったり、トイレに　行きたいときは、先生に言ってから、外へ　出て　ください。

29 正しい文を　選んで　ください。

1　えんぴつで　答えを　書かなければ　なりません。

2　問題の紙には、なにも書きません。

3　かばんは　教室の　後ろの　棚に　置きます。

4　トイレに　行きたいときは　いつでも　行って　いいです。

**もんだい5　つぎの文章を読んで、質問に答えてください。答えは、
1・2・3・4・から、いちばんいいものを一つえらん
でください。**

　夏になると、花火を見たり、海やプールに泳ぎに行ったり、たのしいイ
ベントがたくさんあります。わたしは、子どものころ、特にキャンプに行
くのが好きでした。

　キャンプで一番たいへんなのは、料理の準備です。キャンプ場では、ガ
スや電気は使いません。＊まきを燃やして、ごはんを炊きます。火の強さ
を調節するのは、とても難しいです。昔の人は、毎日こうやってご飯を作
っていたと先生が言いました。昔の人は本当にすごいと思いました。

　食事のあとは、お皿を洗ったり、片付けをしなければなりません。そし
て、暗くなったら、みんなで、＊キャンプファイヤーを囲んで、歌を歌っ
たり、ダンスをしたりして、楽しく過ごします。そして、夜は、テントで
寝ます。次の日は、朝早く起きて、みんなで体操をしてから、朝ごはんを
作ります。そして、午後、テントを片付けて、うちへ帰ります。

　最近、キャンプに行く人が増えているそうです。今は、電気やガスが使
えるキャンプ場も多いそうです。でも、わたしはキャンプの時は、電気や
ガスのない生活を体験した方がいいと思います。その方が、自然を楽しめ
るからです。今年の夏、わたしは子どもをつれて、キャンプに行く予定で
す。

（注１）まき：柴薪

（注２）キャンプファイヤー：(Campfire) 營火

第
4
回

165

30 キャンプ場では、どうやって ごはんを 作りますか。

1 みんな 一人で ごはんを 作ります。

2 先生が、ごはんを 作ってくれます。

3 ガスや 電気を 使わないで 料理します。

4 テントの中で、料理します。

31 作者が 子どもの時 行った キャンプ場では、何が できましたか。

1 ベッドで 寝ます。

2 テントの中で テレビを 見ます。

3 キャンプファイヤーを 囲んで 歌います。

4 花火を します。

32 キャンプの日の夜、どうやって 過ごしましたか。

1 一人で 星を 見ます。

2 みんなで 歌ったり、踊ったりします。

3 みんなで 体操を します。

4 プールで 泳ぎます。

33 作者は　キャンプについて、どう　思っていますか。正しい文を
選んでください。

1　テントで　寝るのは　疲れます。

2　キャンプ場で、ガスや　電気が　使えるようになって、よかっ
たです。

3　キャンプをするのは、たいへんですが、楽しいです。

4　キャンプ場が　便利になったので、また　行きたいです。

もんだい6　右のページの 「アルバイト募集」のお知らせを 見て、下の質問に 答えてください。答えは、1，2，3，4から いちばん いいものを 一つ えらんでください。

34　李さんは 中国人の留学生です。月よう日から金よう日まで できる アルバイトをしたいです。車は運転できません。どれが いちばんいいですか。

　　1　ア
　　2　ウ
　　3　エ
　　4　オ

35　キムさんは 韓国人の留学生です。車の免許を 持っています。お金を ためたいですが、勉強の時間を あまり 減らしたくありません。次のどれが一番いいですか。

　　1　アとオ
　　2　イとオ
　　3　イとエ
　　4　エとオ

アルバイト募集

次の仕事ができる人を募集しています。

＊18歳以上の方。

＊日本語でコミュニケーションがとれる方。

＊留学生のアルバイトは、一週間に28時間までしかできません。きまりを守るようにしてください。

	仕事の場所	仕事の内容	仕事の時間	アルバイト代	
ア	レストラン	お皿を洗ったり、料理の準備の仕事を手伝います。	16：00～21：00、週4回以上できるひと。	1時間800円	
イ	ホテル	シーツを換えたり、部屋の掃除をします。	週3回。月よう日、水よう日、金よう日の午後1時～午後3時。	1時間800円	
ウ	家庭教師(中国語)	学生のうちで中国語を教えます。	週1回、2時間。土よう日の朝。	1時間2200円	中国語が母国語の人。
エ	家庭教師(韓国語)	学生のうちで韓国語を教えます。	週二回、2時間。火よう日と木よう日の夜。	1時間2000円	韓国語が母国語の人。
オ	宅急便	荷物を配達します。	週2回、金よう日の午後1時～6時と土よう日の朝9時～午後2時	1時間1000円	車の免許が必要です。

제
4
회

もんだい1 ♪MP3 04

もんだい1では、まず　しつもんを　聞^きいて　ください。そ
れから　話^{はなし}を　聞^きいて、もんだいようしの　1から4の　中^{なか}
から、いちばん　いい　ものを　一^{ひと}つ　えらんで　ください。

れい

1　しょうゆ　1本だけ

2　しょうゆ　1本と　レモン　1つ

3　しょうゆ　2本と　レモン　2つ

4　しょうゆ　1本と　レモン　2つ

(例^{れい})　① ② ③ ●

1ばん

2ばん

1　こんしゅうのすいようび

2　こんしゅうのもくようび

3　こんしゅうのきんようび

4　こんしゅうのどようび

3ばん

1 とくにない

2 えいがを見(み)ること

3 しゃしんをとること

4 でかけること

4ばん

1 あか

2 きんいろ

3 きいろ

4 ピンク

5ばん

1

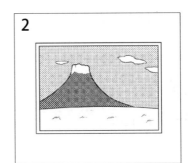

2

3

4

6ばん

1

2

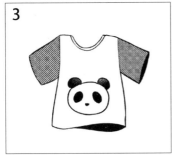

3

4

7ばん

1 どこにも行かない

2 うみに行く

3 ドライブに行く

4 デパートに行く

8ばん

1 やさいをあらう

2 やさいをきる

3 サンドイッチをつくる

4 ぜんぶ ひとりでする

もんだい2

　もんだい2では、まず　しつもんを　聞^きいて　ください。そのあと、もんだいようしを　見て　ください。読^よむ　時間^{じかん}があります。それから　話^{はなし}を　聞^きいて、もんだいようしの1から4の　中^{なか}から、いちばん　いい　ものを　一^{ひと}つ　えらんで　ください。

れい

1　あね

2　いもうと

3　しんせき

4　りょうしん

1ばん

1 2500円

2 2600円

3 3000円

4 5500円

2ばん

1 来週のはっぴょうかいのとき

2 今から

3 友だちに会ったあと

4 買い物をしたあと

3ばん

1 すいようびのよる

2 もくようびのごご

3 もくようびのよる

4 げつようびのあさ

4ばん

1 びょういんへ行くから

2 おかあさんのおみまいに行くから

3 ぐあいが悪いから

4 子どものがっこうへ行くから

5ばん

1 デートじゃなかったから。

2 うちをはやくでたから。

3 時間^{じかん}をまちがえたから。

4 きょうはどようびだったから。

6ばん

1 がっこう

2 びじゅつかん

3 こうえん

4 こうじょう

7ばん

1 フランスりょこうに行くから

2 がくせいの時勉強しなければならなかったから

3 フランス映画がとてもすきだったから

4 フランス語のほんやくをしたいから

もんだい３

　もんだい３では、えを　見ながら　しつもんを　聞いて
ください。➡（やじるし）の　人は　何と　言いますか。
１から３の　中から、いちばん　いい　ものを　　一つ　えら
んで　ください。

れい

1ばん

제 4 회

2ばん

3ばん

4ばん

5ばん

もんだい４

　もんだい４では、えなどが　ありません。まず　ぶんを聞^きいて　ください。それから、そのへんじを　聞^きいて、１から３の　中^{なか}から、いちばん　いいものを　一^{ひと}つ　えらんで　ください。

― メモ ―

N4

JLPT
실전 모의고사

제 5 회

언어지식(문자 · 어휘)
·
언어지식(문법) · 독해
·
청해

もんだい1 ＿＿＿のことばは　ひらがなで　どう　かきますか。１・
２・３・４から　いちばん　いいものを　ひとつ　えら
んでください。

(例) どろぼうに　財布を　ぬすまれたようです。

　　1　ざいふ　　　2　ざいさん　　　3　さいふ　　　4 さいきん

　　かいとうようし　｜ (例) ｜ ① ② ● ④ ｜

1　りょうの　しょくじに　満足して　います。

　　1　まそく　　　2　まんなか　　3　ぶぞく　　　4　まんぞく

2　あの　あおい上着を　きている人は　だれですか。

　　1　うえき　　　2　じょうき　　3　うわぎ　　　4　うえぎ

3　実物は　しゃしんより　もっと　きれいですよ。

　　1　じつげん　　　　　　　2　じつぶつ

　　3　じっしゅう　　　　　　4　じっさい

4 <u>複雑な</u>　はなしだと、こまります。

　1　ふくざつ　　2　ふっさつ　　3　こんざつ　　4　かささつ

5　ちゅうごくでは、おしょうがつを　<u>旧暦</u>で　いわいます。

　1　かんれき　　　　　　　2　しんれき

　3　きゅうれき　　　　　　4　りれき

6　まいとし　にほんの　ゆうじんに　<u>年賀状</u>を　もらいます。

　1　ねんがじゅ　　　　　　2　ねんかしょ

　3　ねんがじょう　　　　　4　としかしょう

7　これから　かいぎの　<u>準備</u>を　しますが、てつだって　くれませんか。

　1　じゅんべ　　　　　　　2　しゅんへい

　3　せいび　　　　　　　　4　じゅんび

8　らいねん、<u>稲</u>の　ゆしゅつが　へるでしょう。

　1　いなり　　2　どう　　　3　いね　　　4　いな

9   八百屋さんでは、しゅんの　やさいを　うっています。

1　はおうや　　　　　　　　2　やおや

3　はっぴゃくや　　　　　　4　やひゃっけ

もんだい2 _____ のことばは　どう　かきますか。1・2・3・4か
ら　いちばん　いいものを　ひとつ　えらんでください。

(例) きものを　きる　きかいは　すくなくなりました。

　　　1　機械　　　　2　時下　　　　3　機会　　　　4　奇怪

　　かいとうようし　

10　こうじょうでは、と装する　のに　ロボットを　つかっていま
す。

　　　1　涂　　　　2　塗　　　　3　涂　　　　4　途

11　かいがいへの　てんきんを　きぼうしています。

　　　1　期募　　　2　規模　　　3　希望　　　4　期待

12　ねんぱいの　かたに　せきを　ゆずりましょう。

　　　1　鑲　　　　2　裏　　　　3　嬢　　　　4　譲

13　しょうらいは　ろうどうじかんが　みじかく　なります。

　　　1　魯闘　　　2　労働　　　3　移動　　　4　労力

14 デジカメでも、<u>ねだん</u>の　やすいのが、たくさん　あります。

    1　値段　　　　2　値引　　　　3　値上　　　　4　値打

15 ラインは　<u>かんけつに</u>　じょうほうを　つたえます。

    1　完璧　　　　2　寛結　　　　3　簡潔　　　　4　浄潔

もんだい3 （　　　）に　なにを　いれますか。1・2・3・4か
ら　いちばん　いいものを　ひとつ　えらんでくださ
い。

（例）まどが　よごれているので（　　　）ください。

　　1　あけて　　2　しめて　　3　わって　　4　ふいて

かいとうようし　　①　②　③　●

16　体を　動かさないで、机の前に　（　　　）生活する　人が増え
ます。

　　1　すわれば　　2　すわって　　3　すわる　　4　すわらない

17　日記には　自分の（　　　）や　気持ちが　かけます。

　　1　しかく　　2　てちょう　　3　かんそう　　4　せわ

18　お（　　　）が　あれば、どこでも　インスタントラーメンが
食べられます。

　　1　しる　　2　だし　　3　ゆ　　4　みそ

19 最近では、（　　　）を　考えて、スポーツをする　人が　おおいです。

　　1　けんこう　　2　けっこう　　3　けいけん　　4　けんこん

20 旅行の　情報を（　　　）調べましょう。

　　1　ちいさく　　2　くわしく　　3　やさしく　　4　めでたく

21 風邪をひいた　とき、たいおんけいで　熱を（　　　）ます。

　　1　はり　　　　2　はかり　　　3　かぞえ　　　4　けいさんし

22 誕生日パーティーで　ケーキを　食べ（　　　）ました。

　　1　すぎ　　　　2　すごし　　　3　きれ　　　　4　つき

23 今年の　ボーナスは　何（　　　）使うんですか。

　　1　は　　　　　2　が　　　　　3　を　　　　　4　に

24 ジムで　専門の（　　　）が　しどうしてくれます。

　　1　コーチ　　　2　コーラ　　　3　コアラ　　　4　リーダー

もんだい4   _____のぶんと　だいたい　おなじ　いみの　ぶんが
　　　　　　　あります。1・2・3・4から　いちばん　いいものを
　　　　　　　ひとつ　えらんでください。

(例) ここで　かんこくごを　ならうことが　できます。

　　　1　ここで　かんこくごを　おしえています。

　　　2　ここで　かんこくごに　なおして　もらえます。

　　　3　ここで　かんこくごを　ならったことが　あります。

　　　4　かんこくじんの　せんせいに　ことばを　ならいました。

　　　かいとうようし　　| (例) | ● ② ③ ④ |

25　ゆきが　ふったら、でかけません。

　　　1　ゆきが　ふらないと、そとへ　でません。

　　　2　たとえ　ゆきが　ふっても　でかけます。

　　　3　うちを　でると、ゆきが　ふっていました。

　　　4　もし　ゆきに　なったら、どこへも　いきません。

26 やまださんに　ざっしを　かして　あげました。

1　わたしは　やまださんに　ざっしを　さしあげました。

2　やまださんは　わたしの　ざっしを　もらっていきました。

3　やまださんは　わたしの　ざっしを　かりていきました。

4　やまださんが　かれの　ざっしを　かして　くれました。

27 ひろい　にわが　ある　うちが　ほしいです。

1　ねこの　ひたいみたいな　にわを　もちたいです。

2　ひろい　へやから　にわが　みえる　うちが　ほしいです。

3　ひろい　にわが　ある　うちに　すみたいです。

4　わたしの　いえに　ひろい　にわが　あります。

28 これを　みぎへ　まわすと、おとが　おおきく　なります。

1　これを　ひだりへ　まわすと、おとが　ちいさく　なります。

2　これを　おすと、おとの　おおきさが　ちょうせい　できます。

3　あそこを　みぎへ　まがると、ラジオの　つまみが　みつかります。

4　あの　こうさてんを　みぎへ　まがると、この　ＣＤが　かえます。

29 けいこさんは　けっこんを　もうしこまれました。

1　けいこさんは　こいびとに　こくはくされました。

2　けいこさんは　かれしに　プロポーズされました。

3　けいこさんは　けっこんを　もうしこみました。

4　けいこさんは　けっこんしきを　あげました。

もんだい5 つぎの ことばの つかいかたで いちばん いいものを 1・2・3・4から ひとつ えらんで ください。

(例) すごす

1 もう12じを すごしました。

2 そふは ことし 70さいを すごしました。

3 なつやすみは らいしゅうまでで すごします。

4 しゅうまつは かぞくと すごします。

かいとうようし

(例)	① ② ③ ●

30 きえる

1 きゃくの すがたが きえるまで みおくった。

2 いまにも エアコンが けしそうです。

3 ロビーの だんぼうが きえて ありません。

4 おんがくが とつぜん けして しまった。

31 あんしん

1 あんしんうんてんに つとめよう。

2 こうつうあんしんを ちゅういしなければ ならない。

3 おやを あんしんさせる ために、よく でんわする。

4 せいかつが あんしんして、きもちも おちついて います。

32 **たのむ**

1 せんしゅう、じょうしに しごとを たのむ。

2 しごとが いそがしくいので でまえを たのもう。

3 たなかせんぱいは たのみに なる ひとです。

4 せいせきが わるいので、かていきょうしを たのまれた。

33 **われる**

1 エレベーターが われています。

2 たいふうで きが われています。

3 その いすが われています。

4 この コップは われました。

34 **おとす**

1 テーブルから ほんが おとしそうです。

2 まがりかどで じどうしゃは スピードを おとした。

3 あんないじょうを だすとき、きむらさんを おちた。

4 こめが ふるくなると あじが おとします。

제5회

もんだい1 （　　　）に　何を　いれますか。1・2・3・4から
いちばん　いいものを　一つ　えらんで　ください。

（例）みち（　　　）わたるときは、じゅうぶん　ちゅういして　く
ださい。

　　　1　に　　　　　2　で　　　　　3　を　　　　　4　は

　　かいとうようし　 | (例) | ① ② ● ④ |

1　華子は　卒業式（　　　）出ません　でした。

　　　1　で　　　　　2　か　　　　　3　を　　　　　4　に

2　沖縄は　観光客（　　　）おおいです。

　　　1　が　　　　　2　で　　　　　3　を　　　　　4　より

3　授業が　おわったら、教室は　しずか（　　　）なります。

　　　1　な　　　　　2　が　　　　　3　く　　　　　4　に

4 スリッパを はいた（　　　） 部屋に 入りました。

1　まま　　　　2　だけ　　　　3　より　　　　4　しか

5 けいたいを 見（　　　） 歩くのは あぶない です。

1　ところ　　　2　ばかり　　　3　ながら　　　4　そして

6 これは わたしが 先週 しんけんに （　　　） レポートです。

1　書きました　　　　　　　2　書いた

3　書いている　　　　　　　4　書く

7 A「富士山に 登った（　　　） が ありません。」

B「じゃあ、よかったら、いっしょに 登りませんか。」

1　ころ　　　　　　　　　　2　こと

3　ところ　　　　　　　　　4　もの

8 仕事と 家族と どちらが （　　　） と 思いますか。

1　たいせつ　　　　　　　　2　たいせつだ

3　だいせつ　　　　　　　　4　だいせつだ

9 きけんなので 暗い道は 一人で（　　　）ように しています。

    1　歩かない　　　　　　　　2　歩け
    3　歩いている　　　　　　　4　歩く

10 2番目の 駅で 降りる（　　　）、大学が すぐ 見えます。

    1　と　　　　　2　て　　　　　3　ば　　　　　4　へ

11 天満宮で 写真を 撮った（　　　）、絵馬を 書いた
   （　　　）して、すごく 楽しかったです。

    1　て　　　　　2　ら　　　　　3　り　　　　　4　し

12 たんすの上に 人形が （　　　）。

    1　飾っています　　　　　　2　飾ってあります
    3　飾りました　　　　　　　4　飾っておきます

13 A「小さい 字が 見え（　　　）です。」
   B「年を 取って きたから でしょう。」

    1　がかり　　2　やすい　　3　にくい　　4　ながら

14 荒川さんは　福岡市に（　　　　）。

1　住みます　　　　　　　2　住んでいました

3　住みました　　　　　　4　住みませんでした

15 ソウル大学の　住所を（　　　　）か。

1　しります　　　　　　　2　わかります

3　しっています　　　　　4　わかっています

もんだい2 ___★___**に　入る　ものは　どれですか。1・2・3・4 から　いちばん　いい　ものを　一つ　えらんで　ください。**

<ruby>問題例<rt>もんだいれい</rt></ruby>（問題例）

わからないときは　うけつけのひとに_____　_____　__★__ _____　です。

1　もらえる　　　2　おしえて　　　3　きけば　　　4　はず

（<ruby>答え方<rt>こた かた</rt></ruby>）

1. <ruby>正しい<rt>ただ</rt></ruby>　<ruby>文を<rt>ぶん</rt></ruby>　<ruby>作ります<rt>つく</rt></ruby>。

わからないときは　うけつけのひとに_____　_____　__★__ _____　です。 　　　　　3　きけば　2　おしえて　1　もらえる　4　はず

2. __★__　に　<ruby>入る<rt>はい</rt></ruby>　<ruby>番号を<rt>ばんごう</rt></ruby>　<ruby>黒く<rt>くろ</rt></ruby>　<ruby>塗ります<rt>ぬ</rt></ruby>。

かいとうようし　| （<ruby>例<rt>れい</rt></ruby>）| ● ② ③ ④ |

16 A「山田さんが ＿＿＿ ＿＿＿ ★ ＿＿＿ です。」

B「本当ですか。」

1 転勤で　　2 秋田へ　　3 そう　　4 行く

17 A「ご主人は　いらっしゃいますか。」

B「おりますが、＿＿＿ ＿＿＿ ★ ＿＿＿ 。」

1 ゆうべから　　　　　2 悪くて

3 気分が　　　　　　　4 休んでいます

18 名前と ＿＿＿ ＿＿＿ ★ ＿＿＿ 持って　行って　ください。

1 ものを　　2 住所　　3 わかる　　4 が

19 となりの ＿＿＿ ＿＿＿ ★ ＿＿＿ きます。

1 音が　　2 聞こえて　　3 テレビの　　4 部屋から

20 須賀さん ＿＿＿ ＿＿＿ ★ ＿＿＿ 。

1 くれました　　　　　2 ショコラ

3 は　　　　　　　　　4 を

제5회

もんだい3 **21** から **25** に 何を 入れますか。文章の意味を 考えて、1・2・3・4から いちばん いい ものを 一つ えらんで ください。

料理を **21** 食べるまで時間があいてしまうことが多いため、食中毒(しょくちゅうどく)を防(ふせ)ぐには十分な注意が必要です。調理前には **22** 手を洗いましょう。

傷口(きずぐち)のある手で食べ物 **23** 触(さわ)らないようにしましょう。食材(しょくざい)は中(ちゅう)心まで十分に加熱(かねつ)しましょう。卵焼(たまごや)きやハンバーグなどは中(なか)までしっかり火(ひ)を **24** 。お弁当箱に詰(つ)める前に、しばらく冷(さ)ましましょう。それに、清潔(せいけつ)な菜箸(さいばし)を使いましょう。保冷剤(ほれいざい)やクーラーバッグを活用(かつよう)し、**25** 涼(すず)しい場所(ばしょ)で保管(ほかん)しましょう。

（注1）菜箸(さいばし)：料理の調理や食事の取り分けに使われる長い箸
（注2）クーラーバッグ：保冷バッグ

21 　1　作る

　　　2　作り

　　　3　作った

　　　4　作ってから

22　1　びっくり

　　　2　しっかり

　　　3　がっかり

　　　4　ゆっくり

23　1　に

　　　2　を

　　　3　で

　　　4　が

24　1　通しましょう

　　　2　通りましょう

　　　3　通らせましょう

　　　4　通じましょう

25　1　そろそろ

　　　2　なかなか

　　　3　できるだけ

　　　4　なるほど

제
5
회

**もんだい４　つぎの（1）から（4）の文章を読んで、質問に答えてく
　　　　　ださい。答えは、１・２・３・４から、いちばんいいも
　　　　　のを一つえらんでください。**

（1）

　すきやきや、うどんや、うなぎなど、日本には、おいしいものがたくさ
んあります。値段がとても高いものもありますが、安いものもたくさんあ
ると思います。てんぷらやすきやきは本当においしいです。うなぎはおい
しいけれど、はじめはこわくて食べられませんでした。納豆はいい匂いと
は思いませんから、今でもチャレンジできません。しかし、友達にすすめ
られたので、ホルモン焼きが食べられるようになりました。

26　筆者がまだ食べられないのはどれですか。

　　　1　ホルモン焼き

　　　2　納豆

　　　3　てんぷら

　　　4　うなぎ

(2)

基礎講座　その1
海苔の基本サイズ

海苔1枚（全型）のサイズは、原則としてタテ21×ヨコ19cmです。昭和40年代に、このサイズに全国統一されました。それ以前は、大判や小判など、各産地で海苔のサイズはマチマチだったようです。

最近では、各メーカーが食べやすい大きさにあらかじめカットした"おにぎり用""手巻き用""おかず用"などのサイズも登場しています。用途にあわせて、お選びください。

●**焼海苔半切タイプ**

寿司用や三角おむすび用に最適。コンビニのおむすびもこのタイプを使用しています。

●**焼海苔3切タイプ**

全形の3分の1のサイズの海苔はおむすびを俵巻きにするときや、おもちに巻くのにぴったりなサイズです。

●**味付海苔**

・**8切袋タイプ**

メーカーによって、「おむすびのり」「おかずのり」「おにぎりのり」などとネーミングしているところもあります。1袋8切8枚入りで3袋から8袋で販売されています。

・**もみのり＆きざみのり**

丼物やそばなどのトッピングに重宝します。

（注1）マチマチ：それぞれ違っている

（注2）おむすび：にぎりめし

（注3）重宝：便利で役に立つこと

27 おむすびを作るのに使えない海苔はどれですか。

1　焼海苔半切タイプ

2　もみのりときざみのり

3　焼海苔3切タイプ

4　8切袋タイプ

（3）

研究室のドアに、このメモがはってあります。

尾崎先生　　　　　　　　7月4日　　　午後2時

　先週の授業でおっしゃられていた 『中級フランス語』というテキストはまだ図書館に返却されていません。それをお借りしたいと思いますが、お願いできますでしょうか。3時にまたお伺いいたします。

蘇明

28 蘇さんはどうして先生にテキストを借りたいのですか。

1 尾崎先生の本が新しいですから。

2 図書館のは予約されていますから。

3 図書館のはまだ返されていませんから。

4 大学の付属図書館は遠いですから。

（4）

たけし：昨日偶然に彼女に会いましたが、そのとき、彼女はあなたの悪口をいっていましたよ。そして、とても怒っていましたよ。いままであんなに仲がよかったのに。

たかこ：私たちはおととい口喧嘩しました。彼女は毎晩遅く帰ってきます。それで、私が注意しました。ただそれだけです。

29 たけしと彼女はどういう関係ですか。

1 ルームメートです。

2 知り合いです

3 姉妹です。

4 親子です。

もんだい5　つぎの文章を読んで、質問に答えてください。答えは、1・2・3・4・から、いちばんいいものを一つえらんでください。

　高雄市の鼓山区に高雄美術館があります。この美術館では、よく地元の芸術家による油絵や彫刻や書道や水墨画などの展覧会をしています。

　美術館の周りは広くて素晴らしい庭園で、ゆっくりと散歩ができます。庭に木や花がたくさん植えてあります。亜熱帯の木が一年中緑色ですが、季節によってさまざまな花が咲いていて、とても美しく見えます。庭に川もあって、小さい橋がかかっています。

　①この美術館は郊外にあって、とても静かです。しかし、台湾鉄道の線路に近いため、ときどき列車の音が聞こえます。列車に乗っている人も美術館の庭と建物が見えます。近頃、この辺には高層ビルが次々と建てられていて、にぎやかな地域に変身しました。

　台北や台中にも有名な美術館がありますが、ここではじっくりと②台湾南部の風土と人情が味わえます。なんといっても、自分の故郷の美術館ですからいちばん愛着があるのです。

（注1）線路：列車などの通る道；レール
（注2）次々：物事が次から次へと続くさま
（注3）地域：区画された土地の区域
（注4）風土：その土地特有の自然環境と精神的な環境
（注5）人情：人間のありのままの情感
（注6）愛着：心をひかれて、思いきれないこと

30 筆者のふるさとはどこですか。

  1 高雄　　　　　　　　　2 台北

  3 台中　　　　　　　　　4 台南

31 ①この美術館とありますが、どの建物を指しますか。

  1 客家美術館　　　　　　2 台湾博物館

  3 高雄美術館　　　　　　4 故宮博物院

32 ②台湾南部の風土と人情が味わえますとありますが、台湾南部の
風土と人情を知ることができるといえないものはどれですか。

  1 地元の芸術家たちの作品から

  2 美術館の周りの植物から

  3 美術館の近くの建物から

  4 美術館の庭園にある温室から

33 この文章を書いた人はどういう順番で美術館を描写しますか。

  1 鼓山区→高層ビル→植物→芸術品

  2 庭園→地元の芸術品→池→橋

  3 線路→列車→亜熱帯の動物→芸術品

  4 芸術品→植物→川→高層ビル

もんだい6　右のページの「バランスのよい詰め方」のお知らせを見て、下の質問に答えてください。答えは、1・2・3・4から、いちばんいいものを一つえらんでください。

34 「主食」「主菜」「副菜」というのは、どんな基準（きじゅん）によって分けられますか。

1　色

2　栄養成分

3　作る順番

4　弁当箱の大きさ

35 区切り（くぎ）にバランを使いたいとき、どの段階（だんかい）で弁当に入れますか。

1　STEP1

2　STEP2

3　STEP3

4　STEP4

バランスのよい詰め方

参考：NPO 法人 食生態学実践フォーラム HP より

バランスのよいお弁当を作るには、「主食 3：主菜 1：副菜 2」を
こころがけましょう。

主食

ごはん、パン、麺などの炭水化物が主なもの

体を動かすエネルギー源になる

主菜

肉、魚、卵などのタンパク質が多いおかず

血液や筋肉など体を作る

副菜

野菜、きのこ、海藻などのビタミンやミネラルが多いおかず

体のバランスを整える

お弁当箱を詰める 4 つのステップ

お弁当を詰めるときは、ごはん→大きなおかず→小さなおかずの順
で詰めましょう。すき間なくおかずを詰めることで、持ち運んでも中身
の片寄りを防ぐことができます。

● S T E P 1

主食のごはんを詰めて冷まします。

● S T E P 2

主菜となる大きなおかずを詰めます。

- **STEP3**

副菜となる中くらいのおかずを詰めます。

- **STEP4**

すき間を埋める小さなおかずを詰めます。

おいしそうに見せる彩り

「白・黒・赤・黄・緑・茶」の６色の食材を入れることで、見た目もおいしそうになり、簡単に栄養バランスのいいお弁当になりますよ！

白　ごはん、パン、じゃがいもなど

黒　のり、ごま、ひじきなど

赤　トマト、にんじん、鮭など

黄　卵、かぼちゃ、とうもろこしなど

緑　きゅうり、アスパラガス、ほうれん草など

茶　牛肉、豚肉、鶏肉、きのこなど

もんだい１ ♪MP3 05

　もんだい１では、まず　しつもんを　聞_きいて　ください。それから　話_{はなし}を　聞_きいて、もんだいようしの　１から４の　中_{なか}から、いちばん　いい　ものを　一_{ひと}つ　えらんで　ください。

れい

1　しょうゆ　１本だけ

2　しょうゆ　１本と　レモン　１つ

3　しょうゆ　２本と　レモン　２つ

4　しょうゆ　１本と　レモン　２つ

（例_{れい}）　① ② ③ ●

1 ばん

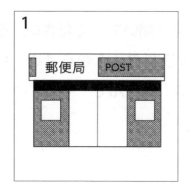

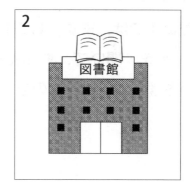

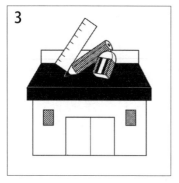

2ばん

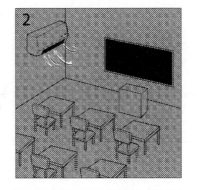

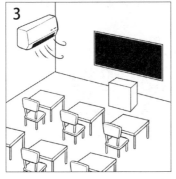

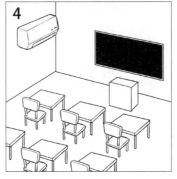

3ばん

4ばん

1 桃と豚肉

2 バナナと豚肉

3 とんかつと桃

4 桃とバナナ

5ばん

1 紅茶が 好きじゃないから

2 紅茶は ミルクより 値段が高いから

3 紅茶は ポテトサラダに 合わないから

4 きのう 紅茶を いっぱい 飲んだから

6ばん

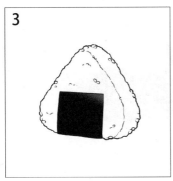

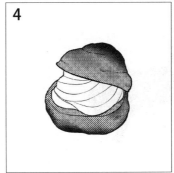

7ばん

1   3人

2   4人

3   5人

4   6人

8ばん

もんだい２

　もんだい２では、まず　しつもんを　聞(き)いて　ください。そのあと、もんだいようしを　見(み)て　ください。読(よ)む　時間(じかん)が　あります。それから　話(はなし)を　聞(き)いて、もんだいようしの　１から４の　中(なか)から、いちばん　いい　ものを　一(ひと)つ　えらんで　ください。

れい

1　あね

2　いもうと

3　しんせき

4　りょうしん

1ばん

1 　１週間後

2 　２週間後

3 　都合の　いい時

4 　試験が　終わった時

2ばん

1 　2,160円

2 　2,010円

3 　2,610円

4 　2,150円

3ばん

1 5：30

2 6：00

3 6：15

4 6：30

4ばん

1 自分の　そぼに

2 自分の　おばさんに

3 自分の　おかあさんに

4 友達の　おかあさんに

5ばん

1　1泊

2　2泊

3　3泊

4　4泊

6ばん

1　高松城

2　国際空港

3　栗林公園

4　国際美術館

7ばん

1 　午前9：00

2 　午後4：00

3 　午後3：40

4 　午前8：40

もんだい3

　もんだい3では、えを　見_みながら　しつもんを　聞_きいて
ください。　➡　（やじるし）の　人_{ひと}は　何_{なん}と　言_いいますか。
1から3の　中_{なか}から、いちばん　いい　ものを　一_{ひと}つ　えらん
で　ください。

れい

1ばん

2ばん

3ばん

4ばん

5ばん

もんだい４

　もんだい４では、えなどが　ありません。まず　ぶんを聞^きいて　ください。それから、そのへんじを　聞^きいて、１から３の　中^{なか}から、いちばん　いいものを　一^{ひと}つ　えらんで　ください。

― メモ ―

N4

言語知識（文字・語彙）　**言語知識（文法）・読解**　**聴解**

解答用紙

言語知識（文字・語彙）

問題1
1	①	②	③	④
2	①	②	③	④
3	①	②	③	④
4	①	②	③	④
5	①	②	③	④
6	①	②	③	④
7	①	②	③	④
8	①	②	③	④
9	①	②	③	④

問題2
10	①	②	③	④
11	①	②	③	④
12	①	②	③	④
13	①	②	③	④
14	①	②	③	④
15	①	②	③	④

問題3
16	①	②	③	④
17	①	②	③	④
18	①	②	③	④
19	①	②	③	④
20	①	②	③	④
21	①	②	③	④
22	①	②	③	④
23	①	②	③	④
24	①	②	③	④

問題4
25	①	②	③	④
26	①	②	③	④
27	①	②	③	④
28	①	②	③	④
29	①	②	③	④

問題5
30	①	②	③	④
31	①	②	③	④
32	①	②	③	④
33	①	②	③	④
34	①	②	③	④

言語知識（文法）・読解

問題1
1	①	②	③	④
2	①	②	③	④
3	①	②	③	④
4	①	②	③	④
5	①	②	③	④
6	①	②	③	④
7	①	②	③	④
8	①	②	③	④
9	①	②	③	④
10	①	②	③	④
11	①	②	③	④
12	①	②	③	④
13	①	②	③	④
14	①	②	③	④
15	①	②	③	④

問題2
16	①	②	③	④
17	①	②	③	④
18	①	②	③	④
19	①	②	③	④
20	①	②	③	④

問題3
21	①	②	③	④
22	①	②	③	④
23	①	②	③	④
24	①	②	③	④
25	①	②	③	④

問題4
26	①	②	③	④
27	①	②	③	④
28	①	②	③	④
29	①	②	③	④

問題5
30	①	②	③	④
31	①	②	③	④
32	①	②	③	④
33	①	②	③	④

問題6
34	①	②	③	④
35	①	②	③	④

聴解

問題1
1	①	②	③	④
2	①	②	③	④
3	①	②	③	④
4	①	②	③	④
5	①	②	③	④
6	①	②	③	④
7	①	②	③	④
8	①	②	③	④

問題2
1	①	②	③	④
2	①	②	③	④
3	①	②	③	④
4	①	②	③	④
5	①	②	③	④
6	①	②	③	④
7	①	②	③	④

問題3
1	①	②	③	④
2	①	②	③	④
3	①	②	③	④
4	①	②	③	④
5	①	②	③	④

問題4
1	①	②	③	④
2	①	②	③	④
3	①	②	③	④
4	①	②	③	④
5	①	②	③	④
6	①	②	③	④
7	①	②	③	④
8	①	②	③	④

N4

言語知識（文字・語彙）

問題 1
問題番号	選択肢
1	① ② ③ ④
2	① ② ③ ④
3	① ② ③ ④
4	① ② ③ ④
5	① ② ③ ④
6	① ② ③ ④
7	① ② ③ ④
8	① ② ③ ④
9	① ② ③ ④

問題 2
問題番号	選択肢
10	① ② ③ ④
11	① ② ③ ④
12	① ② ③ ④
13	① ② ③ ④
14	① ② ③ ④
15	① ② ③ ④

問題 3
問題番号	選択肢
16	① ② ③ ④
17	① ② ③ ④
18	① ② ③ ④
19	① ② ③ ④
20	① ② ③ ④
21	① ② ③ ④
22	① ② ③ ④
23	① ② ③ ④
24	① ② ③ ④

問題 4
問題番号	選択肢
25	① ② ③ ④
26	① ② ③ ④
27	① ② ③ ④
28	① ② ③ ④
29	① ② ③ ④

問題 5
問題番号	選択肢
30	① ② ③ ④
31	① ② ③ ④
32	① ② ③ ④
33	① ② ③ ④
34	① ② ③ ④

言語知識（文法）・読解

問題 1
問題番号	選択肢
1	① ② ③ ④
2	① ② ③ ④
3	① ② ③ ④
4	① ② ③ ④
5	① ② ③ ④
6	① ② ③ ④
7	① ② ③ ④
8	① ② ③ ④
9	① ② ③ ④
10	① ② ③ ④
11	① ② ③ ④
12	① ② ③ ④
13	① ② ③ ④
14	① ② ③ ④
15	① ② ③ ④

問題 2
問題番号	選択肢
16	① ② ③ ④
17	① ② ③ ④
18	① ② ③ ④
19	① ② ③ ④
20	① ② ③ ④

問題 3
問題番号	選択肢
21	① ② ③ ④
22	① ② ③ ④
23	① ② ③ ④
24	① ② ③ ④
25	① ② ③ ④

問題 4
問題番号	選択肢
26	① ② ③ ④
27	① ② ③ ④
28	① ② ③ ④
29	① ② ③ ④

問題 5
問題番号	選択肢
30	① ② ③ ④
31	① ② ③ ④
32	① ② ③ ④
33	① ② ③ ④

問題 6
問題番号	選択肢
34	① ② ③ ④
35	① ② ③ ④

聴解　解答用紙

問題 1
問題番号	選択肢
1	① ② ③ ④
2	① ② ③ ④
3	① ② ③ ④
4	① ② ③ ④
5	① ② ③ ④
6	① ② ③ ④
7	① ② ③ ④
8	① ② ③ ④

問題 2
問題番号	選択肢
1	① ② ③ ④
2	① ② ③ ④
3	① ② ③ ④
4	① ② ③ ④
5	① ② ③ ④
6	① ② ③ ④
7	① ② ③ ④

問題 3
問題番号	選択肢
1	① ② ③ ④
2	① ② ③ ④
3	① ② ③ ④
4	① ② ③ ④
5	① ② ③ ④

問題 4
問題番号	選択肢
1	① ② ③ ④
2	① ② ③ ④
3	① ② ③ ④
4	① ② ③ ④
5	① ② ③ ④
6	① ② ③ ④
7	① ② ③ ④
8	① ② ③ ④

N4

言語知識（文字・語彙）

問題1
番号	①	②	③	④
1	①	②	③	④
2	①	②	③	④
3	①	②	③	④
4	①	②	③	④
5	①	②	③	④
6	①	②	③	④
7	①	②	③	④
8	①	②	③	④
9	①	②	③	④

問題2
番号	①	②	③	④
10	①	②	③	④
11	①	②	③	④
12	①	②	③	④
13	①	②	③	④
14	①	②	③	④
15	①	②	③	④

問題3
番号	①	②	③	④
16	①	②	③	④
17	①	②	③	④
18	①	②	③	④
19	①	②	③	④
20	①	②	③	④
21	①	②	③	④
22	①	②	③	④
23	①	②	③	④
24	①	②	③	④

問題4
番号	①	②	③	④
25	①	②	③	④
26	①	②	③	④
27	①	②	③	④
28	①	②	③	④
29	①	②	③	④

問題5
番号	①	②	③	④
30	①	②	③	④
31	①	②	③	④
32	①	②	③	④
33	①	②	③	④
34	①	②	③	④

言語知識（文法）・読解

問題1
番号	①	②	③	④
1	①	②	③	④
2	①	②	③	④
3	①	②	③	④
4	①	②	③	④
5	①	②	③	④
6	①	②	③	④
7	①	②	③	④
8	①	②	③	④
9	①	②	③	④
10	①	②	③	④
11	①	②	③	④
12	①	②	③	④
13	①	②	③	④
14	①	②	③	④
15	①	②	③	④

問題2
番号	①	②	③	④
16	①	②	③	④
17	①	②	③	④
18	①	②	③	④
19	①	②	③	④
20	①	②	③	④

問題3
番号	①	②	③	④
21	①	②	③	④
22	①	②	③	④
23	①	②	③	④
24	①	②	③	④
25	①	②	③	④

問題4
番号	①	②	③	④
26	①	②	③	④
27	①	②	③	④
28	①	②	③	④
29	①	②	③	④

問題5
番号	①	②	③	④
30	①	②	③	④
31	①	②	③	④
32	①	②	③	④
33	①	②	③	④

問題6
番号	①	②	③	④
34	①	②	③	④
35	①	②	③	④

聴解　解答用紙

問題1
番号	①	②	③	④
1	①	②	③	④
2	①	②	③	④
3	①	②	③	④
4	①	②	③	④
5	①	②	③	④
6	①	②	③	④
7	①	②	③	④
8	①	②	③	④

問題2
番号	①	②	③	④
1	①	②	③	④
2	①	②	③	④
3	①	②	③	④
4	①	②	③	④
5	①	②	③	④
6	①	②	③	④
7	①	②	③	④

問題3
番号	①	②	③	④
1	①	②	③	④
2	①	②	③	④
3	①	②	③	④
4	①	②	③	④
5	①	②	③	④

問題4
番号	①	②	③
1	①	②	③
2	①	②	③
3	①	②	③
4	①	②	③
5	①	②	③
6	①	②	③
7	①	②	③
8	①	②	③

N4

言語知識（文字・語彙）

問題1
問題番号	1	2	3	4
1	①	②	③	④
2	①	②	③	④
3	①	②	③	④
4	①	②	③	④
5	①	②	③	④
6	①	②	③	④
7	①	②	③	④
8	①	②	③	④
9	①	②	③	④

問題2
問題番号	1	2	3	4
10	①	②	③	④
11	①	②	③	④
12	①	②	③	④
13	①	②	③	④
14	①	②	③	④
15	①	②	③	④

問題3
問題番号	1	2	3	4
16	①	②	③	④
17	①	②	③	④
18	①	②	③	④
19	①	②	③	④
20	①	②	③	④
21	①	②	③	④
22	①	②	③	④
23	①	②	③	④
24	①	②	③	④

問題4
問題番号	1	2	3	4
25	①	②	③	④
26	①	②	③	④
27	①	②	③	④
28	①	②	③	④
29	①	②	③	④

問題5
問題番号	1	2	3	4
30	①	②	③	④
31	①	②	③	④
32	①	②	③	④
33	①	②	③	④
34	①	②	③	④

言語知識（文法）・読解

問題1
問題番号	1	2	3	4
1	①	②	③	④
2	①	②	③	④
3	①	②	③	④
4	①	②	③	④
5	①	②	③	④
6	①	②	③	④
7	①	②	③	④
8	①	②	③	④
9	①	②	③	④
10	①	②	③	④
11	①	②	③	④
12	①	②	③	④
13	①	②	③	④
14	①	②	③	④
15	①	②	③	④

問題2
問題番号	1	2	3	4
16	①	②	③	④
17	①	②	③	④
18	①	②	③	④
19	①	②	③	④
20	①	②	③	④

問題3
問題番号	1	2	3	4
21	①	②	③	④
22	①	②	③	④
23	①	②	③	④
24	①	②	③	④
25	①	②	③	④

問題4
問題番号	1	2	3	4
26	①	②	③	④
27	①	②	③	④
28	①	②	③	④
29	①	②	③	④

問題5
問題番号	1	2	3	4
30	①	②	③	④
31	①	②	③	④
32	①	②	③	④
33	①	②	③	④

問題6
問題番号	1	2	3	4
34	①	②	③	④
35	①	②	③	④

聴解 解答用紙

問題1
問題番号	1	2	3	4
1	①	②	③	④
2	①	②	③	④
3	①	②	③	④
4	①	②	③	④
5	①	②	③	④
6	①	②	③	④
7	①	②	③	④
8	①	②	③	④

問題2
問題番号	1	2	3	4
1	①	②	③	④
2	①	②	③	④
3	①	②	③	④
4	①	②	③	④
5	①	②	③	④
6	①	②	③	④
7	①	②	③	④

問題3
問題番号	1	2	3
1	①	②	③
2	①	②	③
3	①	②	③
4	①	②	③
5	①	②	③

問題4
問題番号	1	2	3
1	①	②	③
2	①	②	③
3	①	②	③
4	①	②	③
5	①	②	③
6	①	②	③
7	①	②	③
8	①	②	③

N4

言語知識（文字・語彙）

問題1
1	① ② ③ ④
2	① ② ③ ④
3	① ② ③ ④
4	① ② ③ ④
5	① ② ③ ④
6	① ② ③ ④
7	① ② ③ ④
8	① ② ③ ④
9	① ② ③ ④

問題2
10	① ② ③ ④
11	① ② ③ ④
12	① ② ③ ④
13	① ② ③ ④
14	① ② ③ ④
15	① ② ③ ④

問題3
16	① ② ③ ④
17	① ② ③ ④
18	① ② ③ ④
19	① ② ③ ④
20	① ② ③ ④
21	① ② ③ ④
22	① ② ③ ④
23	① ② ③ ④
24	① ② ③ ④

問題4
25	① ② ③ ④
26	① ② ③ ④
27	① ② ③ ④
28	① ② ③ ④
29	① ② ③ ④

問題5
30	① ② ③ ④
31	① ② ③ ④
32	① ② ③ ④
33	① ② ③ ④
34	① ② ③ ④

言語知識（文法）・読解

問題1
1	① ② ③ ④
2	① ② ③ ④
3	① ② ③ ④
4	① ② ③ ④
5	① ② ③ ④
6	① ② ③ ④
7	① ② ③ ④
8	① ② ③ ④
9	① ② ③ ④
10	① ② ③ ④
11	① ② ③ ④
12	① ② ③ ④
13	① ② ③ ④
14	① ② ③ ④
15	① ② ③ ④

問題2
16	① ② ③ ④
17	① ② ③ ④
18	① ② ③ ④
19	① ② ③ ④
20	① ② ③ ④

問題3
21	① ② ③ ④
22	① ② ③ ④
23	① ② ③ ④
24	① ② ③ ④
25	① ② ③ ④

問題4
26	① ② ③ ④
27	① ② ③ ④
28	① ② ③ ④
29	① ② ③ ④

問題5
30	① ② ③ ④
31	① ② ③ ④
32	① ② ③ ④
33	① ② ③ ④

問題6
| 34 | ① ② ③ ④ |
| 35 | ① ② ③ ④ |

聴解 — 解答用紙

問題1
1	① ② ③ ④
2	① ② ③ ④
3	① ② ③ ④
4	① ② ③ ④
5	① ② ③ ④
6	① ② ③ ④
7	① ② ③ ④
8	① ② ③ ④

問題2
1	① ② ③ ④
2	① ② ③ ④
3	① ② ③ ④
4	① ② ③ ④
5	① ② ③ ④
6	① ② ③ ④
7	① ② ③ ④

問題3
1	① ② ③
2	① ② ③
3	① ② ③
4	① ② ③
5	① ② ③

問題4
1	① ② ③
2	① ② ③
3	① ② ③
4	① ② ③
5	① ② ③
6	① ② ③
7	① ② ③
8	① ② ③

JLPT
실전
모의고사
N4

JLPT 실전 모의고사 N4

실전 모의고사 해답 + 해설 1회 ················· 243

실전 모의고사 해답 + 해설 2회 ················· 284

실전 모의고사 해답 + 해설 3회 ················· 322

실전 모의고사 해답 + 해설 4회 ················· 364

실전 모의고사 해답 + 해설 5회 ················· 404

[특별부록] 언어지식(문자·어휘) 연습문제 ············· 446

[특별부록] 언어지식(문자·어휘) 해답 + 해설 ··········· 460

용어 정리

5단 동사 = 1그룹 동사
1단 동사 = 2그룹 동사
불규칙 동사 = 3그룹 동사

い형용사 = 형용사
な형용사 = 형용동사

종지형 : 문장 끝맺음에 사용되는 형태이다. 기본형도 종지형 중의 하나이다.

N4

JLPT
실전 모의고사

제 1 회

언어지식(문자 · 어휘)
·
언어지식(문법) · 독해
·
청해

언어지식
(문자 · 어휘)

문제 1
1 (2)
2 (4)
3 (3)
4 (2)
5 (1)
6 (1)
7 (3)
8 (4)
9 (2)

문제 2
10 (3)
11 (4)
12 (2)
13 (1)
14 (2)
15 (2)

문제 3
16 (4)
17 (2)
18 (1)
19 (3)
20 (4)
21 (4)
22 (3)
23 (4)
24 (2)

문제 4
25 (3)
26 (4)
27 (2)
28 (4)
29 (2)

문제 5
30 (3)
31 (1)
32 (2)
33 (4)
34 (3)

언어지식
(문법) · 독해

문제 1
1 (2)
2 (1)
3 (4)
4 (3)
5 (3)
6 (3)
7 (4)
8 (4)
9 (1)
10 (4)
11 (4)
12 (2)
13 (3)
14 (2)
15 (1)

문제 2
16 (3)
17 (1)
18 (4)
19 (1)
20 (2)

문제 3
21 (4)
22 (2)
23 (3)
24 (3)
25 (1)

문제 4
26 (1)
27 (2)
28 (3)
29 (1)

문제 5
30 (2)
31 (4)
32 (4)
33 (2)

문제 6
34 (2)
35 (1)

청해

문제 1
1 (4)
2 (1)
3 (2)
4 (1)
5 (2)
6 (4)
7 (3)
8 (3)

문제 2
1 (4)
2 (4)
3 (1)
4 (4)
5 (3)
6 (2)
7 (4)

문제 3
1 (2)
2 (1)
3 (2)
4 (2)
5 (3)

문제 4
1 (1)
2 (1)
3 (3)
4 (2)
5 (1)
6 (1)
7 (2)
8 (3)

문제 1   밑줄 친 말은 히라가나로 어떻게 씁니까? 1, 2, 3, 4 중에서 가장 적당한 것을 하나 고
르세요.

例^{れい} :

정답:3
도둑에게 지갑을 도둑맞은 것 같습니다.

1   정답:2
가장 가까운 역은 어디입니까?
해설 最近^{さいきん} 최근 | 最中^{さいちゅう} 한창 ~인 때 | 最中^{もなか} 화과자의 일종

2   정답:4
아버지는 공장을 경영하고 있습니다.
해설 公園^{こうえん} 공원 | 校長^{こうちょう} 교장 | 工場^{こうじょう} 공장

3   정답:3
구두에 모래가 들어 있었습니다.
해설 石^{いし} 돌 | 草^{くさ} 풀 | 砂^{すな} 모래 | えさ 먹이

4   정답:2
국제공항에 도착했습니다.

5   정답:1
잘 먹었습니다.
해설 ご馳走^{ちそう} 맛있는 음식 또는 손님을 향응하거나 대접함

6   정답:1
버스가 연착해서 지각해 버렸습니다.
해설 遅^{おく}れる와 遅刻^{ちこく}する는 같은 뜻이다. 원래 しまう는 '치우다/마치다'의 의미지만 ~てし
まう의 형태로 보조동사로 쓰일 때는 '~해 버리다'의 의미로 쓰인다. 회화체에서는 축
약형인 ~ちゃう의 형태로 쓰인다.

7   정답:3
그의 소설은 상을 받았습니다.

8 정답:4

이 사전을 그 <u>책장</u>에 두세요.

9 정답:2

내일은 <u>면접</u>이 있기 때문에 정장을 입고 갑니다.

문제 2　밑줄 친 말은 어떻게 씁니까? 1, 2, 3, 4 중에서 가장 적당한 것을 하나 고르세요.

例^{れい}：

정답:3

기모노를 입을 <u>기회</u>는 적어졌습니다.

10 정답:3

이 머플러는 제가 직접 <u>떴습니다.</u>

　해설　編む^あ 뜨다, 편찬하다

11 정답:4

회장에서 맨 <u>처음(최초)</u>에 만났던 사람은 이시카와 씨입니다.

　해설　最近^{さいきん} 최근 | 最初^{さいしょ} 최초

12 정답:2

같이 <u>전람회</u>를 보러 가지 않겠습니까?

13 정답:1

고향의 선물(토산품)을 선생님께 <u>드립니다.</u>

　해설　差し上(あ)げます^さ는 あげます의 겸양어.

14 정답:2

뜻을 모를 때, <u>사전</u>을 찾습니다.

　해설　辞典^{じてん} 외에 辞書^{じしょ}, 字引^{じびき} 모두 사전이란 뜻이다.

15 정답:2

큐슈에 갔을 때, 오래된 <u>신사</u>에 참배했습니다.

　해설　社는 일반적으로 しゃ로 읽히지만, 神社^{じんじゃ}로 읽을 때는 じゃ로 읽히므로 주의한다.

문제 3 (　　　)에 무엇을 넣습니까? 1, 2, 3, 4 중에서 가장 적당한 것을 하나 고르세요.

例 :

정답 : 4

창문이 더러우니까 (닦아)주세요.

---

16 정답 : 4

역은 저 모퉁이를 오른쪽으로 (돌면) 바로 있습니다.

해설 回る 돌다 | 通る 통과하다 | 渡る 건너다 | 曲がる 꺾다, 돌다

17 정답 : 2

이 씨는 글씨가 (능숙)하기 때문에 늘 모든 사람들에게 칭찬받는다.

해설 下手 서투름 | うまい 능숙하다, 맛있다 | うるさい 시끄럽다 | きたない 더럽다

18 정답 : 1

스미스 씨는 모국어이므로 영어 (발음)이 분명하다.

해설 発音 발음 | なまり 사투리 | 工場 공장 | 口癖 입버릇

19 정답 : 3

이 마을은 사람이 많아져서 인구가 (증가한다).

해설 減った 줄었다 | 下がる 내려가다 | 減少 감소

20 정답 : 4

부동산 소개소는 나의 (답장)을 기다리고 있다.

해설 紹介 소개 | 合図 신호, 사인 | 正解 정답 | 返事 답장, 답변, 대답

21 정답 : 4

그녀는 외출할 때, 항상 귀걸이를 (착용한다).

해설 削る 연필, 예산 등을 깎다 | いける 상당히 잘하다, 꼿꼿이하다, 갈 수 있다 |

かける 걸다, 끼었다 | つける 달다, 붙이다, 묻히다

22 정답 : 3

내일은 쉬는 날이고, (게다가) 볼일도 없으니까 집에서 느긋하게 지냅시다.

해설 それで 그래서 | そこで 그래서, 그런데 | ついでに ～하는 김에, 덧붙여서

[23] 정답 : 4

시험은 생각했던 것 (보다) 어려웠습니다.

[24] 정답 : 2

비행기를 타기 전에 (게이트)에서 만납시다.

> 해설 改札口 개찰(구)로 열차나 전철을 탈 때 승차권을 확인하는 곳 | ゲート 게이트 | ホーム 플랫폼 | バス停 버스정류장

문제 4   밑줄 친 문장과 비슷한 문장이 있습니다. 1, 2, 3, 4 중에서 가장 적당한 것을 고르세요.

例 :

정답 : 1

여기서 한국어를 배울 수 있습니다.

1   여기서 한국어를 가르치고 있습니다.

[25] 정답 : 3

선생님한테 리포트 쓰는 법을 주의 받았습니다.

3   선생님은 <쓰는 방법이 그다지 좋지 않다>고 말했습니다.

[26] 정답 : 4

존 씨, 오랜만이네요.

4   존 씨, 오랜만이군요.

> 해설 '오랜만입니다'라는 표현으로 일상생활에서 많이 쓰는 ひさしぶり나 ひさしぶりです는 잘 아는 동료나 부하에게는 사용해도 되지만 직장 상사나 거래처 사람에게는 적절하지 않다. 비즈니스에서는 죄송한 마음을 담아서 '오랫동안 연락을 못 드렸습니다', '격조하였습니다' 라는 의미로 ご無沙汰しております, 또는 おひさしぶりです라는 표현을 쓴다.

[27] 정답 : 2

매일 일찍 일어납니다.

2   매일 아침 일찍 일어나고 있습니다.

[28] 정답 : 4

어제 저녁의 친목모임에는 20명 나왔습니다.

4 어제 저녁의 친목 모임에는 20명 참가했습니다.

해설 コンパ는 비용을 각자 나눠서 지불하는 방식의 친목회다.

29 정답 : 2

<u>자꾸자꾸(계속)</u> 먹으세요.

2 많이 먹으세요.

문제 5   다음 말의 사용법으로 가장 적당한 것을 1, 2, 3, 4 중에서 하나 고르세요.

例 :

정답 : 4 지내다

4 주말에는 가족과 <u>지냅니다.</u>

30 정답 : 3   기대

3 만나 뵙기를 <u>기대</u>하고 있습니다.

해설 たのしみ는 기대, 낙. 즐거움 등의 뜻이 있는데 여기서는 '기대'의 의미이다.

31 정답 : 1   집세

1 집주인에게 <u>집세</u>를 지불합니다.

해설 大家さん 집주인 | 家賃 집세

32 정답 : 2   근무하다

2 다나카 씨는 은행에 <u>근무하고</u> 있습니다.

해설 勤める는 に에 연결된다.

　　　～に勤める : ～에 근무하다

33 정답 : 4   찢어지다

4 이 봉지가 <u>찢어져</u> 있습니다.

해설 종이나 의복 종류는 破れる(찢어지다)를 쓰고, 도자기나 유리 종류는 割れる(깨지다)를 쓴다.

34 정답 : 3   집을 비움(부재중)

3 <u>집을 비운</u> 사이에 도둑이 들었다.

해설 留守는 집을 비우다, 부재중이라는 뜻이다.

문제 1 (   )에 무엇을 넣습니까? 1, 2, 3, 4 중에서 가장 적당한 것을 하나 고르세요.

例 ^{れい}:

정답:3

길(을) 건널 때는 충분히 주의해 주세요.

---

1 정답:2

하나코의 얼굴은 어머니(를) 닮았습니다.

해설 ~に 似 ^に ている : ~을 닮다 | 似る ^に 닮다 | 乗る ^の 타다 | 会う ^あ 만나다 会う ^あ 는 앞에 '~을, ~를'이 に가 됨에 주의.

2 정답:1

5시 전까지 집(을) 나서지 않으면 콘서트에 늦어.

해설 출발점이나 통과점은 조사 を를 사용하고 도착점은 に를 사용한다.

3 정답:4

이것은 쿄코 씨가 말차(로) 만든 케이크입니다.

해설 수단, 방법, 도구는 조사 で를 사용한다.

4 정답:3

차를 수리하는데 3주(나) 걸렸습니다.

해설 も는 보통은 '~도'의 뜻으로 해석되지만, 숫자+も일 때는 '~나, ~이나'로 해석하면 된다.

5 정답:3

중학생은 애니메이션(에) 흥미가 있습니다.

6 정답:3

방이 좁아서 걸리적거리기 (때문에) 테이블을 친구에게 주었습니다.

해설 ので는 な형용사나 명사 뒤에 연결될 때는 だ가 な로 바뀌어 なので가 된다. 그 외는 종지형에 ので를 그대로 연결한다.

7 정답:4

A : 맛있는 케이크를 사고 싶은데 어딘가 좋은 가게는 없습니까?

B : 케이크를 (산다면) 역 앞에 있는 빵 가게가 좋아요.

해설 なら는 상대가 말한 것을 받아 그것을 조건으로 권유나 조언을 할 때 사용한다.

8 정답:4

이 주방에서는 매일 맛있는 도시락이 500개 (만들어지고) 있습니다.

해설 作られる는 作る의 수동형으로 '만들어지다'의 의미를 가지고 있다.

9 정답:1

지진으로 빌딩이 (쓰러졌습니다).

해설 倒れる 쓰러지다 | 倒す 쓰러뜨리다 | 折る 꺾다, 부러뜨리다, 접다 | 折れる 부러지다, 접히다

10 정답:4

아이가 학교에서 어떤 모습인지 (꼭) 봐 주세요.

해설 きっと나 ぜひ는 둘 다 '꼭'이라는 뜻으로 きっと는 주관적인 느낌이 강하고 추측 문장에 쓰는 반면, ぜひ는 강한 희망이나 간곡한 바람을 나타낼 때 사용한다.

11 정답:4

맛도 좋(고), 서비스도 좋(고 해서), 항상 이 가게에서 먹고 있습니다.

해설 ～し는 종지형에 붙여서 ①동시에 있는 여러 가지 일을 열거하거나, ②한 가지 일을 들어서 다른 것을 암시하는 기분을 나타낸다.

12 정답:2

이 독일어 텍스트에 이름이 (쓰여 있습니다).

해설

| 書いてあります | 타동사 + てある | <결과의 상태> | (책에 이름을 의도적으로)
써 두었습니다 |
| 書いています | 타동사 +ている | <진행> | 쓰고 있습니다 |

13 정답:3

A : 설탕 넣지 않으세요?

B : 예. 건강을 위해 가능한 한 (넣지 않도록) 하고 있습니다.

14 정답:2

오늘 저는 문방구를 잊어서 반 친구에게 빌려 (받았습니다).

해설 貸してもらいました는 내가 부탁을 해서 친구가 빌려 주었다는 뜻이다.

[15] 정답 : 1

금방이라도 눈이 (올 것 같습니다).

해설

ます형 + そうだ	<양태>	~일 것 같다 ~해 보인다
보통체(반말) 종지형 + そうだ	<전문>	~라고 한다 ~란(단)다

문제 2   ★에 들어갈 것은 어느 것입니까? 1, 2, 3, 4 중에서 가장 적당한 것을 고르세요.

例:

정답 : 1

> 원문 わからないときは うけつけのひとに <u>きけば おしえて もらえる はず</u> です。
>   ★

모를 때는 접수처에 있는 안내하는 분에게 물으면 <u>가르쳐 받을 수 있을</u> 것입니다.

올바른 순서는 3214입니다. ★의 자리에 들어갈 내용은 1이므로 정답은 1입니다.

[16] 정답 : 3

> 원문 日曜日雨が降っても サッカーの 試合 が ありますか。
>   ★

A : 일요일 날 비가 <u>와도 축구 시합 이</u> 있습니까?

B : 아니오, 비가 오면 없습니다.

[17] 정답 : 1

> 원문 すみません。今 飲んで きた ところ です。
>   ★

A : 마리 씨, 지금부터 차라도 마시지 않겠습니까?

B : 미안합니다. 방금 <u>마시고 온</u> 참입니다.

해설

기본형 + ところ	~하려는 참	これからたべるところです。	(지금부터 먹으려던 참) 먹기 전
ている + ところ	~하고 있는 참(중)	いま食べているところです。	(현재 진행) 먹고 있는 중

18 정답:4

원문 天気予報によると、あした強い雨だそうです。

★

일기예보에 의하면 내일 세찬 비가 온다 고 합니다.

해설 보통체(반말) 종지형 + そうだ는 <전문>으로 ～라고 한다, ～란(단)다의 의미다.

19 정답:1

원문 あのすてきな着物を着ている人は春子です。

★

저기 멋진 기모노를 입은 사람 은 하루코입니다.

20 정답:2

원문 わたしの意見が正しいかどうか、教えてください。

★

저의 의견 이 맞는지 틀린지 가르쳐 주세요.

문제 3　　**21** ～ **25** 에 무엇을 넣습니까? 문장의 의미를 생각해서 1, 2, 3, 4 중에서 가장 적당한 것을 하나 고르세요.

여러분 , 안녕하세요? 타이완에서 왔습니다. 오늘은 제가 사는 도시를 소개하고 싶습니다. 제가 사는 도시는 타이난입니다. 여러분(**21** : 간 적이 있습니까?) 어떤 도시인지 아세요? 타이난은 5월이 되(**22** : 면) 호우오우라고 하는 빨간 꽃이 예쁘게 핍니다. 그래서 도시는 환해집니다.

타이난은 다른 대도시(**23** : 만큼) 크지 않지만 관광명소가 많이 모여 있습니다. 그 중에서도 특히 안핑이 유명합니다. 안핑에 오래된 성이 있습니다. 오래된 성터가 (**24** : 아직) 남아 있습니다. 성 주위를 걷는 데에 대략 1시간 걸립니다. 근처에 바다가 있어서 아주 시원합니다. 저는 안핑을 산책하는 (**25** : 것을) 매우 좋아합니다.

21 정답:4

해설 간 적이 있습니까?

22 정답:2

해설 ～면

23 정답:3

해설 만큼

24 정답:3

해설 아직

25 정답:1

해설 것을

문제 4 다음의 (1)에서 (4)의 문장을 읽고 질문에 답하세요. 답은 1, 2, 3, 4 중에서 가장 적당한 것을 하나 고르세요.

(1)

　　매일 일기를 쓰는 사람도 있습니다. 특별한 일이 있었을 때만 쓰는 사람도 있습니다. 어떤 일기라도 계속 쓰는 것은 중요합니다. 힘들지만 나중에 다시 읽어 보면 분명히 재미있을 겁니다. 게다가 외국어로 일기를 쓰는 것도 좋은 공부가 됩니다. 여러분들은 어떤 일기를 쓰고 있습니까?

26 정답:1

이 문장을 쓴 사람에게 있어서 일기의 좋은 점이 <u>아닌 것은</u> 어느 것입니까?

1　매일 쓰게 됩니다.

2　외국어가 능숙해집니다.

3　재미있는 추억이 됩니다.

4　지속력이 강해집니다.

(2)

<음료자동판매기> 앙케트 의뢰

　　사원각위:

　　총무부의 다나카 이치로입니다.

　　사원들이 휴식할 때나 손님이 왔을 때 음료수를 대접하고 싶다는 의견이 다수 있어서 자동판매기 설치를 생각하고 있습니다.

　　구입함에 있어서 참고하려고 하니 아래의 앙케트에 답을 주신 후, 9월 2일(월)까지 보내 주세요.

　　여러분들의 귀중한 의견을 기다리고 있겠습니다.

총무부 다나카 이치로

내선 213

(주1) 앙케트: 많은 사람들에게 같은 질문을 하고 의견을 구하는 것.

27 정답:2

이번 앙케트 조사의 목적은 무엇입니까?

1　자동판매기를 설치해도 좋은지를 조사합니다.

2　어떤 자동판매기를 사면 좋은지를 조사합니다.

3　손님에게 자동판매기의 음료수를 내 놓아도 되는지를 조사합니다.

4　자동판매기의 음료수는 맛있는지 어떤지를 조사합니다.

(3)

테이블 위에 이 메모와 냄비가 놓여 있습니다.

마사키에게

    지금부터 외출할 거야. 아까 만든 카레를 놓아둘게. 밥을 전자레인지로 데워서 카레를 부으면 바로 저녁을 먹을 수 있어. 스프를 먹고 싶으면 인스턴트 된장국도 있어.

엄마가

---

28 정답 : 3

마사키는 지금부터 무엇을 하겠습니까?

1 된장국을 만들고 나서 저녁을 먹습니다.
2 식은 카레를 데워서 된장국에 넣습니다.
3 밥을 데워서 카레를 부어 먹습니다.
4 따뜻한 된장국을 먹은 후에 접시를 닦습니다.

(4)

    일본어에는 한국어에 없는 발음 특징이 있습니다. 예를 들면, <오지-상>과 <오지상>의 구별은 상당히 어렵습니다. 저도 <비요-잉>과 <뵤-잉>을 잘못 발음해서 남들이 웃은 적이 있습니다.

29 정답 : 1

이 사람은 <어떻게 말해서> 남들이 웃은 것입니까?

1 병원에서 머리를 잘랐다.
2 미장원에서 머리를 잘랐다.
3 병원에서 감기약을 받았다.
4 병원에 병문안하러 갔다.

- -

문제 5   다음 문장을 읽고 질문에 답해 주세요. 답은 1, 2, 3, 4 중에서 가장 적당한 것을 하나 고르세요.

일본 사람은 <목욕을 좋아한다>고 합니다.

    밤뿐만 아니라 아침에도 목욕하는 사람은 적지 않다고 합니다. 자신의 집에서 목욕을 하거나 센토에 가서 일본 사람은 거의 매일 목욕을 합니다.

    집에 욕탕이 있는 사람들도 입욕료를 내고 센토를 즐기는 사람이 많은 것 같습니다.

사우나나 약탕, 계절에 따라 ①특별한 탕도 있습니다. 아침 일찍부터 영업하는 목욕탕도 있다고 합니다. 그러나 요즘 목욕탕 숫자가 점점 줄기 시작했습니다. 목욕탕이 없는 아파트에 살고 있는 사람은 ②곤란합니다. 센토는 몸을 깨끗이 씻는 곳일 뿐만 아니라, 옛날부터 사람들과의 교류의 장이었습니다. 최근에는 목욕탕을 좋아하는 외국인이 늘어, 센토도 국제적으로 되어 가겠지요.

(주1) 内風呂 (うちぶろ) : 개인의 집에 있는 욕탕

(주2) 銭湯 (せんとう) : 공중목욕탕

[30] 정답:2

어떤 점에서 일본인은 목욕탕을 좋아한다고 알 수 있습니까?
1 다양한 약초를 목욕탕에 넣습니다.
2 집에 목욕탕이 있어도 센토에 갑니다.
3 추운 겨울에도 매일 목욕합니다.
4 아침에도 밤에도 목욕탕에 갑니다.

[31] 정답:4

①특별한 탕은 어떤 목욕탕입니까?
1 입욕료가 필요 없는 목욕탕
2 외국인이 자주 가는 목욕탕
3 동전이 들어있는 목욕탕
4 약초가 들어있는 목욕탕

[32] 정답:4

②곤란합니다라고 있는데 그것은 어째서입니까?
1 목욕탕 달린 아파트가 줄고 있기 때문입니다.
2 목욕탕 요금이 올랐기 때문입니다.
3 목욕탕에는 외국인이 많이 다니기 때문입니다.
4 목욕탕이 조금씩 줄고 있기 때문입니다.

[33] 정답:2

이 문장을 쓴 사람에게 있어서 목욕탕은 어떤 장소입니까?
1 몸을 깨끗이 씻는 것만으로도 좋은 곳입니다.
2 옛날처럼 교류의 장이 되었으면 합니다.
3 여유롭게 휴식할 수 있는 곳입니다.
4 외국인을 만나 영어로 이야기하는 곳입니다.

문제 6   다음 페이지의 〈마사지〉의 공지를 보고, 아래의 질문에 답해주세요. 답은 1, 2, 3, 4
중에서 가장 적당한 것을 하나 고르세요.

마사지
바디 메뉴와 요금
(점포에 따라 다소 다릅니다)

손님이 희망하는 부분을 타월 위에서 지압, 주물러서 풀어주기, 스트레칭 등으로 시술을 행합니다.

시간	처음 시험 가격	회원님 가격
30분	1,750엔	1,900엔
45분	2,620엔	2,850엔
60분	3,500엔	3,800엔
90분	5,250엔	5,700엔
120분	7,000엔	7,600엔

※ 상기 가격은 모두 세금 뺀 가격으로 되어 있습니다.

---

34   정답 : 2

시험 삼아 여기서 마사지를 받는 사람은 1시간 얼마입니까?

1   1,750엔
2   3,500엔
3   3,800엔
4   5,250엔

35   정답 : 1

올바르지 않은 것은 어느 것입니까?

1   90분 이하의 코스는 소비세를 지불하지 않아도 됩니다.
2   2시간까지 마사지를 받을 수 있습니다.
3   가게에 따라 마사지 요금이 다를지도 모릅니다.
4   마사지를 할 때 타월을 사용하고 있습니다.

問題 1

もんだい 1 では、まずしつもんを聞いてください。それから話を聞いて、もんだいようしの 1 から 4 の中から、いちばんいいものを一つえらんでください。

문제 1에서는 우선 질문을 들으세요. 그리고 이야기를 듣고, 문제 용지의 1부터 4 중에서 가장 적당한 것을 하나 고르세요.

例:

男の人が女の人に電話をしています。男の人は、何を買って帰りますか。

M: これから帰るけど、何か買って帰ろうか。

F: ありがとう。えっと、醬油を 2 本。それから。

M: ちょっと待って、醬油は 2 本も？

F: えっと、1 本でいい。それからレモンを 2 つ。

M: あれ、レモンはまだ 1 つあったよね。

F: 午後のティータイムに使い切ったの。

M: 分かった。じゃ、2 つ買って帰るね。

男の人は、何を買って帰りますか。

1 しょうゆ 1 本だけ

2 しょうゆ 1 本とレモン 1 つ

3 しょうゆ 2 本とレモン 2 つ

4 しょうゆ 1 本とレモン 2 つ

정답 : 4

남자가 여자에게 전화를 하고 있습니다. 남자는 무엇을 사 가겠습니까?

남 : 지금 집에 가는데 뭔가 사 갈까?

여 : 고마워. 음, 간장 2병. 그리고 .

남 : 잠깐 기다려. 간장은 2병이나?

여 : 음. 1개면 돼. 그리고 레몬 2개.

남 : 어, 레몬은 아직 1개 있었지.

여 : 오후 티타임 때 다 사용했어.

남 : 알았어. 그럼, 2개 사 갈게.

남자는 무엇을 사 가겠습니까?

1   간장 1병만

2   간장 1병과 레몬 1개

3   간장 2병과 레몬 2개

4   간장 1병과 레몬 2개

<ruby>答<rt>こた</rt></ruby>えは 4 ですから、<ruby>答<rt>こた</rt></ruby>えはこのように<ruby>書<rt>か</rt></ruby>きます。

정답은 4번이므로 이와 같이 적습니다.

1<ruby>番<rt>ばん</rt></ruby>

<ruby>男<rt>おとこ</rt></ruby>の<ruby>人<rt>ひと</rt></ruby>と<ruby>女<rt>おんな</rt></ruby>の<ruby>人<rt>ひと</rt></ruby>が<ruby>話<rt>はな</rt></ruby>しています。<ruby>男<rt>おとこ</rt></ruby>の<ruby>人<rt>ひと</rt></ruby>は<ruby>何<rt>なに</rt></ruby>を<ruby>食<rt>た</rt></ruby>べますか？

M：　お<ruby>腹<rt>なか</rt></ruby>が<ruby>減<rt>へ</rt></ruby>ったな。<ruby>何<rt>なに</rt></ruby>か<ruby>食<rt>た</rt></ruby>べようかな。

F：　またインスタントラーメン？<ruby>野菜<rt>やさい</rt></ruby>は<ruby>食<rt>た</rt></ruby>べないの？

M：　インターネットで<ruby>安売<rt>やすう</rt></ruby>りしてたからね。<ruby>木村<rt>きむら</rt></ruby>さんは<ruby>手作<rt>てづく</rt></ruby>り<ruby>弁当<rt>べんとう</rt></ruby>？

F：　<ruby>今日<rt>きょう</rt></ruby>は<ruby>時間<rt>じかん</rt></ruby>がなかったから<ruby>作<rt>つく</rt></ruby>らなかった。<ruby>外<rt>そと</rt></ruby>で<ruby>食<rt>た</rt></ruby>べるつもり。

M：　じゃあ、<ruby>帰<rt>かえ</rt></ruby>りに<ruby>餃子<rt>ぎょうざ</rt></ruby>を<ruby>買<rt>か</rt></ruby>って<ruby>来<rt>き</rt></ruby>てよ。

F：　<ruby>餃子<rt>ぎょうざ</rt></ruby>も<ruby>食<rt>た</rt></ruby>べるの？

<ruby>男<rt>おとこ</rt></ruby>の<ruby>人<rt>ひと</rt></ruby>は<ruby>何<rt>なに</rt></ruby>を<ruby>食<rt>た</rt></ruby>べますか。

1번 정답 : 4

남자와 여자가 이야기하고 있습니다. 남자는 무엇을 먹겠습니까?

남 : 배고프네. 뭔가 먹을까?

여 : 또 인스턴트 라면 먹는 거야? 야채는 안 먹어?

남 : 인터넷에서 싸게 팔아서. 기무라 씨는 직접 싼 도시락이야?

여 : 오늘은 시간이 없어서 도시락을 안 쌌어. 밖에서 먹을 생각이야.

남 : 그럼 오는 길에 교자 사 와.

여 : 교자도 먹는 거야?

남자는 무엇을 먹겠습니까?

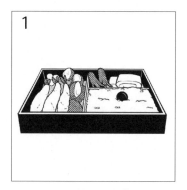

2番
<ruby>番<rt>ばん</rt></ruby>

<ruby>女<rt>おんな</rt></ruby>の<ruby>学生<rt>がくせい</rt></ruby>との<ruby>男<rt>おとこ</rt></ruby>の<ruby>学生<rt>がくせい</rt></ruby>が<ruby>話<rt>はな</rt></ruby>しています。<ruby>女<rt>おんな</rt></ruby>の<ruby>学生<rt>がくせい</rt></ruby>は、<ruby>何<rt>なに</rt></ruby>で<ruby>博物館<rt>はくぶつかん</rt></ruby>へ<ruby>行<rt>い</rt></ruby>きますか。

F : <ruby>博物館<rt>はくぶつかん</rt></ruby>に<ruby>行<rt>い</rt></ruby>きたいんですけど、<ruby>何<rt>なに</rt></ruby>で<ruby>行<rt>い</rt></ruby>くのが<ruby>便利<rt>べんり</rt></ruby>ですか。

M : <ruby>車<rt>くるま</rt></ruby>で<ruby>行<rt>い</rt></ruby>けば 10 <ruby>分<rt>じゅっぷん</rt></ruby>ですよ。

F : <ruby>車<rt>くるま</rt></ruby>はありません。バスか<ruby>電車<rt>でんしゃ</rt></ruby>でも<ruby>行<rt>い</rt></ruby>けますか。

M : うーん、<ruby>行<rt>い</rt></ruby>けますけど、ぉ<ruby>金<rt>かね</rt></ruby>がかかりますよ。<ruby>自転車<rt>じてんしゃ</rt></ruby>は<ruby>持<rt>も</rt></ruby>ってますか。

F : ええ。

M : バスや<ruby>電車<rt>でんしゃ</rt></ruby>より<ruby>自転車<rt>じてんしゃ</rt></ruby>に<ruby>乗<rt>の</rt></ruby>って<ruby>行<rt>い</rt></ruby>ったほうがいいですよ。

F : そうですか。じゃ、そうします。

<ruby>女<rt>おんな</rt></ruby>の<ruby>学生<rt>がくせい</rt></ruby>は、<ruby>何<rt>なに</rt></ruby>で<ruby>博物館<rt>はくぶつかん</rt></ruby>へ<ruby>行<rt>い</rt></ruby>きますか。

2번 정답:1

여학생과 남학생이 이야기하고 있습니다. 여학생은 무엇으로 박물관에 갑니까?

여: 박물관에 가고 싶은데 무엇으로 가는 것이 편리합니까?

남: 차로 가면 10분입니다.

여: 차는 없습니다. 버스나 전차로도 갈 수 있습니까?

남: 음, 갈 수 있지만 돈이 듭니다. 자전거는 가지고 있습니까?

여: 네.

남: 버스나 전차보다 자전거를 타고 가는 게 좋습니다.

여: 그렇습니까? 그럼, 그렇게 하겠습니다.

여학생은 무엇으로 박물관에 갑니까?

3番

男の人が旅行社の女の人と話しています。男の人は初めに何をしなければなりませんか。

M: すみません。9月1日の新幹線の切符を予約したいんですが。

F: はい、何時の新幹線ですか。

M: 午後かな？まだ予定がはっきり決まっていないんですが。

F: 切符は1ケ月前から予約が取れますから、予定が決まったら、またご連絡ください。

M: はい。じゃ、時間が決まったら連絡します。

男の人は初めに何をしなければなりませんか。

3번　정답 : 2

남자가 여행사 여직원과 이야기하고 있습니다. 남자는 처음에 무엇을 해야 합니까?

남: 실례합니다. 9월 1일의 신칸센 표를 예약하고 싶은데요.

여: 예. 몇 시 신칸센입니까?

남: 오후인가요? 아직 일정이 확실히 정해지지 않았습니다만.

여: 표는 1개월 전부터 예약할 수 있으니까 일정이 정해지면 다시 연락 주세요.

남: 예. 그럼, 시간이 결정되면 연락하겠습니다.

남자는 처음에 무엇을 해야 합니까?

1　희망하는 시간을 연락합니다.

2　여행 일정을 정합니다.

3　1개월 후에 연락합니다.

4　예약을 취소합니다.

4番

女の人と男の人が話しています。二人はどのレストランに行きますか？

F: ねえ、何か食べに行かない？

M: あそこのラーメン屋に行かない？

F: すごい行列だよ。時間がかかるかも。

M: じゃあ、となりのうなぎ屋は？

F : うなぎはちょっと。こっちのイタリア料理は？

M : パスタは嫌いだから。

F : じゃあ、さっきの店にしよう。時間がかかってもいいから。

二人はどのレストランに行きますか。

4번　정답:1

여자와 남자가 이야기하고 있습니다. 두 사람은 어느 레스토랑에 가겠습니까?

여: 저기, 뭔가 먹으러 안 갈래?

남: 저기 있는 라면 가게에 가지 않을래?

여: 엄청나게 줄 섰네. 시간이 걸릴지도 모르겠다.

남: 그럼 옆에 있는 장어 가게는?

여: 장어는 좀… 이쪽의 이탈리아 요리는?

남: 파스타는 싫어해서.

여: 그럼, 아까 갔던 가게로 하자. 시간이 걸려도 되니까.

두 사람은 어느 레스토랑에 가겠습니까?

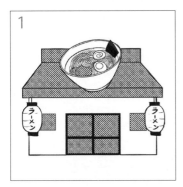
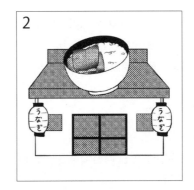
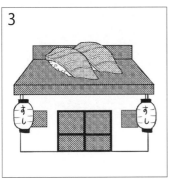
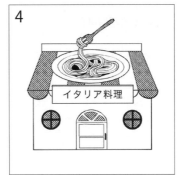

5番
<ばん>

女の人と男の人が話しています。女の人は男の人のどんな練習を手伝いますか。

F： ドイツ語の勉強はどう？もう話せるようになった？

M： えっと……そんなに……。もし間違えたら恥ずかしいから。

F： そう。それでも、できるだけ人と話したほうがいいのよ。

M： うん。

F： 書いたり、読んだりはどう？

M： 読むのは、慣れたけど、作文が苦手……。

F： そう。じゃ、週に1回わたしにドイツ語でメールしてね。

M： 見てくれるんの。助かるよ！

女の人は男の人のどんな練習を手伝いますか。

5번   정답 : 2

여자와 남자가 이야기하고 있습니다. 여자는 남자의 어떤 연습을 도와줍니까?

여: 독일어 공부는 어때? 이제 말할 수 있게 되었어?

남: 음…, 그다지…, 혹시 틀리면 부끄러우니까.

여: 그래? 하지만 가능한 한 다른 사람들과 말하는 게 좋아.

남: 알았어.

여: 쓰거나 읽는 것은 어때?

남: 읽는 것은 익숙해졌지만, 작문이 약해.

여: 그렇구나. 그럼 1주일에 한번 나한테 독일어로 메일 보내줘.

남: 봐 주는 거야? 고마워!

여자는 남자의 어떤 연습을 도와줍니까?

1 말하는 연습
2 쓰는 연습
3 듣는 연습
4 읽는 연습

6番

女の人と男の人が話しています。女の人はどの靴を買いますか。

F： あのう、その黒い靴を見せてください。

M： この白いのですか。

F： いいえ、となりの黒いのです。

M： どうぞ。

F： サイズは２４センチですか。２５センチのはありませんか。

M： ２５センチなら白いのしかありませんが、いかがですか。

F： そうですか。じゃ、白いのをください。

女の人はどの靴を買いますか。

6번 정답:4

여자와 남자가 이야기하고 있습니다. 여자는 어느 구두를 사겠습니까?

여: 저, 그 까만 구두를 보여 주세요.

남: 이 흰 것 말인가요?

여: 아뇨, 옆에 있는 까만 거요.

남: 자, 여기 있습니다.

여: 사이즈는 24센티입니까? 25센티 구두는 없나요?

남: 25센티는 흰 것 밖에 없는데 어떠세요?

여: 그렇습니까? 그럼, 흰 것을 주세요.

여자는 어느 구두를 사겠습니까?

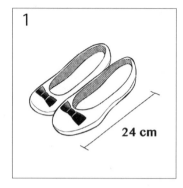

1 24 cm

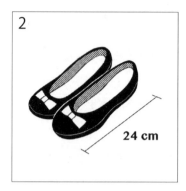

2 24 cm

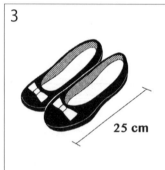

3 25 cm

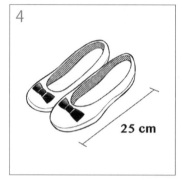

4 25 cm

7<ruby>番<rt>ばん</rt></ruby>

<ruby>男<rt>おとこ</rt></ruby>の<ruby>学生<rt>がくせい</rt></ruby>と<ruby>女<rt>おんな</rt></ruby>の<ruby>学生<rt>がくせい</rt></ruby>が<ruby>話<rt>はな</rt></ruby>しています。<ruby>女<rt>おんな</rt></ruby>の<ruby>学生<rt>がくせい</rt></ruby>は<ruby>何時<rt>なんじ</rt></ruby>に<ruby>正門<rt>せいもん</rt></ruby>へ<ruby>行<rt>い</rt></ruby>きますか。

M： <ruby>今日<rt>きょう</rt></ruby>、いっしょに<ruby>新<rt>あたら</rt></ruby>しい<ruby>映画<rt>えいが</rt></ruby>を<ruby>見<rt>み</rt></ruby>ないか。

F： いいわね。<ruby>何時<rt>なんじ</rt></ruby>に<ruby>会<rt>あ</rt></ruby>う。

M： <ruby>僕<rt>ぼく</rt></ruby>は4<ruby>時<rt>じ</rt></ruby>に<ruby>授業<rt>じゅぎょう</rt></ruby>が<ruby>終<rt>お</rt></ruby>わるから、4<ruby>時<rt>じ</rt></ruby>10<ruby>分<rt>ぷん</rt></ruby>に<ruby>会<rt>あ</rt></ruby>えるよ。

F： わたしは4<ruby>時<rt>じ</rt></ruby><ruby>半<rt>はん</rt></ruby>まで<ruby>授業<rt>じゅぎょう</rt></ruby>があるわ。

M： じゃあ、その10<ruby>分後<rt>ぷんご</rt></ruby>はどう？

F： いいわよ。

M： じゃあ、<ruby>正門<rt>せいもん</rt></ruby>で<ruby>待<rt>ま</rt></ruby>ってる。

<ruby>女<rt>おんな</rt></ruby>の<ruby>学生<rt>がくせい</rt></ruby>は<ruby>何時<rt>なんじ</rt></ruby>に<ruby>正門<rt>せいもん</rt></ruby>へ<ruby>行<rt>い</rt></ruby>きますか。

7번   정답:3

남학생과 여학생이 이야기하고 있습니다. 여학생은 몇 시에 정문에 갑니까?

남: 오늘 같이 새로 나온 영화 안 볼래?

여: 좋지. 몇 시에 만날까?

남: 나는 4시에 수업이 끝나니까 4시 10분에 만날 수 있어.

여: 나는 4시 반까지 수업이 있어.

남: 그럼, 그 10분 후에 만나면 어때?

여: 좋아.

남: 그럼 정문에서 기다리고 있을게.

여학생은 몇 시에 정문에 갑니까?

1

2

3

4

8<ruby>番<rt>ばん</rt></ruby>

<ruby>男<rt>おとこ</rt></ruby>の<ruby>人<rt>ひと</rt></ruby>と<ruby>女<rt>おんな</rt></ruby>の<ruby>人<rt>ひと</rt></ruby>が<ruby>話<rt>はな</rt></ruby>しています。<ruby>明日<rt>あした</rt></ruby>の<ruby>天気<rt>てんき</rt></ruby>はどうですか。

M: このところ、<ruby>毎日<rt>まいにち</rt></ruby><ruby>冷<rt>ひ</rt></ruby>え<ruby>込<rt>こ</rt></ruby>むんですね。<ruby>寒<rt>さむ</rt></ruby>すぎるよ。

F: <ruby>明日<rt>あした</rt></ruby>も<ruby>寒<rt>さむ</rt></ruby>いそうよ。

M: そうなの？<ruby>明日<rt>あした</rt></ruby>は<ruby>気温<rt>きおん</rt></ruby>が<ruby>上<rt>あ</rt></ruby>がるって<ruby>聞<rt>き</rt></ruby>いたけれど。

F: <ruby>午前中<rt>ごぜんちゅう</rt></ruby>は<ruby>晴<rt>は</rt></ruby>れるけど、<ruby>午後<rt>ごご</rt></ruby>から<ruby>雪<rt>ゆき</rt></ruby>が<ruby>降<rt>ふ</rt></ruby>って<ruby>寒<rt>さむ</rt></ruby>くなるって。

M: へえ、また<ruby>雪<rt>ゆき</rt></ruby>が<ruby>降<rt>ふ</rt></ruby>るの？<ruby>晴<rt>は</rt></ruby>れると<ruby>暖<rt>あたた</rt></ruby>かくなると<ruby>思<rt>おも</rt></ruby>ったのに。

F: <ruby>早<rt>はや</rt></ruby>く<ruby>暖<rt>あたた</rt></ruby>かい<ruby>春<rt>はる</rt></ruby>になってほしいね。

<ruby>明日<rt>あした</rt></ruby>の<ruby>天気<rt>てんき</rt></ruby>はどうですか。

8번　정답:3

남자와 여자가 이야기하고 있습니다. 내일 날씨는 어떻습니까?

남: 요즘 매일 날씨가 차네. 너무 추워.

여: 내일도 춥대.

남: 그래? 내일은 기온이 올라간다고 들었는데.

여: 오전 중에는 맑지만, 오후부터 눈이 내리고 추워진대.

남: 저런, 또 눈이 오는 거야? 맑으면 따뜻해질 거라고 생각했는데.

여: 빨리 따뜻한 봄이 되었으면 좋겠네.

내일 날씨는 어떻습니까?

1　비가 오고 추워집니다.
2　맑고 따뜻해집니다.
3　맑고 눈이 옵니다.
4　눈이 오고 따뜻해집니다.

問題 2

もんだい 2 では、まずしつもんを聞いてください。そのあと、もんだいよう
しを見てください。読む時間があります。それから話を聞いて、もんだいよ
うしの 1 から 4 の中から、いちばんいいものを一つえらんでください。

문제 2에서는 우선 질문을 들으세요. 그 후에 문제 용지를 보세요. 읽는 시간이 있습니다. 그리고 나서 이
야기를 듣고 문제 용지의 1부터 4 중에서 가장 적당한 것을 하나 고르세요.

例：

男の学生と女の学生が話しています。女の学生は誰と暮らしていますか。

M : 中山さん、新しい生活、どう？

F : 毎日楽しいですよ。

M : ご両親と一緒じゃなくて、寂しくない？

F : ええ、ちょっと寂しいですが、妹と一緒に住んでるから、大丈夫です。

M : なるほど。兄弟は 2 人だけ？

F : 姉もいます。両親と一緒に暮らしています。

女の学生は誰と暮らしていますか。

1 あね

2 いもうと

3 しんせき

4 りょうしん

정답: 2

남학생과 여학생이 이야기하고 있습니다. 여학생은 누구와 살고 있습니까?

남: 나카야마 씨, 새로운 생활 어때?

여: 매일 즐거워요.

남: 부모님과 같이 살지 않아서 외롭지 않아?

여: 네, 좀 외롭긴 하지만 여동생과 같이 살고 있어서 괜찮아요.

남: 그렇구나. 형제는 2명뿐이야?

여: 언니도 있어요. 부모님과 같이 살고 있어요.

여학생은 누구와 살고 있습니까?

1 언니

2 여동생

3 친척

4 부모님

答えは2ですから、答えはこのように書きます。

정답은 2번이므로 이와 같이 적습니다.

1番

女の人と男の人が話しています。男の人は、最近何冊本を読んでいますか。

F： 古田さん、よく本を読みますか。

M： そうですね。学生のときは月に１０冊ぐらい読んでいましたが。

F： 今は？

M： 最近はほとんど読んでいませんね。

F： それはちょっと……

M： ええ、仕事が忙しくて。でも、これから月に１冊ぐらいは読みたいですね。

男の人は、最近何冊本を読んでいますか。

1번 정답:4

여자와 남자가 이야기하고 있습니다. 남자는 최근에 책을 몇 권 읽었습니까?

여: 후루타 씨, 자주 책을 읽습니까?

남: 글쎄요. 학생 때는 한 달에 10권 정도 읽었습니다만.

여: 지금은요?

남: 요즘은 거의 읽지 않습니다.

여: 그건 좀….

남: 예, 일이 바빠서. 하지만 앞으로 한 달에 1권 정도는 읽고 싶어요.

남자는 최근에 책을 몇 권 읽었습니까?

1 한 달에 1권 읽는다.
2 한 달에 10권 읽는다.
3 1주일에 1권 읽는다.
4 거의 읽지 않는다.

2番

女の学生と男の学生が話しています。女の学生は、どうしてコンパに行きたくないのですか。

F：あしたのコンパ、やめとく。ちょっと都合が悪くて。

M：バイトでも入ってるの。忙しいなら、無理しなくたっていいけど……

F：バイトはないけど。実は、月末だから、お金がね……。あした出かけないでずっと寮にいようと思って。レポートも書かなければならないし。

M：ま、そういうときもあるよね。

女の学生は、どうしてコンパに行きたくないのですか。

2번 정답 : 4

여학생과 남학생이 이야기하고 있습니다. 여학생은 왜 모임에 나가고 싶지 않은 것입니까?

여: 내일 모임 못갈 것 같아. 시간이 안 되어서.

남: 아르바이트라도 있는 거야? 바쁘면 무리하지 않아도 되지만….

여: 아르바이트는 없지만. 실은 월말이라 돈이 없어서…. 내일 외출하지 않고 계속 기숙사에 있으려고. 리포트도 작성해야 하고.

남: 뭐, 그럴 때도 있지.

여학생은 왜 모임에 나가고 싶지 않은 것입니까?

1 리포트를 쓰기 때문에
2 아르바이트가 있기 때문에
3 감기 걸려서 밖에 나가고 싶지 않기 때문에
4 월말이 되어서 돈이 없기 때문에

3番

先生と学生が話しています。学生はどうして専門学校に行くことにしましたか。

F： 洪君は日本語学校を卒業したら、専門学校に行くことにしましたか。

M： はい。はじめは大学で勉強しようと思っていましたが、4年間は私には長すぎて……

F： でも、洪君は今年二十歳でまだまだ時間があるじゃないですか。

M： はい。でも、大学の勉強は自分でもできます。早く専門の技術を習おうと思っていて……

F： そうですか。大学では、まずたくさんの本を読まなくてはいけませんね。

M： ええ。本を読むのが嫌いじゃありませんが……

学生はどうして専門学校に行くことにしましたか。

3번 정답:1

선생님과 학생이 이야기하고 있습니다. 학생은 왜 전문학교에 가기로 했습니까?

여: 홍 군은 일본어 학교를 졸업하면 전문학교에 가기로 했습니까?

남: 예. 처음에는 대학에서 공부하려고 했습니다만, 4년간은 저에게는 너무 길어서…

여: 하지만 홍 군은 올해 20살이라 아직 시간이 많지 않습니까?

남: 예. 하지만 대학 공부는 저 혼자서도 할 수 있습니다. 빨리 전문 기술을 배우려고…

여: 그렇습니까. 대학에서는 우선 많은 책을 읽어야 해요.

남: 예. 책 읽는 것을 싫어하지 않습니다만…

학생은 왜 전문학교에 가기로 했습니까?

1 빨리 기술을 배우고 싶어서
2 대학 공부는 재미가 없어서
3 젊지 않아서
4 책 읽는 것을 싫어해서

4番

女の人と男の人が話しています。女の人は家についてどう考えていますか。

F： 本田さん、家を買ったんだって。

M： ええ、小さい家なんだけど。

F： 自分の家なんだから、小さくていいわよ。

M： でも残業ばかりしていてあまり家にいられないし、ローンも払わないといけない
し……

F： 夜遅くまで働くからちょっと辛いよね。でも、高い家賃を払わなくていいから家計
にもいいでしょ。

女の人は家についてどう考えていますか。

4번 정답：4

여자와 남자가 이야기하고 있습니다. 여자는 집에 대해서 어떻게 생각하고 있습니까?

여: 혼다 씨, 집 샀다면서.

남: 예, 작은 집이긴 하지만.

여: 자기 집이니까 작아도 괜찮아.

남: 하지만 늘 잔업만 해서 그다지 집에 없는데다가 대출금도 내야 하고….

여: 밤늦게까지 일하니까 좀 힘들겠네. 하지만 비싼 집세를 내지 않아도 되니까 가계에도 도움이 되
잖아.

여자는 집에 대해서 어떻게 생각하고 있습니까?

1 집은 빌리는 게 좋다.

2 잔업을 하니까 회사에 가까운 집이 좋다.

3 작은 집은 사고 싶지 않다.

4 비싼 집세는 아깝다.

5番

女の人と男の人が話しています。今、何時ですか。

F： あれ、スミスさんはいないの。

M： ええ。そろそろ戻ると思います。

F： 会議に間に合うかしら。

M： 大丈夫ですよ。食事に行ってすぐ戻るって。あと４０分もありますよ。

F： 違うわよ。あと１０分しかないわよ。

M： えっ、会議は３時半からだったんじゃないですか。

F： ３０分早くなったのよ。スミスさんは知らないの。

M： 今電話して呼びましょう。

今、何時ですか。

5번　정답:3

여자와 남자가 이야기하고 있습니다. 지금 몇 시입니까?

여: 어, 스미스 씨는 없어?

남: 네. 이제 곧 올 겁니다.

여: 회의 시간에 제대로 맞춰서 오려나.

남: 괜찮아요. 식사하러 갔다가 바로 온대요. 40분이나 남았어요.

여: 아니야. 앞으로 10분밖에 안 남았어.

남: 네? 회의는 3시 반부터가 아니었나요?

여: 30분 빨라졌어. 스미스 씨는 모르는 거야?

남: 지금 전화해서 부르겠습니다.

지금 몇 시입니까?

1　3:00

2　2:30

3　2:50

4　3:20

6番

男の人と女の人が話しています。女の人はデザートについてどう思っていますか。

M： 食事のあと、甘い物がほしいなあ。

F： だめよ。ちょっと太り過ぎって言ってたじゃないの。

M： 運動をしているから、少し食べても大丈夫だと思って……

F： デザートはカロリーが高くて、少しだけ食べても太るわよ。

M： デザートの代わりに、なにを食べたらいい？

F : 甘<ruby>あま</ruby>くない果物<ruby>くだもの</ruby>をたべたらどう？

女<ruby>おんな</ruby>の人<ruby>ひと</ruby>はデザートについてどう思<ruby>おも</ruby>っていますか。

6번 정답:2

남자와 여자가 이야기하고 있습니다. 여자는 디저트에 대해서 어떻게 생각하고 있습니까?

남: 식사 후에 단 것이 먹고 싶네.

여: 안 돼. 살이 너무 쪘다고 했잖아.

남: 운동을 하니까 좀 먹어도 괜찮을 것 같아서….

여: 디저트는 칼로리가 높아서 조금만 먹어도 살쪄.

남: 디저트 대신에 뭘 먹으면 돼?

여: 달지 않은 과일을 먹는 게 어때?

여자는 디저트에 대해서 어떻게 생각하고 있습니까?

1 달지 않은 디저트가 좋다.
2 디저트보다 달지 않은 과일이 좋다.
3 디저트는 조금 먹어도 괜찮다.
4 칼로리가 높은 디저트를 먹어도 괜찮다.

7番<ruby>ばん</ruby>

男<ruby>おとこ</ruby>の学生<ruby>がくせい</ruby>と女<ruby>おんな</ruby>の学生<ruby>がくせい</ruby>が話<ruby>はな</ruby>しています。女<ruby>おんな</ruby>の学生<ruby>がくせい</ruby>は、小<ruby>ちい</ruby>さいとき、何<ruby>なに</ruby>になりたかったですか。

M: 真壁<ruby>まかべ</ruby>さんは、将来<ruby>しょうらい</ruby>、何<ruby>なに</ruby>になりたいですか。

F : 英語<ruby>えいご</ruby>の先生<ruby>せんせい</ruby>になりたいです。

M: 英語<ruby>えいご</ruby>の先生<ruby>せんせい</ruby>ですか。子<ruby>こ</ruby>どものときからですか。

F : 子<ruby>こ</ruby>どものときは、作家<ruby>さっか</ruby>になりたかったんです。

M: 文学<ruby>ぶんがく</ruby>がすきだったんですね。僕<ruby>ぼく</ruby>は子<ruby>こ</ruby>どものときの夢<ruby>ゆめ</ruby>は、科学者<ruby>かがくしゃ</ruby>になることでした。今<ruby>いま</ruby>は体育<ruby>たいいく</ruby>の先生<ruby>せんせい</ruby>になりたいです。

F : 私<ruby>わたし</ruby>は今<ruby>いま</ruby>でも小説<ruby>しょうせつ</ruby>が好<ruby>す</ruby>きですよ。

女<ruby>おんな</ruby>の学生<ruby>がくせい</ruby>は、小<ruby>ちい</ruby>さいとき、何<ruby>なに</ruby>になりたかったですか。

7번　정답 : 4

남학생과 여학생이 이야기하고 있습니다. 여학생은 어렸을 때 무엇이 되고 싶었습니까?

남: 마카베 씨는 장래에 무엇이 되고 싶습니까?

여: 영어 선생님이 되고 싶습니다.

남: 영어 선생님이 되고 싶다고요? 어렸을 때부터 그렇게 생각했습니까?

여: 어렸을 때는 작가가 되고 싶었습니다.

남: 문학을 좋아했군요. 나는 어렸을 때의 꿈은 과학자가 되는 것이었습니다. 지금은 체육 선생님이
　　되고 싶습니다.

여: 저는 지금도 소설을 좋아합니다.

여학생은 어렸을 때 무엇이 되고 싶었습니까?

1　영어 선생님

2　음악가

3　체육 선생님

4　작가

問題 3

もんだい 3 では、えを見ながらしつもんを聞いてください。→ （やじるし）
の人は何と言いますか。 1 から 3 の中から、いちばんいいものを一つえらん
でください。

문제 3에서는 그림을 보면서 질문을 들으세요. →(화살표)가 가리키는 사람은 뭐라고 말하겠습니까? 1부
터 3 중에서 가장 적당한 것을 하나 고르세요.

例：
お土産を買いました。会社の人にあげます。何と言いますか。

M:　1　お土産をあげますよ。

　　　2　お土産をいただきました。

　　　3　これ、お土産です。どうぞ。

선물을 샀습니다. 회사 동료에게 줍니다. 뭐라고 말하겠습니까?

정답 : 3

남:　1　선물을 드리겠습니다.

　　　2　선물을 받았습니다.

　　　3　이거, 선물입니다. 자(가지세요).

答えは3ですから、解答欄に3と書いてください。

정답은 3번이므로 정답란에 3이라고 써 주세요.

1番

デパートで棚の帽子が見たいです。何と言いますか。

F：　1　それを見たいです。

　　　2　それを見せてください。

　　　3　それを見てください。

1번　정답:2

백화점에서 선반에 있는 모자를 보고 싶습니다. 뭐라고 말하겠습니까?

여:　1　그것을 보고 싶습니다.

　　　2　그것을 보여주세요.

　　　3　그것을 보세요.

> **해설** 점원에게 특정 제품을 보고 싶다고 말할 때는 それを見たいです。(그것을 보고 싶습니다)도 이해는 되지만 それを見せてください。(그것을 보여 주세요)가 자연스럽다. みせる는 자신의 물건을 상대에게 보여주는 것을 의미한다.

2番

鉛筆を借りたいです。何と言いますか。

M：　1　鉛筆、貸してくれませんか。

　　　2　鉛筆、借りてくれませんか。

　　　3　鉛筆、貸してあげましょうか。

277

2번　정답:1

연필을 빌리고 싶습니다. 뭐라고 말하겠습니까?

남 : 1　연필, (나에게) 빌려주지 않겠습니까?

2　연필, (3자에게) 빌려주지 않겠습니까?

3　연필, 빌려드릴까요?

> 해설 기본적으로 貸す는 내가 상대에게 빌려줄 때, 借りる는 내가 상대에게 빌릴 때 쓴다.
> 貸してください(빌려 주세요)는 내가 필요해서 상대에게 빌려달라고 할 때 쓰며, 借りてください(빌리세요)는 내가 아닌 제3자에게 빌리라고 할 때 쓴다.
>
> 예를 들면 A(나), B(돈이 많은 사람), C(돈이 없는 사람)일 때,
>
> 나(A)게 돈이 없는 C가 돈을 빌려달라고 하면, 나(A)는 돈이 없으니 돈이 많은 B씨에게 돈을 빌리라고 할 때 쓴다.
>
> C : Aさん、お金を貸してくれませんか。 A씨, 돈을 빌려주지 않겠습니까?
>
> A : 私はお金がないからBさんに借りてください。 나는 돈이 없으니까 B씨에게 빌리세요.

3番

お客さんが家に来ました。何と言いますか。

M : 1　いらっしゃいませ。

2　いらっしゃい。

3　行ってきます。

3번　정답:2

손님이 집에 왔습니다. 뭐라고 말하겠습니까?

남: 1　어서 오십시오.

2　어서 와요.

3　다녀오겠습니다.

> 해설 いらっしゃいませ는 집이 아닌 가게 같은 곳에서 손님을 맞이할 때 사용한다.

4番

先生の声が小さくて聞こえません。先生に何と言いますか。

F： 1　すみません、聞いてください。

　　 2　すみません、よく聞こえません。

　　 3　すみません、小さい声で。

4번　정답:2

선생님의 목소리가 작아서 들리지 않습니다. 선생님께 뭐라고 말하겠습니까?

여 : 1　저, 선생님, 들어 주세요.

　　 2　저, 선생님, 잘 들리지 않습니다.

　　 3　저, 선생님, 작은 소리로(말씀해 주세요)

5番

時間を知りたいとき、何と聞きますか。

F： 1　いつですか。

　　 2　時間いいですか。

　　 3　今何時ですか。

5번　정답:3

시간을 알고 싶을 때 뭐라고 묻습니까?

여 : 1　언제입니까?

　　 2　시간 괜찮습니까?

　　 3　지금 몇 시입니까?

問題 4

もんだい４では、えなどがありません。まずぶんを聞いてください。それから、そのへんじを聞いて、１から３の中から、いちばんいいものを一つえら

んでください。

문제 4에서는 그림 같은 것이 없습니다. 우선 문장을 들으세요. 그러고 나서 그 대답을 듣고 1부터 3 중에서 가장 적당한 것을 하나 고르세요.

例^{れい}:

F : スーパーへ買^かい物^{もの}に行^いきますけど、何^{なに}か買^かってきましょうか。

M : 1 高^{たか}いですよ。

2 忙^{いそが}しそうです。

3 あ、缶^{かん}コーヒー、お願^{ねが}い。

정답: 3

여: 슈퍼에 쇼핑하러 가는데 뭔가 사 올까요?

남： 1 비싸요.

2 바쁜 것 같습니다.

3 아, 캔 커피 부탁해.

答^{こた}えは3ですから、解答欄^{かいとうらん}に3と書^かいてください。

정답은 3번이므로 정답란에 3이라고 써 주세요.

1番^{ばん}

F : 小野君^{お の くん}、黒板^{こくばん}を消^けしておいてください。

M : 1 はい、すぐにやります。

2 消^けしてやります。

3 ありがとうございます。

1번　정답:1

여: 오노 군, 칠판을 지워 두세요.

남： 1 예, 바로 하겠습니다.

2 지워 주겠습니다.

3 감사합니다.

2番
ばん

M : ちょっと手を貸してくれない？
て か

F : 1　すみません。今、忙しいんです。
いま いそが

2　猫の手を借りてください。
ねこ て か

3　ええ、自分で取ってください。
じ ぶん と

2번　정답 : 1

남 : 좀 도와줄래?

여 : 1　미안합니다. 지금 바빠서요.

2　고양이 손을 빌리세요.

3　네, 자신이 (직접) 집어 주세요.

> 해설　ちょっと手を貸してくれない?(좀 도와주지 않을래?)에서 手を貸す(손을 빌려주다)
て か て か
는 手伝う 돕다 의 의미이며, 猫の手を借りてください(고양이 손을 빌리세요)는 '너
てつだ ねこ て か
무 바빠서 누구라도 좋으니 도와주었으면 한다'는 일본 속담 猫の手も借りたい(고양
ねこ て か
이 손이라도 빌리고 싶다)에서 나온 것으로 질문에 대한 답변으로서는 적절하지 않다.

3番
ばん

F : いつまで、京都にいらっしゃるんですか。
きょう と

M : 1　いいえ、京都におりません。

2　3日までに行きたいです。
みっ か い

3　来週の水曜日までいます。
らいしゅう すいよう び

3번　정답 : 3

여 : 언제까지 교토에 계십니까?

남 : 1　아니오, 교토에 없습니다.

2　3일까지 가고 싶습니다.

3　다음 주 수요일까지 있습니다.

> 해설　いらっしゃる는 いる의 존경어이고, おります는 いる의 겸양어이다.

4番

M: お皿とカップ、片付けなくてもいいですよ。

F: 1 遠慮なく言ってください。

2 わかりました。では、失礼します。

3 では、直接いただきます。

4번 정답:2

남: 접시하고 컵, 치우지 않아도 되요.

여: 1 사양 말고 말해 주세요.

2 알겠습니다. 그럼 실례하겠습니다.

3 그럼, 직접 받겠습니다.

5番

F: 行って参ります。

M: 1 行ってらっしゃい。

2 いらっしゃいませ。

3 はい、いらっしゃい。

5번 정답:1

여: 다녀오겠습니다.

남: 1 다녀오세요.

2 어서 오세요.

3 예, 오세요.

6番

M: レモンティーを2つください。

F: 1 かしこまりました。

2 はい、いただきます。

3 お待たせしました。

6번 정답:1

남: 레몬 티 2개 주세요.

여:　1 잘 알겠습니다.

　　2 예, 먹겠습니다.

　　3 많이 기다렸습니다.

7番

M: まだ熱が下がらないんです。

F:　1 それはかまいませんよ。

　　2 それはいけませんね。

　　3 それはよかったですね。

7번 정답:2

남: 아직 열이 내리지 않습니다.

여:　1 그건 상관없습니다.

　　2 그거 안 됐네요.

　　3 그거 잘 됐네요.

8番

F: ちょっと疲れました。あそこで休みませんか。

M:　1 はい、休みません。

　　2 いいえ、疲れません。

　　3 そうですね。休みましょう。

8번 정답:3

여 : 좀 피곤합니다. 저기서 쉬지 않겠습니까?

남:　1 예, 쉬지 않겠습니다.

　　2 아니오, 피곤하지 않습니다.

　　3 그래요. 그럽시다.

N4

JLPT
실전 모의고사

제 2 회

언어지식(문자 · 어휘)
·
언어지식(문법) · 독해
·
청해

언어지식
(문자 · 어휘)

문제 1
1	(2)
2	(4)
3	(3)
4	(1)
5	(4)
6	(2)
7	(3)
8	(1)
9	(2)

문제 2
10	(2)
11	(3)
12	(3)
13	(2)
14	(4)
15	(3)

문제 3
16	(2)
17	(3)
18	(2)
19	(4)
20	(2)
21	(3)
22	(1)
23	(3)
24	(4)

문제 4
25	(1)
26	(3)
27	(1)
28	(4)
29	(3)

문제 5
30	(2)
31	(2)
32	(1)
33	(3)
34	(4)

언어지식
(문법) · 독해

문제 1
1	(2)
2	(3)
3	(2)
4	(4)
5	(2)
6	(3)
7	(2)
8	(3)
9	(1)
10	(3)
11	(1)
12	(4)
13	(3)
14	(1)
15	(1)

문제 2
16	(4)
17	(1)
18	(3)
19	(3)
20	(2)

문제 3
21	(4)
22	(1)
23	(3)
24	(2)
25	(2)

문제 4
26	(2)
27	(2)
28	(1)
29	(3)

문제 5
30	(1)
31	(4)
32	(4)
33	(4)

문제 6
34	(3)
35	(3)

청해

문제 1
1	(4)
2	(4)
3	(4)
4	(3)
5	(2)
6	(2)
7	(4)
8	(3)

문제 2
1	(4)
2	(2)
3	(3)
4	(4)
5	(3)
6	(4)
7	(2)

문제 3
1	(3)
2	(2)
3	(1)
4	(2)
5	(3)

문제 4
1	(1)
2	(3)
3	(2)
4	(3)
5	(2)
6	(3)
7	(3)
8	(2)

문제 1　　밑줄 친 말은 히라가나로 어떻게 씁니까? 1, 2, 3, 4 중에서 가장 적당한 것을 하나 고 르세요.

例 ^{れい} : 정답:3

도둑에게 지갑을 도둑맞은 것 같습니다.

1　정답:2

옆방에서 누군가의 목소리가 납니다.

> 해설　音^{おと}는 사물의 소리 | 声^{こえ}는 성대를 통해서 나는 사람이나 동물의 (목)소리.

2　정답:4

어머니는 부엌에서 저녁밥 준비를 하고 있습니다.

3　정답:3

이 서류를 사무소에 전달해야 합니다.

> 해설　資料^{しりょう} 자료 | 文書^{ぶんしょ} 문서 | 書籍^{しょせき} 서적

4　정답:1

오가와 씨는 항상 늦게까지 회사에 남아 있다.

> 해설　行っている 가 있다 | 入^{はい}っている 들어 있다 | 通^{かよ}っている 다니고 있다

5　정답:4

몸 상태가 안 좋아서 오늘은 쉬겠습니다.

> 해설　体^{からだ}の調子^{ちょうし}が悪^{わる}い。몸 상태가 나쁘다

6　정답:2

옥상에서 바다가 보입니다.

> 해설　屋根^{やね} 지붕 | 頂上^{ちょうじょう} 정상

7　정답:3

오늘 오후, 회의에 출석할 수 없습니다.

> 해설　出勤^{しゅっきん} 출근 | 首席^{しゅせき} 수석

8　정답:1

반드시 규칙을 지켜 주세요.

> 해설　加速^{かそく} 가속 | 法則^{ほうそく} 법칙

9 정답:2

기숙사 방은 좁기 때문에 아파트를 빌리고 싶습니다.

해설 広い 넓다 | 暗い 어둡다 | 安い 싸다

문제 2   밑줄 친 말은 어떻게 씁니까? 1, 2, 3, 4 중에서 가장 적당한 것을 하나 고르세요.

例 : 정답:3

기모노를 입을 기회는 적어졌습니다.

10 정답:2

오늘은 어제보다 덥습니다.

해설 熱い 뜨겁다 | 寒い 춥다 | 安い 싸다

11 정답:3

홋카이도는 경치도 좋고, 음식도 맛있습니다.

해설 気色 기색 | 風景 풍경 | 景気 경기

12 정답:3

곤란한 일이 있으면 상담해 주세요.

해설 指導 지도 | 対談 대담 | 世話 보살핌

13 정답:2

이사 준비는 다 되었습니까?

해설 用意 준비 | 様子 모습, 모양, 상태 | 準備 준비

14 정답:4

일본어는 전혀 모릅니다.

해설 全部 전부 | 全体 전체 | 完全 완전 | 全然 전혀

15 정답:3

골을 목표로 해서 분발하겠습니다.

해설 目指す 목표로 하다, 지향하다

문제 3   (   )에 무엇을 넣습니까? 1, 2, 3, 4 중에서 가장 적당한 것을 하나 고르세요.

<ruby>例<rt>れい</rt></ruby> : 정답 : 4

창문이 더러우니까 (닦아) 주세요.

---

16 **정답 : 2**

여기는 역에서 (멀기) 때문에 불편합니다.

> 해설 | <ruby>多<rt>おお</rt></ruby>い 많다 | <ruby>明<rt>あか</rt></ruby>るい 밝다 | <ruby>危<rt>あぶ</rt></ruby>ない 위험하다

17 **정답 : 3**

홋카이도의 겨울은 도쿄보다 (훨씬) 춥습니다.

> 해설 | あまり 별로 | とても 매우 | どんどん 계속, 척척

18 **정답 : 2**

교토의 여관에 3일 (머뭅니다).

> 해설 | <ruby>住<rt>す</rt></ruby>む 살다, 거주하다 | <ruby>泊<rt>と</rt></ruby>まる 묵다, 숙박하다 | <ruby>泊<rt>と</rt></ruby>める 묵게 하다 | <ruby>来<rt>く</rt></ruby>る 오다

19 **정답 : 4**

잔돈이 없으니까 (거스름돈)을 주세요.

> 해설 | こまかいおかね 잔돈 | おつり 거스름돈 | おかわり 같은 음식을 다시 더 먹음 | <ruby>財布<rt>さいふ</rt></ruby> 지갑 | <ruby>領収書<rt>りょうしゅうしょ</rt></ruby> 영수증

20 **정답 : 2**

열이 있으니까 아이를 병원에 (데리고) 가야 합니다.

> 해설 | <ruby>持<rt>も</rt></ruby>つ 가지다, 들다 | <ruby>見<rt>み</rt></ruby>せる 보여 주다 | <ruby>治<rt>なお</rt></ruby>す 치료하다

21 **정답 : 3**

필요 없는 것은 쓰레기통에 (버려) 주세요.

> 해설 | <ruby>燃<rt>も</rt></ruby>やす 태우다 | <ruby>拾<rt>ひろ</rt></ruby>う 줍다 | <ruby>捨<rt>す</rt></ruby>てる 버리다 | <ruby>出<rt>だ</rt></ruby>す 꺼내다, 부치다

22 **정답 : 1**

가위를 서랍 속에 (넣었습니다).

> 해설 | しまう 마치다, 안에 넣다, 수납하다 | <ruby>片付<rt>かたづ</rt></ruby>く 정리되다 | <ruby>気<rt>き</rt></ruby>づく 알아차리다 | <ruby>手伝<rt>てつだ</rt></ruby>う 거들다

23 정답 : 3

모를 때는 이 (매뉴얼)을 읽어 주세요.

해설 パソコン 컴퓨터 | インターネット 인터넷 | マニュアル 매뉴얼 | マンガ 만화

24 정답 : 4

내일 식사할 레스토랑의 (예약)을 해 두었습니다.

해설 食事 식사 | 準備 준비 | 約束 약속 | 予約 예약

문제 4 밑줄 친 문장과 비슷한 문장이 있습니다. 1, 2, 3, 4 중에서 가장 적당한 것을 하나 고르세요.

例 : 정답 : 1

여기서 한국어를 배울 수 있습니다.

1 여기서 한국어를 가르치고 있습니다.

25 정답 : 1

야마다 씨는 고등학교에 다니고 있습니다.

1 야마다 씨는 학생입니다.

해설 通う 다니다

26 정답 : 3

야마다 씨가 돌아올 때까지 여기서 기다리게 해 줄 수 있습니까?

3 여기서 야마다 씨를 기다려도 됩니까?

해설 待たせる(기다리게 하다)는 待つ의 사역형이다.

동사의 て형+もらう/いただく는 상대방이 나에게 해 주다의 의미이다.

27 정답 : 1

과장님은 지금 자리를 비웠습니다.

1 과장님은 외출했습니다.

해설 席を外す 자리를 비우다

28 정답 : 4

여기에 차를 세우지 말라고 쓰여 있습니다.

4 주차금지라고 쓰여 있습니다.

해설 止めるな는 止める의 금지의 명령형이다.

29 정답:3

요즘 바빠서 일요일밖에 쉴 수 없습니다.

3 최근에 쉬는 날은 일요일뿐입니다.

해설 〜しか〜ません 〜밖에 〜할 수 없습니다 | 〜だけです 〜뿐입니다

문제 5 다음 말의 사용법으로 가장 적당한 것을 1, 2, 3, 4 중에서 하나 고르세요.

例 : 정답:4 지내다

4 주말에는 가족과 지냅니다.

30 정답:2 **찢어지다**

2 봉지가 찢어져 버렸습니다.

해설 破れる (종이나 천 등이)찢어지다 또는 (약속이나 꿈이)깨지다의 의미다.
1의 破れる는 타동사인 破る(깨뜨리다)로, 3은 割れる(깨지다), 4는 解ける(풀어지다)로 고쳐야 한다.

31 정답:2 **겨우**

2 설명서를 읽고 겨우 사용법을 알았습니다.

해설 3은 ぜひ(꼭)로 고쳐야 한다.

32 정답:1 **정성들임, 주의 깊고 신중함**

1 좀 더 정성들여서 쓰도록 하세요.

33 정답:3 **걸다, 잠그다, 채우다**

3 외출할 때는 자물쇠(열쇠)를 채워 주세요.

해설 1은 します 또는 締めます로, 4는 かけています가 아니라 かけてあります로 고쳐야 한다.

34 정답:4 **상태, 형편**

4 요즘 좀 몸 상태가 좋지 않습니다.

해설 具合 형편, 상태, 방식

문제 1 ( )에 무엇을 넣습니까? 1, 2, 3, 4 중에서 가장 적당한 것을 하나 고르세요.

例 : 정답:3
길(을) 건널 때는 충분히 주의해 주세요.

1 정답:2
신주쿠까지 버스로 가서 , 거기서 전차(로) 갈아타세요.

2 정답:3
시험은 다음 주니까 앞으로 1주일(밖에) 남지 않았습니다.

> 해설 しかありません(〜밖에 없습니다) 〜しか 다음에는 반드시 부정이 온다.

3 정답:2
일본에 온 지 (아직) 1개월이니까 일본어를 잘 못합니다.

> 해설 また 또, 다시 | もう 이제, 벌써, 더 | かなり 꽤, 제법

4 정답:4
오늘 밤에는 별이 예쁘게 보이니까 내일은 (틀림없이) 맑을 겁니다.

> 해설 ずっと 훨씬, 쭉 | もっと 더, 더욱 | ちょうど 딱, 마침

5 정답:2
한자를 익히기 (위해) 매일 여러 번 써서 연습하고 있습니다.

6 정답:3
조금 전에 밥을 막 먹은 (참)이니까 아직 배가 고프지 않습니다.

> 해설 〜たばかりだ 〜한 지 얼마 지나지 않았다, 지금 막 〜했다

7 정답:2
A : 커피에 설탕을 넣을까요?
B : 아니오, 됐습니다. 저는 늘 (넣지 않고) 마십니다.

> 해설 〜ないで 〜하지 않고

8 정답:3
과장님은 이번에 오사카로 전근가게 (되었습니다).

> 해설 동사 기본형 + ことになる : <자신의 결정이 아닌 남의 결정에 의해> 〜(하)게 되다
>
> 동사 기본형 + ことにする : <자신이 결정한 것> 〜(하)기로 하다

9 정답:1

밥을 (먹기 전에) 손을 씻읍시다.

> 해설 동사 기본형 + まえに : ～(하)기 전에

10 정답:3

문 옆에 상자가 놓여 (있으니까) 그 안에 이것을 넣어 주세요.

> 해설 타동사 + てある : <의도적 상태> ～(하)여 있다.

11 정답:1

A : 멋진 가방이군요. 비쌌죠?

B : 아니오, (그렇게) 비싸지 않았습니다.

> 해설 どれほど 얼마만큼 | たしか 분명히, 아마 | かなり 꽤

12 정답:4

A : 왜 그러세요?

B : 창문을 닫고 오는 것을 (잊었기) 때문에 잠깐 기다려 주겠습니까?

13 정답:3

봉투에 넣기 전에 한 번 더 틀린 것이 (없는지) 있는지 확인해 주세요.

14 정답:1

약속 시간에 (늦을 것 같)아서 택시로 왔습니다.

> 해설 <양태> 동사ます형, い형용사, な형용사 어간 +そうだ : ～일 것 같다
>
> <전문> 보통체(반말) 종지형 +そうだ : ～라고 한다

15 정답:1

친구에게 역까지 차로 바래(받았습니다).

> 해설 내가 원해서 친구가 역까지 차로 바래주었습니다.

문제 2 ★에 들어갈 것은 어느 것입니까? 1, 2, 3, 4 중에서 가장 적당한 것을 고르세요.

例^{れい} : 정답:1 (1243)

> 원문 わからないときは うけつけのひとに きけば おしえて もらえる はず です。

★

모를 때는 접수처에 있는 안내하는 분에게 물으면 <u>가르쳐 받을 수 있을</u> 것입니다.

올바른 순서는 3214입니다. ★의 자리에 들어갈 내용은 1이므로 정답은 1입니다.

16 정답:4 (1243)

> 원문 予約を キャンセルする 場合は 1週間 前までに 知らせて ください。

★

예약을 취소하는 경우에는 1주일 전까지 알려주세요.

17 정답:1 (4213)

> 원문 わたしは毎週 1回 英語を 習いに 行って います。

★

저는 매주 한 번 영어를 배우러 가고 있습니다.

18 정답:3 (2134)

> 원문 彼は 誰にでも 親切で 頭も いいので クラス の人気者です。

★

그는 누구에게나 친절하고 머리도 좋아서 반에서 인기가 많은 사람입니다.

19 정답:3 (2134)

> 원문 道で さいふを ひろったら 交番に とどけなければ なりません。

★

길에서 지갑을 주우면 파출소에 신고하지 않으면 안 됩니다.

20 정답:2 (1423)

> 원문 夏休みには ふだん できないことを やろうと 思って います。

★

여름휴가에는 평소에 할 수 없는 것을 하려고 생각하고 있습니다.

문제 3 **21** ~ **25** 에 무엇을 넣습니까? 문장의 의미를 생각해서 1, 2, 3, 4 중에서 가장 적당한 것을 하나 고르세요.

> 겨울이 끝나고 봄이 (**21** : 되면), 벚꽃이 핍니다. 일본 사람들은 벚꽃을 매우 좋아합니다. 벚꽃이 피면 모두 나무 아래에 모여서 꽃을 (**22** : 보면서), 같이 식사를 하거나 술을 마시거나 합니다. 가라오케를 하는 사람도 있습니다.
>
> 벚꽃은 엷은 핑크색으로 아주 아름답습니다. 많은 사람들이 꽃을 보러 오기(**23** : 때문에), 경단이나 타코야키를 파는 가게도 나오고 벚꽃 축제가 행해집니다.
>
> 축제 기간에는 불을 켜서 밤에도 벚꽃을 즐길 수 있(**24** : 도록) 되어 있습니다. 우리 집 근처 공원은 평소에는 조용하지만, 벚꽃이 피는 계절에는 사람들이 (**25** : 많이) 벚꽃 놀이를 와서 매우 시끌벅적해집니다. 나는 그런 벚꽃 피는 계절을 아주 좋아합니다.

21 정답 : 4 되면

22 정답 : 1 보면서

23 정답 : 3 ~때문에, ~(이)므로

24 정답 : 2 ~도록

25 정답 : 2 많이

문제 4 　다음의 (1)에서 (4)의 문장을 읽고 질문에 답하세요. 답은 1, 2, 3, 4 중에서 가장 적당한 것을 하나 고르세요.

(1)

　　일본에 온지 벌써 반년이 지났습니다. 가족과 떨어져서 혼자서 생활하는 것은 처음이었기 때문에 처음에는 매우 외로웠습니다. 하지만 학교에서 새로운 친구들이 많이 생겼습니다. 지금은 일본에서의 생활에도 제법 익숙해졌습니다. 빨리 일본어를 더 잘 말할 수 있게 되고 싶습니다.

26 정답 : 2

맞는 문장을 고르세요.

1 　지금 중국에서 학교를 다니고 있습니다.

2 　반년 전에 일본에 왔습니다.

3 　일본에서의 생활은 매우 외롭습니다.

4 　아직 친구가 한 명도 없습니다.

(2)

도서관 이용에 대해서

＊ 도서관 내에서는 음식을 먹거나 음료수를 마시거나 하면 안 됩니다.

＊ 책을 빌릴 경우에는 카운터에서 도서 이용자 카드를 만들어 주세요.

＊ 도서관의 책은 1개월간 빌릴 수 있지만 신간은 2주까지입니다.

　 빌린 책을 찢거나 더럽히지 않도록 주의해 주세요.

27 정답 : 2

맞는 문장을 고르세요.

1 　도서관의 책은 누구라도 자유롭게 빌릴 수 있습니다.

2 책을 빌릴 때, 도서관 이용자카드가 필요합니다.

3 도서관 내에서 물을 마셔도 됩니다.

4 2주일 지나면 책을 반납해야 합니다.

(3)

교류 파티 안내

다음 주 토요일 오후, 교환 유학생을 맞이하여 파티를 열고 싶습니다.

해외에서 온 유학생을 위해, 다 같이 일본 노래를 한 곡 부르고 싶으니 좋아하는 노래를 가르쳐 주세요. 그리고 다 같이 테마키즈시(손으로 만 초밥)를 만들어 먹으려고 합니다. 준비를 도와줄 사람이 필요합니다. 토요일 아침에 시간이 있는 사람은 사토 씨에게 연락해 주세요.

28 **정답 : 1**

맞는 문장을 고르세요.

1 파티는 다음 주 토요일에 행해집니다.

2 유학생은 파티에서 노래를 불러야 합니다.

3 금요일에 파티 준비를 합니다.

4 파티 날 아침에 다 같이 노래 연습을 합니다.

(4)

최근, 편지를 쓸 기회가 적어졌습니다. 거의 컴퓨터로 메일을 쓰거나, 휴대폰이나 스마트폰으로 메시지를 보내거나 합니다. 전화도 별로 걸지 않게 되었습니다. 인터넷으로 메시지를 보내는 편이, 좋아할 때 읽을 수 있고 사진이나 여러 가지 정보를 보낼 수 있어서 편리하기 때문입니다.

29 **정답 : 3**

맞는 문장을 고르세요.

1 컴퓨터로 메일을 쓰는 것은 귀찮습니다.

2 휴대폰이나 스마트폰은 이야기하기 위해서만 사용합니다.

3 인터넷으로 정보를 간단하게 보낼 수 있게 되었습니다.

4 전화는 좋아할 때 멀리 있는 사람과 이야기할 수 있으므로 편리합니다.

문제 5 다음 문장을 읽고 질문에 답해 주세요. 답은 1, 2, 3, 4 중에서 가장 적당한 것을 하나 고르세요.

저는 지금 한국에 살고 있습니다. 한국에 온지 이제 곧 20년이 됩니다. 한국에 온 이후로 계속 한국 사람들에게 일본어를 가르치고 있습니다. 일본어를 가르치면 여러 사람들을 만나는데, 대부분의 사람들이 매우 일본을 좋아하며 여러 번 일본에 여행을 간 적이 있습니다. 모두 나보다 많이 일본 여행을 해서, 내가 홋카이도도 오키나와도 간 적이 없다고 하면 ①매우 놀랍니다.

학창 시절에는 그다지 국내 여행에 흥미가 없었습니다. 영어를 공부하고 있었기 때문에 미국이나 유럽의 나라들을 가고 싶었습니다. 대학 졸업 여행은 미국에 갔습니다. 국내는 도쿄 외에는 큐슈를 일주한 것 밖에 없었습니다.

금년에 여행을 좋아하는 친구가 가자고 해서 처음으로 후지산을 보러 갔습니다. 후지산은 일본을 대표하는 산이므로 꼭 보러 가고 싶다고 쭉 생각하고 있었습니다. 첫날은 날씨가 나빠서 비가 좀 왔기 때문에 전혀 보이지 않았지만 둘째 날은 비가 그쳐서 볼 수 있었습니다. 일본에서 가장 높고 아름다운 산을, 처음으로 자신의 눈으로 볼 수 있어서 매우 감동했습니다.

30 정답 : 1

<나> 는 어떤 사람입니까?

1 오랫동안 한국에 살고 있는 일본인
2 20년 정도 일본에 살고 있는 한국인
3 일본에서 일본어를 가르치고 있는 일본인
4 일본 여행을 아주 좋아하는 한국인

31 정답 : 4

<매우 놀랍니다>라고 쓰여 있는데 어째서입니까?

1 내가 한국에 20년 가까이 있기 때문입니다.
2 모두가 일본 여행을 간 적이 있기 때문입니다.
3 내가 미국에 여행을 한 적이 있기 때문입니다.
4 내가 일본 여행을 거의 간 적이 없기 때문입니다.

32 정답 : 4

<나>는 왜 홋카이도에 간 적이 없습니까?

1 홋카이도는 춥고 멀기 때문입니다.
2 학창시절, 일본에 살고 있었기 때문입니다.
3 여행을 좋아하지 않기 때문입니다.
4 미국이나 유럽 쪽이 재미있다고 생각했기 때문입니다.

33 정답 : 4

왜 후지산을 보러 갔습니까?

1   친구가 후지산을 아주 좋아하기 때문에
2 후지산을 오르고 싶었기 때문에
3 여행을 아주 좋아하기 때문에
4 후지산은 일본을 대표하는 산이기 때문에

문제 6 다음 페이지의 공지를 보고, 아래의 질문에 답해 주세요. 답은 1, 2, 3, 4 중에서 가장 적당한 것을 하나 고르세요.

스포츠 교실 체험 레슨
9월 10일 (일요일)

가을은 운동하기에 좋은 계절입니다. 꼭 함께 운동을 즐겨요.

체험 레슨 신청은 8월 1일부터 9월 5일까지입니다. 체육관의 접수처에서 신청해 주세요.

	레슨 시간	장소	요금
축구	13:30~15:30	운동장	무료
테니스	9:00~12:00	테니스코트	무료
농구	14:00~16:00	체육관 1층	무료
배드민턴	14:00~16:00	체육관 2층	무료
수영	10:00~11:30	수영장	입장료 : 어른 200엔, 어린이 100엔

※ 테니스, 배드민턴 레슨을 받고 싶은 사람 중에서, 라켓이 없는 사람은 신청해 주세요. 무료로 빌릴 수 있습니다. 라켓을 가지고 있는 사람은 자기 것을 가지고 오세요. 공은 여기서 준비하겠습니다.

※ 사이클 코스는 자유롭게 사용할 수 있습니다. 자전거를 빌릴 수도 있습니다. 요금은 1시간에 300엔입니다.

※ 수영장은 자유롭게 사용할 수 있습니다. 입장료는 1회 어른 200엔, 어린이 100엔입니다. 이용시간은 오전 9시부터 오후 5시까지입니다. 수영할 수 없는 사람은 수영 레슨을 받아 주세요.

34 정답 : 3

테니스 레슨에 참가하고 싶은 사람은 무엇을 해야 합니까?

1 라켓을 가지고 가야 합니다.
2 볼은 자신이 준비해야 합니다.
3 라켓을 빌리고 싶을 때는 신청해야 합니다.
4 레슨에 참가하는 사람은 돈을 지불해야 합니다.

35 정답 : 3

스즈키 씨는 수영할 수 있습니다. 수영장에서 수영하고 싶습니다. 어떻게 하면 됩니까?

1 좋아할 때 무료로 수영장에 들어갈 수 있습니다.
2 수영장을 이용할 사람은 반드시 레슨을 받아야 합니다.
3 오전 9시부터 오후 5시까지 좋아할 때에 수영할 수 있습니다.
4 아침 10시에 돈을 지불하고 수영장에 들어갑니다.

問題 1

もんだい１では、まずしつもんを聞_きいてください。それから話_{はなし}を聞_きいて、もんだいようしの１から４の中_{なか}から、いちばんいいものを一_{ひと}つえらんでください。

문제 1에서는 우선 질문을 들으세요. 그리고 이야기를 듣고, 문제 용지의 1부터 4 중에서 가장 적당한 것을 하나 고르세요.

例_{れい}:

男_{おとこ}の人_{ひと}が女_{おんな}の人_{ひと}に電話_{でんわ}をしています。男_{おとこ}の人_{ひと}は、何_{なに}か_か買って帰_{かえ}りますか。

M： これから帰_{かえ}るけど、何_{なに}か_か買って帰_{かえ}ろうか。

F： ありがとう。えっと、醤油_{しょうゆ}を２本_{にほん}。それから。

M： ちょっと待_まって、醤油_{しょうゆ}は２本_{にほん}も？

F： えっと、１本_{いっぽん}でいい。それからレモンを２_{ふた}つ。

M： あれ、レモンはまだ１_{ひと}つあったよね。

F： 午後_{ごご}のティータイムに使_{つか}い切_きったの。

M： 分_わかった。じゃ、２_{ふた}つ買_かって帰_{かえ}るね。

男_{おとこ}の人_{ひと}は、何_{なに}か_か買って帰_{かえ}りますか。

1 ょうゆ１本だけ

2 しょうゆ１本とレモン１つ

3 しょうゆ２本とレモン２つ

4 しょうゆ１本とレモン２つ

정답: 4

남자가 여자에게 전화를 하고 있습니다. 남자는 무엇을 사 가겠습니까?

남: 지금 집에 가는데 뭔가 사 갈까?

여: 고마워. 음, 간장 2병. 그리고….

남: 잠깐 기다려. 간장은 2병이나?

여: 음. 1개면 돼. 그리고 레몬 2개.

남: 어, 레몬은 아직 1개 있었지.

여: 오후 티타임 때 다 사용했어.

남: 알았어. 그럼, 2개 사 갈게.

남자는 무엇을 사 가겠습니까?

1 간장 1병만
2 간장 1병과 레몬 1개
3 간장 2병과 레몬 2개
4 간장 1병과 레몬 2개

<ruby>答<rt>こた</rt></ruby>えは 4 ですから、<ruby>答<rt>こた</rt></ruby>えはこのように<ruby>書<rt>か</rt></ruby>きます。

정답은 4번이므로 답은 이와 같이 적습니다.

1番

<ruby>男<rt>おとこ</rt></ruby>の<ruby>人<rt>ひと</rt></ruby>と<ruby>女<rt>おんな</rt></ruby>の<ruby>人<rt>ひと</rt></ruby>が<ruby>話<rt>はな</rt></ruby>しています。いつまでにレポートを<ruby>出<rt>だ</rt></ruby>さなければなりませんか。

F : きのう、やっとレポート、できたよ。

M : いいな、ぼくはまだ。<ruby>今週<rt>こんしゅう</rt></ruby>の<ruby>金<rt>きん</rt></ruby>よう<ruby>日<rt>び</rt></ruby>までだろう？

F : そうよ、でもわたし<ruby>今週<rt>こんしゅう</rt></ruby>はいろいろ<ruby>予定<rt>よてい</rt></ruby>があるから。

M : ぼくもがんばらないと。きょうかあしたには<ruby>終<rt>お</rt></ruby>わらせたいな。

F : まあ、まだ<ruby>火<rt>か</rt></ruby>よう<ruby>日<rt>び</rt></ruby>だから、<ruby>急<rt>いそ</rt></ruby>がなくても<ruby>大丈夫<rt>だいじょうぶ</rt></ruby>よ。

M : そうだね。

いつまでにレポートを<ruby>出<rt>だ</rt></ruby>さなければなりませんか。

1번 정답 : 4

남자와 여자가 이야기하고 있습니다. 언제까지 리포트를 제출해야 합니까?

여: 어제 겨우 리포트 다 되었어.

남: 좋겠다, 나는 아직 다 못했어. 이번 주 금요일까지지?

여: 맞아, 하지만 나는 이번 주에는 여러 가지 예정이 있으니까.

남: 나도 열심히 해야겠네. 오늘이나 늦어도 내일까지는 끝내고 싶어.

여: 뭐, 아직 화요일이니까 서두르지 않아도 괜찮아.

남: 그러네.

언제까지 리포트를 제출해야 합니까?

1 어제

2 내일

3 이번 주 화요일

4 이번 주 금요일

2番

<ruby>男<rt>おとこ</rt></ruby>の<ruby>人<rt>ひと</rt></ruby>と<ruby>女<rt>おんな</rt></ruby>の<ruby>人<rt>ひと</rt></ruby>が<ruby>話<rt>はな</rt></ruby>しています。<ruby>女<rt>おんな</rt></ruby>の<ruby>人<rt>ひと</rt></ruby>は、<ruby>何<rt>なに</rt></ruby>をプレゼントにしますか。

F： ねえ、クリスマスパーティーのプレゼント、<ruby>決<rt>き</rt></ruby>めた？

M： うん、ぼくは<ruby>皮<rt>かわ</rt></ruby>の<ruby>手帳<rt>てちょう</rt></ruby>にしたよ。

F： そうなんだ … <ruby>男<rt>おとこ</rt></ruby>の<ruby>人<rt>ひと</rt></ruby>でも<ruby>女<rt>おんな</rt></ruby>の<ruby>人<rt>ひと</rt></ruby>でも<ruby>使<rt>つか</rt></ruby>えるものがいいよね。

M： マフラーとか、<ruby>手袋<rt>てぶくろ</rt></ruby>とか？

F： <ruby>食<rt>た</rt></ruby>べ<ruby>物<rt>もの</rt></ruby>でもいいかな？<ruby>手作<rt>てづく</rt></ruby>りのクッキーとか？

M： ああ、それなら、きっとみんなよろこぶよ。

<ruby>女<rt>おんな</rt></ruby>の<ruby>人<rt>ひと</rt></ruby>は、<ruby>何<rt>なに</rt></ruby>をプレゼントにしますか。

2번　정답:4

남자와 여자가 이야기하고 있습니다. 무엇을 선물로 하겠습니까?

여: 저기 있잖아, 크리스마스 파티 선물, 정했어?

남: 응, 난 가죽 수첩으로 했어.

여: 그렇구나…. 남자든 여자든 모두 사용할 수 있는 게 좋겠지.

남: 머플러라든가 장갑 같은 것?

여: 먹는 것도 괜찮을까? 수제 쿠키라든가?

남: 오, 그거라면 틀림없이 다들 좋아할 거야.

무엇을 선물로 하겠습니까?

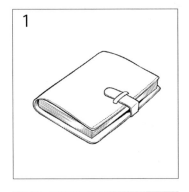

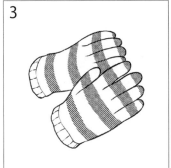

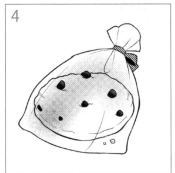

3番

男_{おとこ}の人_{ひと}と女_{おんな}の人_{ひと}が話_{はな}しています。男_{おとこ}の人_{ひと}のかぎはどこにありますか。

M： あれ、かぎがない。どこに置_おいたんだろう？

F： ポケットに入_{はい}ってないの？カバンの中_{なか}は？

M： いや、きのう、ズボンを洗_{せん}たくするとき、ポケットの中_{なか}の物_{もの}は全部_{ぜんぶ}出_だしたんだ。

F： あれ、電話_{でんわ}のよこに置_おいてあるの、何_{なに}？

M： あ、あんなところに。そうだ、きのう、ちょうどうちに入_{はい}ったところに電話_{でんわ}が来_きて…

F： それで、そのまま忘_{わす}れちゃったのね。

男_{おとこ}の人_{ひと}のかぎはどこにありますか。

3번 정답:4

남자와 여자가 이야기하고 있습니다. 남자의 열쇠는 어디에 있습니까?

남: 어, 열쇠가 없네. 어디에 뒀지?

여: 주머니에 없어? 가방 속은?

남: 아니, 어제 바지를 빨 때, 주머니 안에 있는 것은 모두 뺐어.

여: 어, 전화 옆에 놓여 있는 건 뭐야?

남: 아, 그런 곳에. 그래 맞아, 어제 집에 막 들어왔을 때 전화가 와서….

여: 그래서 그대로 잊어버린 거구나.

남자의 열쇠는 어디에 있습니까?

1 주머니 속
2 가방 속
3 세탁기 옆
4 전화 옆

４番

男の人と女の人が話しています。女の人は駅からどうやって行きますか。

F : すみません、駅からそちらまでバスでどのくらいかかりますか。

M : ２０分くらいですが、バスを降りてから１０分くらい歩かないといけませんよ。

F : ちょっと遠いんですね。

M : 場所もわかりにくいので、タクシーの方がいいと思いますけど。

F : 地図があるから、わかると思うので、自転車で行こうと思います。

M : ああ、それもいいですね。駅前でレンタルできますからね。

女の人は駅からどうやって行きますか。

4번 정답:3

남자와 여자가 이야기하고 있습니다. 여자는 역에서 어떻게 갑니까?

여: 저기요, 역에서 거기까지 버스로 어느 정도 걸립니까?

남: 20분 정도 걸리는데, 버스를 내리고 나서 10분 정도 걸어야 합니다.

여: 좀 머네요.

남: 장소도 알기 힘드니까 택시로 오는 편이 좋을 것 같은데요.

여: 지도가 있어서 알 수 있을 것 같으니까 자전거로 가려고 합니다.

남: 아아, 그것도 괜찮겠네요. 역 앞에서 빌릴 수 있으니까요.

여자는 역에서 어떻게 갑니까?

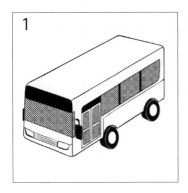

5番

男の人と女の人が話しています。二人はこれからどこへ行きますか。

F : 焼きそば用のソースを買いたいから、帰りにちょっと買い物に寄りたいんだけど。

M : いいよ、いつものスーパー？

F : あのスーパーじゃ、売ってないんだ。デパートの地下に行かないと。

M : え、日本のソースでしょう？駅前のコンビニでもあるんじゃないの？

F : え、ないよ。ちょっと寄るだけだから、いいでしょう？

M : うん、いいけど。

二人はこれからどこへ行きますか。

5번 정답:2

남자와 여자가 이야기하고 있습니다. 2명은 지금부터 어디에 가겠습니까?

여: 야키소바용 소스를 사고 싶어서 집에 돌아가는 길에 잠깐 쇼핑하러 들리고 싶은데.
남: 알았어, 늘 가는 슈퍼말이지?
여: 그 슈퍼에서는 팔지 않아. 백화점 지하에 가야 돼.
남: 무슨 소리야? 일본 소스인데? 역 앞 편의점에도 있지 않아?
여: 아니, 없어. 잠깐 들리기만 하면 되니까 괜찮지?
남: 응, 괜찮아.

2명은 지금부터 어디에 가겠습니까?

1 슈퍼
2 백화점
3 역
4 편의점

6番

男の人と女の人が話しています。男の人はこれから何をしますか。

M : おつかれさまでした。木村さん、まだ帰らないんですか。
F : ええ、あしたの会議の準備をしておかないといけなくて。鈴木さんはもう帰るんですか。
M : ええ、会議室の準備、手伝いましょうか。
F : いいんですか。じゃ、いすを並べておいてもらえますか。
M : はい。この書類も、コピーしておきましょうか。
F : あ、それは課長に見せてから、コピーしますから。
M : わかりました。

男の人はこれから何をしますか。

6번　정답 : 2

남자와 여자가 이야기하고 있습니다. 남자는 지금부터 무엇을 하겠습니까?

남: 수고하셨습니다. 기무라 씨, 아직 집에 가지 않으세요?

여: 네, 내일 회의 준비를 해 두어야 해서요. 스즈키 씨는 벌써 가시는 거예요?

남: 예, 회의 준비 도와드릴까요?

여: 괜찮겠어요? 그럼 의자를 나열해 주실 수 있습니까?

남: 예. 이 서류도 복사해 둘까요?

여: 아, 그것은 과장님에게 보여 주고 나서 복사할 거니까요.

남: 알겠습니다.

남자는 지금부터 무엇을 하겠습니까?

1　집으로 간다.
2　회의실 의자를 나열한다.
3　과장을 만난다.
4　자료를 복사한다.

7番

男の人と女の人が話しています。女の人は何を持っていきますか。

F：あした、友だちのお見舞いに行こうと思うんですけど、何を持って行ったらいいと思いますか。

M：くだものはどうですか。りんごとか。

F：確か、彼女、りんごは好きじゃないって、言ってたと思うんですけど。

M：へえ、そうなんですか。じゃあ、花は？

F：花瓶がないかもしれないし。

M：かごに入れてもらうといいですよ。そのまま飾れるから便利だし。

F：ああ、そうですね。

女の人は何を持っていきますか。

305

7번　정답:4

남자와 여자가 이야기하고 있습니다. 여자는 무엇을 가지고 가겠습니까?

여: 내일 친구 병문안을 가려고 하는데 무엇을 가지고 가면 좋을까요?

남: 과일은 어떠세요? 사과라든가.

여: 확실히 그녀는 사과를 좋아하지 않는다고 한 것 같은데요.

남: 아, 그래요? 그럼 꽃은 어때요?

여: 꽃병이 없을지도 모르고.

남: 바구니에 넣어 달라고 하면 됩니다. 그대로 장식할 수 있으니 편리하기도 하고요.

여: 아, 그렇겠네요.

여자는 무엇을 가지고 가겠습니까?

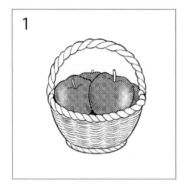

8番

男の人と女の人が話しています。二人はどの絵を選びますか。

M: あの絵、キッチンに飾ったらいいんじゃない？

F : え、あの海の絵？夏はいいけど、冬はもう少し暖かい色の方がいいと思うよ。

M : そうかな。じゃあ、あの女の子がひまわりを持っている絵は？

F : わたしはあのくだものの絵が好きだな。キッチンに飾るんだから。

M : ああ、あれ、いいね。じゃ、あれにしよう。

二人はどの絵を選びましたか。

8번　정답:3

남자와 여자가 이야기하고 있습니다. 두 사람은 어느 그림을 고르겠습니까?

남: 저 그림 부엌에 장식하면 괜찮지 않아?

여: 뭐, 저 바다 그림? 여름은 괜찮지만, 겨울에는 조금 더 따뜻한 색깔이 좋을 것 같아.

남: 그런가. 그럼 저 여자아이가 해바라기를 들고 있는 그림은?

여: 나는 저 과일 그림을 좋아해. 부엌에 장식하는 것이니까.

남: 아 저것, 괜찮네. 그럼 저걸로 하자.

두 사람은 어느 그림을 고르겠습니까?

1
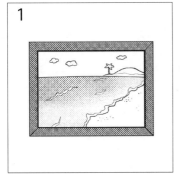

2

3
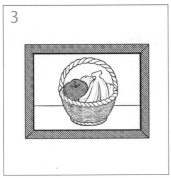

4

問題 2

もんだい 2 では、まずしつもんを聞いてください。そのあと、もんだいよう
しを見てください。読む時間があります。それから話を聞いて、もんだいよ
うしの 1 から 4 の中から、いちばんいいものを一つえらんでください。

문제 2에서는 우선 질문을 들으세요. 그 후에 문제 용지를 보세요. 읽는 시간이 있습니다. 그리고 나서 이
야기를 듣고 문제 용지의 1부터 4 중에서 가장 적당한 것을 하나 고르세요.

例 :

男の学生と女の学生が話しています。女の学生は誰と暮らしていますか。

M: 中山さん、新しい生活、どう？

F: 毎日楽しいですよ。

M: ご両親と一緒じゃなくて、寂しくない？

F: ええ、ちょっと寂しいですが、妹と一緒に住んでるから、大丈夫です。

M: なるほど。兄弟は 2 人だけ？

F: 姉もいます。両親と一緒に暮らしています。

女の学生は誰と暮らしていますか。

1 　 あね

2 　 いもうと

3 　 しんせき

4 　 りょうしん

정답: 2

남학생과 여학생이 이야기하고 있습니다. 여학생은 누구와 살고 있습니까?

남: 나카야마 씨, 새로운 생활 어때?

여: 매일 즐거워요.

남: 부모님과 같이 살지 않아서 외롭지 않아?

여: 네, 좀 외롭긴 하지만 여동생과 같이 살고 있어서 괜찮아요.

남: 그렇구나. 형제는 2명뿐이야?

여: 언니도 있어요. 부모님과 같이 살고 있어요.

여학생은 누구와 살고 있습니까?

1 언니

2 여동생

3 친척

4 부모님

<ruby>答<rt>こた</rt></ruby>えは 2 ですから、<ruby>答<rt>こた</rt></ruby>えはこのように<ruby>書<rt>か</rt></ruby>きます

정답은 2번이므로 이와 같이 적습니다.

1番

<ruby>男<rt>おとこ</rt></ruby>の<ruby>人<rt>ひと</rt></ruby>と<ruby>女<rt>おんな</rt></ruby>の<ruby>人<rt>ひと</rt></ruby>が<ruby>話<rt>はな</rt></ruby>しています。<ruby>女<rt>おんな</rt></ruby>の<ruby>人<rt>ひと</rt></ruby>はどうして<ruby>日本<rt>にほん</rt></ruby>に<ruby>来<rt>き</rt></ruby>ましたか。

M： リリーさんはどうして<ruby>日本<rt>にほん</rt></ruby>に<ruby>留学<rt>りゅうがく</rt></ruby>することにしたんですか。

F： わたし、<ruby>子<rt>こ</rt></ruby>どものころから、<ruby>日本<rt>にほん</rt></ruby>のアニメが<ruby>好<rt>す</rt></ruby>きだったんです。

M： へえ。

F： それで、<ruby>高校<rt>こうこう</rt></ruby>に<ruby>入<rt>はい</rt></ruby>ってから、<ruby>日本語<rt>にほんご</rt></ruby>の<ruby>勉強<rt>べんきょう</rt></ruby>を<ruby>始<rt>はじ</rt></ruby>めて。

M： そうなんですか。

F： ええ、<ruby>勉強<rt>べんきょう</rt></ruby>を<ruby>始<rt>はじ</rt></ruby>めて、もっと<ruby>日本<rt>にほん</rt></ruby>の<ruby>文化<rt>ぶんか</rt></ruby>を<ruby>知<rt>し</rt></ruby>りたくなったんです。

M： <ruby>日本<rt>にほん</rt></ruby>には、おもしろいものがたくさんありますよ。

<ruby>女<rt>おんな</rt></ruby>の<ruby>人<rt>ひと</rt></ruby>はどうして<ruby>日本<rt>にほん</rt></ruby>に<ruby>来<rt>き</rt></ruby>ましたか。

1번　정답:4

남자와 여자가 이야기하고 있습니다. 여자는 왜 일본에 왔습니까?

남: 리리 씨는 왜 일본에 유학하기로 한 거예요?

여: 저는 어렸을 때부터 일본의 애니메이션을 좋아했거든요.

남: 흠.

여: 그래서 고등학교에 들어가고 나서 일본어 공부를 시작하고.

남: 그랬군요.

여: 네, 공부를 시작하고 일본 문화를 더 알고 싶어졌어요.

남: 일본에는 재미있는 것이 많이 있어요.

여자는 왜 일본에 왔습니까?

1 일본의 애니메이션을 보고 싶어서.

2 일본의 고등학교에 가고 싶어서.

3 일본어 공부를 시작하고 싶어서.

4 일본 문화를 알고 싶어서.

2番

<ruby>男<rt>おとこ</rt></ruby>の<ruby>人<rt>ひと</rt></ruby>が<ruby>話<rt>はな</rt></ruby>しています。あした、<ruby>何時<rt>なんじ</rt></ruby>までに<ruby>学校<rt>がっこう</rt></ruby>へ<ruby>行<rt>い</rt></ruby>かなければなりませんか。

M： あしたはみんなで<ruby>美術館<rt>びじゅつかん</rt></ruby>へ<ruby>行<rt>い</rt></ruby>きます。<ruby>朝<rt>あさ</rt></ruby>、<ruby>学校<rt>がっこう</rt></ruby>に<ruby>集<rt>あつ</rt></ruby>まってから、みんなでバスに<ruby>乗<rt>の</rt></ruby>っていきます。バスの<ruby>出発<rt>しゅっぱつ</rt></ruby>は９<ruby>時<rt>じ</rt></ruby>ですが、８<ruby>時半<rt>じはん</rt></ruby>までに<ruby>教室<rt>きょうしつ</rt></ruby>に<ruby>入<rt>はい</rt></ruby>ってください。リーダーは、<ruby>全員<rt>ぜんいん</rt></ruby><ruby>来<rt>き</rt></ruby>ているか、<ruby>確認<rt>かくにん</rt></ruby>してください。８<ruby>時<rt>じ</rt></ruby>５０<ruby>分<rt>ぷん</rt></ruby>には、バスが<ruby>来<rt>く</rt></ruby>るはずです。<ruby>集合時間<rt>しゅうごうじかん</rt></ruby>に<ruby>遅<rt>おく</rt></ruby>れないでください。

あした、<ruby>何時<rt>なんじ</rt></ruby>までに<ruby>学校<rt>がっこう</rt></ruby>へ<ruby>行<rt>い</rt></ruby>かなければなりませんか。

2번　정답:2

남자가 이야기하고 있습니다. 내일, 몇 시까지 학교에 가야 합니까?

남: 내일은 다 같이 미술관에 갑니다. 아침에 학교에 모인 다음에 다 같이 버스를 타고 갑니다. 버스 출발은 9시이지만 8시 반까지 교실로 오세요. 리더는 모두 왔는지 확인해 주세요. 8시 50분에는 버스가 올 겁니다. 집합 시간에 늦지 말아 주세요.

내일 몇 시까지 학교에 가야 합니까?

1 8시

2 8시 반

3 8시 50분

4 9시

3番

<ruby>男<rt>おとこ</rt></ruby>の<ruby>人<rt>ひと</rt></ruby>と<ruby>女<rt>おんな</rt></ruby>の<ruby>人<rt>ひと</rt></ruby>が<ruby>話<rt>はな</rt></ruby>しています。<ruby>新<rt>あたら</rt></ruby>しいうちは<ruby>前<rt>まえ</rt></ruby>よりどうですか。

F： これ、<ruby>新<rt>あたら</rt></ruby>しいうちの<ruby>住所<rt>じゅうしょ</rt></ruby>。

M： あれ、<ruby>引<rt>ひ</rt></ruby>っ<ruby>越<rt>こ</rt></ruby>ししたの？そういえば、いつも<ruby>狭<rt>せま</rt></ruby>いって<ruby>言<rt>い</rt></ruby>ってたね。

F： 実は、仕事変えたんだ。

M： え、そうなの？それで新しい会社の近くに引っ越したの？

F： ううん、会社からは近くないけど、ここなら電車を乗り換えなくていいから。

M： へえ、そうなんだ。

新しいうちは前よりどうですか。

3번　정답:3

남자와 여자가 이야기하고 있습니다. 새 집은 전보다 어떻습니까?

여: 이거, 새 집 주소야.

남: 어, 이사한 거야? 그러고 보니 항상 좁다고 말했었지.

여: 실은 직장을 옮겼어.

남: 아, 그래? 그래서 새 회사 근처로 이사한 거야?

여: 아니, 회사에서는 가깝지 않지만, 여기서라면 전차를 갈아타지 않아도 되니까.

남: 아, 그렇구나.

새 집은 전보다 어떻습니까?

1 전보다 넓어졌다.
2 전보다 새로워졌다.
3 교통이 편리해졌다.
4 회사에서 가까워졌다.

4番

男の人と女の人が話しています。女の人はパンをいくつ買いますか。

M： いらっしゃいませ。ただいま、安くなっていますよ。

F： あら、おいしそうですね。ひとついくらですか。

M： いつもはひとつ２００円なんですが、そろそろ閉店なので、サービスしています。
　　むっつで１０００円ですよ。

F： じゃ、いただくわ。これ、１０００円ね。

M： ありがとうございます。

女の人はパンをいくつ買いますか。

4번　정답 : 4

남자와 여자가 이야기하고 있습니다. 여자는 빵을 몇 개 사겠습니까?

남: 어서 오세요. 지금 할인하고 있어요.

여: 어머, 맛있어 보이네요. 한 개 얼마입니까?

남: 평소에는 한 개 200엔이지만, 이제 곧 문을 닫으니까 서비스하고 있습니다. 6개에 1000엔입니다.

여: 그럼, 주세요. 자, 여기 1000엔 있어요.

남: 감사합니다.

여자는 빵을 몇 개 사겠습니까?

1　1개
2　3개
3　5개
4　6개

5番

男の人と女の人が話しています。女の人は帰る前に、何をしなければなりませんか。

M： じゃ、わたしはちょっと出かけてきますけど、コピーが終わったら先に帰っていいですよ。

F： あ、わかりました。おつかれさまです。

M： すぐ戻りますから、かぎはかけなくても大丈夫ですよ。

F： あ、そうですか。エアコンは消しておきましょうか。

M： そのままでいいです。ただ、窓はしっかり閉めといてくださいね。

F： わかりました。

女の人は家に帰る前に、何をしなければなりませんか。

5번　정답 : 3

남자와 여자가 이야기하고 있습니다. 여자는 (집에)가기 전에 무엇을 해야 합니까?

남: 그럼, 난 나갔다 올 건데 복사가 끝나면 먼저 가도 됩니다.

여: 예, 알겠습니다. 수고하셨습니다.

남: 금방 돌아올 거니까 문은 잠그지 않아도 괜찮습니다.

여: 아, 그렇습니까. 에어컨은 꺼 둘까요?

남: 그대로 놔둬도 됩니다. 단, 창문은 제대로 닫아 두세요.

여: 알겠습니다

여자는 (집에)가기 전에 무엇을 해야 합니까?

1　문을 잠근다.
2　에어컨을 끈다.
3　창문을 닫는다.
4　외출한다.

6番

おとこ　ひと　はな
男の人が話しています。男の人はどうして先生になりたいと思っていますか。

M: わたしは子どものころからスポーツが好きで、そのころは将来、プロの野球選手になるのが夢でした。いまは大学を卒業したら、中学校の英語教師になるつもりです。教師なら、学校が終わったあと、子どもたちと一緒に野球ができますからね。子どもたちに体を動かすことの楽しさを教えたいです。

おとこ　ひと　せんせい　おも
男の人はどうして先生になりたいと思っていますか。

6번　정답 : 4

남자가 이야기하고 있습니다. 남자는 왜 선생님이 되고 싶습니까?

남 : 저는 어렸을 때부터 운동을 좋아해서, 그때는 장래에 프로 야구 선수가 되는 것이 꿈이었습니다. 지금은 대학을 졸업하면 중학교 영어 교사가 될 생각입니다. 교사라면 학교가 끝난 후에 아이들과 함께 야구를 할 수 있기 때문입니다. 아이들에게 몸을 움직이는 즐거움을 가르쳐 주고 싶습니다.

313

남자는 왜 선생님이 되고 싶습니까?

1 야구선수가 되고 싶기 때문에.

2 아이를 좋아하기 때문에.

3 영어를 잘하기 때문에.

4 아이들과 야구를 하고 싶기 때문에.

7番

男の人と女の人が話しています。女の人はどうしてペットを飼いたくないのですか。

M： ねえ、うちも犬を飼おうよ。

F： 犬は嫌いじゃないけど ……

M： ぼくが毎日世話をするから。

F： ペットがいると、旅行に行く時、困るでしょう？

M： その時は、ペットショップに預かってもらうよ。

F： でも、それじゃ、かわいそうじゃない。

M： だいじょうぶだよ。散歩もぼくが連れて行くから。ね、いいでしょう？

女の人はどうしてペットを飼いたくないのですか。

7번　정답：2

남자와 여자가 이야기하고 있습니다. 여자는 왜 애완동물을 기르고 싶지 않은 것입니까?

남: 저기 말이야, 우리도 개를 기르자.

여: 개는 싫어하지 않지만….

남: 내가 매일 돌볼 테니까.

여: 애완동물이 있으면 여행을 갈 때, 곤란하잖아?

남: 그때는 애완동물 숍에 맡기면 돼.

여: 하지만, 그러면 불쌍하잖아.

남: 괜찮아. 산책도 내가 데리고 갈 테니까. 괜찮지?

여자는 왜 애완동물을 기르고 싶지 않은 것입니까?

1 개를 별로 좋아하지 않기 때문에

2 여행을 갈 때 곤란하기 때문에

3 매일 개를 돌봐야 하기 때문에

4 매일 개를 산책시켜야하기 때문에

問題 3

もんだい３では、えを見^みながらしつもんを聞^きいてください。→（やじるし）の人^{ひと}は何^{なん}と言^いいますか。１から３の中^{なか}から、いちばんいいものを一^{ひと}つえらんでください。

문제 3 에서는 그림을 보면서 질문을 들으세요. → (화살표)가 가리키는 사람은 뭐라고 말하겠습니까? 1부터 3 중에서 가장 적당한 것을 하나 고르세요.

例^{れい}：
お土産^{みやげ}を買^かいました。会社^{かいしゃ}の人^{ひと}にあげます。何^{なん}と言^いいますか。

M： 1 お土産^{みやげ}をあげますよ。

2 お土産^{みやげ}をいただきました。

3 これ、お土産^{みやげ}です。どうぞ。

정답: 3

선물을 샀습니다. 회사 동료에게 줍니다. 뭐라고 말하겠습니까?

남: 1 선물을 줄게요.

2 선물을 받았습니다.

3 이거, 선물입니다. 자(가지세요).

答^{こた}えは３ですから、解答欄^{かいとうらん}に３と書^かいてください。

정답은 3번이므로 정답란에 3이라고 써 주세요.

1番

レストランで、コーヒーを注文します。何といいますか。

F : 1　あの、コーヒー、注文してください。

　　 2　すみません、コーヒーを召し上がります。

　　 3　あの、コーヒー、お願いします。

1번　정답:3

레스토랑에서 커피를 주문합니다. 뭐라고 말하겠습니까?

여:　1　저, 커피 주문해 주세요.

　　 2　저기요, 커피를 드시겠습니다.

　　 3　저, 커피 부탁합니다.

　　　 해설　2는 존경어이므로 자신에게는 쓸 수 없다.

2番

友だちと二人で映画に行きたいです。何といいますか。

F : 1　ねえ、土よう日、映画に行かないんですか。

　　 2　あの、土よう日、映画に行きませんか。

　　 3　あの、土よう日、一緒に映画を見てみましょう。

2번　정답:2

친구와 둘이서 영화 보러 가고 싶습니다. 뭐라고 말하겠습니까?

여:　1　저기 말이야, 토요일, 영화 보러 가지 않는 거야?

　　 2　저, 토요일 영화 보러 가지 않을래?

　　 3　저, 토요일, 같이 영화를 봐 보자.

3番

友だちの本を借りたいです。何といいますか。

F : 1　あの、その本、読んだら貸してもらえない？

　　 2　あの、その本、読んだら借りてくれない？

　　 3　ねえ、その本、読んだら貸してあげるね。

3번 정답:1

친구의 책을 빌리고 싶습니다. 뭐라고 말하겠습니까?

여: 1   저, 그 책 다 읽으면 빌려줄 수 없을까?

2   저, 그 책 다 읽으면 (남이 남에게) 빌려주지 않을래?

3   저기 말이야, 그 책 다 읽으면 빌려줄게.

4番

せんせい　　　しつもん　　　　　　　　　　　なん
先生に質問があります。何といいますか。

M: 1   せんせい
     先生、ちょっと教えたいんですが。
     おし

2   せんせい
     先生、ちょっと教えてくださいませんか。
     おし

3   せんせい
     先生、ちょっと習いたいんですが。
     なら

4번 정답:2

선생님께 질문이 있습니다. 뭐라고 말하겠습니까?

남: 1   선생님, 좀 가르쳐 주고 싶습니다만.

2   선생님, 좀 가르쳐 주시지 않겠습니까?

3   선생님, 좀 배우고 싶습니다만.

5番

えき　い　　　　　みち　き　　　　　なん
駅に行きたいです。道を聞きます。何といいますか。

F: 1   えき　　い
     すみません、駅まで行ってください。

2   えき
     すみません、駅は、どうしますか。

3   えき　い
     すみません、駅に行きたいんですけど。

5번 정답:3

역에 가고 싶습니다. 길을 묻습니다. 뭐라고 말하겠습니까?

여: 1   실례합니다, 역까지 가 주세요.

2   실례합니다, 역은 어떻게 합니까?

3   실례합니다, 역에 가고 싶습니다만.

제
2
회

問題 4

もんだい４では、えなどがありません。まずぶんを聞^きいてください。それから、そのへんじを聞いて、１から３の中^{なか}から、いちばんいいものを一^{ひと}つえらんでください。

문제 4에서는 그림 같은 것이 없습니다. 우선 문장을 들으세요. 그러고 나서 그 대답을 듣고 1부터 3 중에서 가장 적당한 것을 하나 고르세요.

例^{れい}:

F： スーパーへ買^かい物^{もの}に行^いきますけど、何^{なに}か買^かってきましょうか。

M： 1 高^{たか}いですよ。

2 忙^{いそ}しそうです。

3 あ、缶^{かん}コーヒー、お願^{ねが}い。

정답 : 3

여: 슈퍼에 쇼핑하러 가는데 뭔가 사 올까요?

남: 1 비싸요.

2 바쁜 것 같습니다.

3 아, 캔 커피 부탁해.

答^{こた}えは３ですから、解答欄^{かいとうらん}に３と書^かいてください。

정답은 3번이므로 정답란에 3이라고 써 주세요.

1番

M： コーヒー、もう一杯^{いっぱい}いかがですか。

F： 1 いいえ、もうけっこうです。

2 いいえ、もう少^{すこ}しです。

3 はい、いかがです。

1번　정답:1

남: 커피, 한 잔 더 어떠세요?

여: 1 아니오, 이제 됐습니다.

2 　아니오, 조금 더요.

3 　예, 어떻습니다.

2番

F : 駅前の新しいレストラン、とてもおいしそうですよ。

M : 1 　ええ、新しいんですか。

2 　いいえ、そうじゃありません。

3 　へえ、そうなんですか。

2번　정답:3

여: 역 앞에 있는 새로 생긴 레스토랑, 아주 맛있을 것 같아요.

남: 1 　네, 새로운 것입니까?

2 　아니오, 그렇지 않습니다.

3 　아, 그래요.

3番

F : よかったら、鈴木さんも一緒に行きませんか。

M : 1 　はい、よかったです。

2 　はい、ぜひ。

3 　いいえ、よくないです。

3번　정답:2

여: 괜찮다면 스즈키 씨도 같이 가지 않겠습니까?

남: 1 　예, 좋았습니다.

2 　예. 꼭(같이 가고 싶습니다).

3 　아니오, 좋지 않습니다.

　　해설　1은 과거형이므로 시제가 맞지 않다.

4番

M: この本、とてもおもしろかったよ。読んでみる？

F: 1 はい、借りてください。

  2 貸してもいいんですか。

  3 はい、読んでみたいです。

4번　정답:3

남: 이 책, 아주 재미있었어. 읽어 볼래?

여: 1 예, 빌리세요.

  2 빌려줘도 되는 거예요?

  3 예. 읽어 보고 싶습니다.

5番

F: 昨日、先輩にうちまで車で送ってもらいました。

M: 1 そう、送られましたか。

  2 それはよかったですね。

  3 車をもらったんですか。

5번　정답:2

여: 어제 선배가 집까지 바래주었습니다.

남: 1 그래, (원하지 않았는데도 억지로)바래주었어요?

  2 그거 잘 됐네요.

  3 차를 얻은 거예요?

6番

F: どこかでさいふを落としてしまったんです。

M: 1 すぐ見つかりますね。

  2 じゃ、いっしょに見つかりますね。

  3 いっしょに探しましょう。

6번 정답:3

여: 어딘가에서 지갑을 잃어버렸습니다.

남: 1 바로 찾겠군요.

2 그럼, 같이 찾겠군요.

3 같이 찾읍시다.

7番

M: この手紙、まちがいがないかどうか、見ていただけませんか。

F： 1 はい、見てください。

2 いいえ、ありませんね。

3 ええ、いいですよ。

7번 정답:3

남: 이 편지, 틀린 곳이 없는지 봐 주시지 않겠습니까?

여: 1 예, 보세요.

2 아니오, 없네요.

3 네, 좋아요(봐 드릴게요).

8番

M: 遅れないように、早めに家を出てください。

F： 1 はい、ありがとうございます。

2 はい、気をつけます。

3 はい、遅れてすみません。

8번 정답:2

남: 늦지 않도록 일찌감치 집을 나가세요.

여: 1 예, 감사합니다.

2 예, 조심하겠습니다.

3 예, 늦어서 죄송합니다.

해설 ～ないように ～하지 않도록, ～하지 말도록

N4

JLPT
실전 모의고사

제 3 회

언어지식(문자 • 어휘)
•
언어지식(문법) • 독해
•
청해

언어지식
(문자 · 어휘)

문제 1
1	(3)
2	(3)
3	(2)
4	(1)
5	(3)
6	(4)
7	(4)
8	(1)
9	(3)

문제 2
10	(4)
11	(1)
12	(3)
13	(3)
14	(2)
15	(2)

문제 3
16	(4)
17	(1)
18	(3)
19	(1)
20	(4)
21	(4)
22	(2)
23	(3)
24	(1)

문제 4
25	(4)
26	(3)
27	(3)
28	(4)
29	(4)

문제 5
30	(1)
31	(1)
32	(4)
33	(1)
34	(2)

언어지식
(문법) · 독해

문제 1
1	(1)
2	(4)
3	(1)
4	(3)
5	(1)
6	(3)
7	(1)
8	(3)
9	(1)
10	(4)
11	(1)
12	(4)
13	(3)
14	(2)
15	(2)

문제 2
16	(1)
17	(4)
18	(4)
19	(3)
20	(1)

문제 3
21	(1)
22	(2)
23	(1)
24	(4)
25	(3)

문제 4
26	(3)
27	(3)
28	(3)
29	(4)

문제 5
30	(3)
31	(1)
32	(4)
33	(3)

문제 6
34	(4)
35	(1)

청해

문제 1
1	(4)
2	(4)
3	(2)
4	(1)
5	(2)
6	(2)
7	(3)
8	(3)

문제 2
1	(4)
2	(3)
3	(2)
4	(3)
5	(3)
6	(3)
7	(4)

문제 3
1	(2)
2	(1)
3	(2)
4	(2)
5	(1)

문제 4
1	(1)
2	(1)
3	(3)
4	(2)
5	(1)
6	(1)
7	(2)
8	(3)

문제 1 밑줄 친 말은 히라가나로 어떻게 씁니까? 1, 2, 3, 4 중에서 가장 적당함 것을 하나 고르세요.

例 : 정답:3

도둑에게 지갑을 도둑맞은 것 같습니다.

---

1 정답:3

저 사람은 안경을 끼고 있습니다.

해설 老眼 노안

2 정답:3

선생님의 아드님은 대학에 합격했습니다.

3 정답:2

시험 치르기 전에 복습해 둡니다.

해설 予習 예습 | 동사 기본형(명사+の) + 前に ~(하)기 전에 | ~て おく ~해 두다

4 정답:1

고장의 원인은 알았습니까?

5 정답:3

친구 결혼식에 참가했습니다.

6 정답:4

책 이름을 입력하면 원하는 책을 찾을 수 있습니다.

해설 調べられる는 調べる의 가능형이므로 타동사인 調べる는 목적어로 を를 쓰지만 가능동사가 된 調べられる는 자동사이므로 が를 쓴다.

7 정답:4

이노우에 씨의 유화는 입상했습니다.

해설 油絵 유화

8 정답:1

남풀라(태국 조미료의 일종)는 저 선반에 진열되어 있습니다.

9 정답:3

협력(해 주셔서) 감사합니다.

해설　協力(きょうりょく)의 존경어는 ご協力(きょうりょく)이다.

상대방에 대해 존경의 의미로 쓸 때는 대체적으로 한자어 앞에서는 ご를 붙인다.

ご住所(じゅうしょ) 상대방의 주소 | ご両親(りょうしん) 상대방의 부모님 | ご意見(いけん) 상대방의 의견

문제 2　밑줄 친 말은 어떻게 씁니까? 1, 2, 3, 4 중에서 가장 적당한 것을 하나 고르세요.

例(れい) : 정답:3

기모노를 입을 <u>기회</u>는 적어졌습니다.

[10]　정답:4

그는 항상 <u>날씬</u>합니다.

해설　痩(や)せる 여위다, 살이 빠지다 | 痩(や)せている 날씬하다↔太(ふと)っている 뚱뚱하다

[11]　정답:1

분실물을 <u>파출소</u>에 가지고 갑시다.

해설　交番(こうばん) 파출소

[12]　정답:3

<u>구청</u>에 갈 용무가 있습니다.

해설　区役所(くやくしょ) 구청 | 市役所(しやくしょ) 시청 | 県庁(けんちょう) 현청

[13]　정답:3

카레 <u>냄새</u>가 나네요.

해설　匂(にお)い 냄새 | 臭(くさ)い 좋지 않은 냄새, 악취 | 香(かお)り 좋은 냄새

향이 좋은 냄새는 臭(くさ)い를 사용하지 않으며, 좋지 않은 냄새에는 香(かお)り를 사용하지 않는다.

[14]　정답:2

김 씨는 언제 출발할 <u>예정</u>입니까?

[15]　정답:2

면접 때, 매우 <u>긴장</u>했습니다.

해설　緊急(きんきゅう) 긴급 | 出張(しゅっちょう) 출장

문제 3　(　　)에 무엇을 넣습니까? 1, 2, 3, 4 중에서 가장 적당한 것을 하나 고르세요.

例 : 정답 : 4

창문이 더러우니까 (닦아)주세요.

16　정답 : 4

잘못 전화를 (건) 경우에 뭐라고 사과합니까?

　解説　かかる 걸리는 | かける 거는 | かかった 걸린 | かけた 건

17　정답 : 1

단어의 (의미)는 어떻게 조사합니까?

　解説　意味 의미 | 味 맛 | 意思 의사

18　정답 : 3

금년에는 술의 (수출)이 늘어날 것 같습니다.

　解説　輸出 수출 | 輸入 수입 | '輸'의 발음에 주의한다.

19　정답 : 1

이 마을의 인구가 (반)으로 줄었습니다.

　解説　半分 반 | 大分 상당히, 제법 | 半々 반반 | 二倍 2배

20　정답 : 4

야채는 (잘게) 썰어서 유부와 섞습니다.

　解説　うるさく 시끄럽게 | 怖く 무섭게 | 狭く 좁게 | 細かく 잘게

21　정답 : 4

건강을 위해 식사에 주의를 (합)시다.

　解説　気をつける 조심하다, 주의하다, 정신 차리다

22　정답 : 2

커트는 어떤(식)으로 하시겠습니까?

　解説　どういう風に 어떻게, 어떤 식으로 | 風 방법, 상태, ~식

23　정답 : 3

검정 시험은 생각했던 것(보다) 어렵지 않았습니다.

　解説　より 대신에 ほど도 가능. | ~たより ~했던 것보다 | ~たまま ~한 채

24 정답 : 1

편의점에서는 복사한 (영수증)을 받을 수 있습니까?

문제 4 밑줄 친 문장과 비슷한 문장이 있습니다. 1, 2, 3, 4 중에서 가장 적당한 것을 하나 고르세요.

例 : 정답 : 1

여기서 한국어를 배울 수 있습니다.

1 여기서 한국어를 가르치고 있습니다.

25 정답 : 4

가위는 서랍에 들어 있습니다.

4 가위는 책상 안에 넣어져 있습니다.

> **해설** 終う 마치다, 수납하다 | 入れる 넣다

26 정답 : 3

떠들썩한 소리가 나네요.

3 떠들썩한 소리가 들리네요.

> **해설** 声がする 목소리가 나다, 소리가 들리다 | 声が聞こえる 목소리가 들리다

27 정답 : 3

절을 참관하려면 티켓이 필요합니다.

3 절에 들어간다면 표를 살 필요가 있습니다.

> **해설** 拝観 신사, 불각(佛閣)이나 그 안의 보물 등을 참관함

28 정답 : 4

다음 주는 추워진답니다.

4 다음 주는 추워진다고 들었습니다.

> **해설**

ます형 + そうだ	<양태>	~일 것 같다 ~해 보인다
보통체(반말) 종지형 + そうだ	<전문>	~라고 한다 ~란(단)다

29 정답 : 4

그녀는 매우 상냥합니다.

4 그녀는 성격이 좋습니다.

해설 働^{はたら}き者^{もの} 부지런한 사람

문제 5 　　다음 말의 사용법으로 가장 적당한 것을 1, 2, 3, 4 중에서 하나 고르세요.

例^{れい} : 정답 : 4　지내다

4 주말에는 가족과 지냅니다.

30 정답 : 1　(춤)추다

1 그녀는 70살이 되어도 탱고를 추고 있습니다.

해설 2는 座^{すわ}る(앉다), 3은 沸^わく(끓다), 4는 弾^{はず}む(활기를 띠다)로 고쳐야 한다.

31 정답 : 1　생기다

1 역 앞에 멋진 슈퍼가 생겼습니다.

해설 동사 できる는 する의 가능형 '할 수 있다' 외에도 '생기다', '완성되다', '잘하다' 등의 뜻
이 있다. 4번은 に를 で로 바꿔야 한다.

32 정답 : 4　수다떨다

4 일할 때 수다를 떨지 마라.

해설 1은 おっしゃった(말씀하신) 2는 使^{つか}い方^{かた}(사용법) 3은 おはなし로 고쳐야 한다.

33 정답 : 1　떨어지다

1 빨리 마시지 않으면 선도가 떨어진다.

해설 2는 조사 を를 に로 고쳐야 하고, 4는 おちった를 おちた로 고쳐야 한다.

34 정답 : 2　상담

2 선배는 늘 상담에 응해 줍니다.

해설 3은 相談^{そうだん}을 사용한다면 きめます를 解決^{かいけつ}します로 바꿔야 자연스럽다. 4는 相談^{そうだん} 대
신에 '指導^{しどう}'나 '레ッスン' 등으로 고쳐야 한다.

문제 1 (   )에 무엇을 넣습니까? 1, 2, 3, 4 중에서 가장 적당한 것을 하나 고르세요.

例 : 정답:3

길 (을) 건널 때는 충분히 주의해 주세요.

---

1 정답:1

하나코는 밖에 나가지 않(고) 쭉 교실에 있습니다.

> **해설** 〜ないで 〜지 않고, 〜지 말고

2 정답:4

크리스마스 (전까지) 그녀에게 프러포즈하겠습니다.

> **해설**

〜まで	전체 기간을 포함 계속 ~까지	ここで3時から7時まで待っていてください。	여기서 3시부터 7시까지 (계속) 기다리고 있어 주세요.
〜までに	기한을 정하고 최종기한 내의 어느 한 시점 ~전까지	7時までに本を返してください。	7시 전까지 책을 돌려 주세요.

3 정답:1

이 교실을 깨끗(하게) 청소해 주세요.

> **해설** きれいだ(깨끗하다)의 동사수식형은 きれいに(깨끗이, 깨끗하게), 명사수식형은 きれいな(깨끗한)이다.

4 정답:3

문을 열(었다) 닫(았다) 하지 말아 주세요.

> **해설** 〜たり〜たり する 〜하거나 〜하거나 하다

5 정답:1

음악을 들(으면서) 편지를 쓰고 있습니다.

> **해설** 동사의 ます형 + 〜ながら : <동시동작>〜하면서

6 정답:3

초등학교 선생님은 학생에게 글을 (쓰게 한다).

> **해설** 書く의 사역형은 書かせる 쓰게 하다

7 정답:1

A : 눈을 보는 (것은) 태어나서 처음입니다.

B : 멋지죠?

8 정답:3

저는 토호쿠 대학에 (들어가려)고 생각하고 있습니다.

해설

의지형 + と思^{おも}う ~하려고 하다	
의지형 만드는 방법	
5단 동사(1그룹 동사)	어미를 お단으로 바꾼 후 + う: のむ → のもう
상1, 하1단 동사(2그룹 동사)	어미 る를 없앤 후 + よう: たべる → たべよう
불규칙 동사(3그룹 동사)	する → しよう / くる → こよう

9 정답:1

저는 그 책을 (사지 않을) 생각입니다.

해설 동사 기본형 또는 ない형 + つもり : ~할(하지 않을) 생각

10 정답:4

당신은 자기 전(에) 이를 닦습니까?

해설 동사 기본형 + まえに : ~(하)기 전에

11 정답:1

마츠시타 씨의 집은 새롭고, 크고, 깨끗합니다.

해설 い형용사의 중지법은 형용사 어미 い를 く로 바꾸고 て에 접속.

(예) あたらしい → あたらしくて

12 정답:4

책상 위에 사진이 (놓여 있습니다).

해설 타동사 +てある : <인위적 상태> ~하여(져) 있다.

(예) 置^おいてある 놓여 있다

13 정답:3

A : 일본어 공부 잘 되어 가고 있어?

B : 응, 간단한 회화를 할 수 있게 되었어.

해설 ええ는 はい보다 좀 더 부드러운 표현이다. はい가 출석, 명령 등에 대한 딱딱한 대답
이라면, ええ는 일상 대화에서 편하게 대답하는 정도의 차이가 있다.

동사 기본형 +ようになる : <변화> ~하게 되다

14 정답 : 2

그 강에 긴 다리가 놓여 있습니다.

해설 자동사 + ている : <단순 상태> ~어 있다.

15 정답 : 2

비가 (그쳤습니다).

해설 中止 중지 | 止む 비나 바람, 눈 등이 그치다 | 止まっている 서 있다, 멈춰 있다 | 止め
る 세우다

문제 2　★에 들어갈 것은 어느 것입니까? 1, 2, 3, 4 중에서 가장 적당한 것을 하나 고르세요.

例 : 정답 : 1

원문 わからないときは うけつけのひとに きけば おしえて もらえる はず です。
　　　　　　　　　　　　　　　　　　　　　　　　　　★

모를 때는 접수처에 있는 안내하는 분에게 물으면 가르쳐 받을 수 있을 것입니다.

올바른 순서는 3214입니다. ★의 자리에 들어갈 내용은 1이므로 정답은 1입니다.

16 정답 : 1 (4213)

원문 指 を 切って しまった んです。
　　　　　　★

A : 왜 그러세요?
B : 손가락 을 베어 버렸기 때문입니다.

17 정답 : 4 (3241)

원문 黒板の 字 を 見なさい。
　　　　　　★

A : 선생님, 이 글자는 어떻게 씁니까?
B : 칠판의 글자 를 보거라.

18 정답:4 (2143)

원문 あしたの朝は早く起きよう。
　　　　　　　　　★

내일 아침 에는 일찍 일어나야 겠다.

19 정답:3 (4231)

원문 5時になると子どもが学校から帰ってきます。
　　　　　　　★

5시가 되 면 아이가 학교에서 돌아옵니다.

20 정답:1 (3412)

원문 電気を消したので暗くなりました。
　　　　　　★

(전기)불을 껐기 때문에 어두워 졌습니다.

문제 3　21~25 에 무엇을 넣습니까? 문장의 의미를 생각해서 1, 2, 3, 4 중에서 가장 적당한 것을 하나 고르세요.

　　대학을 졸업하고 처음으로 피아노를 배우기 시작했습니다. 처음에는 (**21** : 좀처럼) 잘 칠 수 없었습니다만, (**22** : 연습하면 할수록) 능숙해졌습니다. 그래서 포상으로 새 피아노를 구입했습니다.

　　최근에는 좋아하는 곡도 칠 수 있고, 피아노의 즐거(**23** : 움)도 조금 알게 되었습니다.

　　어머니날에 어머니가 가장 좋아하는 베토벤의 <엘리제를 위하여> (**24** : 라는) 곡을 쳐 주려고 생각하고 있습니다. 틀림없이 기뻐해 줄 겁니다. 장래에 내 아이에게도 배우게 하고 싶습니다.

　　여러분, 피아노를(**25** : 배운 적이 있습니까)? 피아노를 쳐 주고 싶은 사람은 있습니까?

(주1) 포상: 칭찬해서 주는 금전이나 물건

21 정답:1

해설 ぎりぎり 아슬아슬 | ときどき 때때로 | そろそろ 슬슬

22 정답:2

해설 ~ば~ほど ~하면 ~할수록

23 정답:1

해설 楽しさ 즐거움
^{たの}

24 정답:4

해설 ～という ～라는, ～라고 하는

25 정답:3

해설 ～た ことがありますか。: <과거의 경험> ～한 적이 있습니까?

동사 기본형 + ことがありますか。: (가끔 발생하는 일) ～할 때(경우)가 있습니까?

문제 4　다음의 (1)에서 (4)의 문장을 읽고 질문에 답하세요. 답은 1, 2, 3, 4 중에서 가장 적당한 것을 하나 고르세요.

(1)

　　일본의 밤은 그다지 북적거리지 않습니다. 백화점도 가게도 8시 정도까지이기 때문입니다. 하지만 음식 가게는 아직 있습니다. 게다가 일본 사람은 그다지 밖에서 야식을 먹지 않습니다. 그러므로 밤에는 매우 조용합니다. 그러나 한국에서는 밤은 아주 재미있습니다. 백화점이나 보통 가게는 10시까지입니다. 포장마차나 가게에서 야식을 먹는 사람이 많이 있어서 밤늦게까지 북**적거립니다.**

26 정답:3

일본의 밤에 대해서 올바른 것은 어느 것입니까?

1　낮과 마찬가지로 매우 북적거립니다.

2　백화점은 10시까지 영업합니다.

3　밖에 다니는 사람이 적어서 조용합니다.

4　한국의 야식을 팔고 있습니다.

(2)

관계자 여러분께:

긴다이 대학 인터내셔널 센터

2018년도(평성30년) 긴다이 대학 외국인 유학생 입학 시험

모집용 포스터 등의 송부에 대해서

배계

(중략)

평성 30년도 외국인 유학생 입학시험 모집용 포스터 등이 완성되었으므로 송부해 드리겠습니다.

입시에 대한 문의는 아래로 부탁드립니다.

경구

아래

1. 송부물   긴다이 대학 외국인 유학생 입학 시험 포스터(전기)

2. 출원에 대해   입시 요강, 원서는 WEB에서 다운로드 받으세요.

3. 문의처   긴다이 대학 인터내셔널 센터

　　　　　　　　　　〒 577-××××오사카부××××

　　　　　　　　　　Tel : 06 - ×××× - ××××

　　　　　　　　　　E-mail : ××××@××××

(주1) 募集 : 사람을 모으는 것

(주2) 送付 : 서류 등을 보내서 도착하게 하는 것

(주3) 出願 : 원서를 제출하는 것

27 정답:3

　　보내온 봉투에 무엇이 들어 있습니까?

　　1　입시요강과 원서

　　2　입시요강과 포스터

　　3　모집용 포스터

　　4　모집용 포스터와 원서

(3)

문에 이 메모가 붙어 있습니다.

노모토 씨께

5월 10일 오전 11시

지난번에는 보증인 건으로 대단히 신세를 졌습니다. 덕분에 입학할 수 있었습니다. 정말 감사했습니다. 근처까지 왔기에 들렀습니다. 대만의 파인애플 케이크입니다. 맛있게 드세요. 또 전화 드리겠습니다.

사이

---

28 정답:3

노모토 씨가 돌아오면 무엇이 보이겠습니까?

1 놓여 있는 메모만
2 놓여 있는 메모와 사이 씨의 전화번호
3 파인애플 케이크와 놓여 있는 메모
4 사이 씨의 전화번호와 파인애플 케이크

(4)

일본에서는 상황과 상대가 바뀌면 말도 바뀝니다. 대화를 들으면 화자와 청자의 관계를 알 수 있는 경우가 있습니다. 친한 친구에게는 경어를 사용할 필요는 없습니다. 처음에는 경어를 사용했던 사람들이 친해지면 말투도 친해져 갑니다.

29 정답:4

친한 친구에게 사용하지 않는 말투는 어느 것입니까?

1 완전히 잊어버렸다.
2 튀김 먹은 적 있어?
3 치즈 케이크 먹을래?
4 파티에 가시겠습니까?

문제 5 다음 문장을 읽고 질문에 답해 주세요. 답은 1, 2, 3, 4 중에서 가장 적당한 것을 하나 고르세요.

옛날의 일본에서는 남자는 밖에서 일하고, 여자는 집에서 집안 일만 하는 것이 보통이었습니다. 이 사고방식은 일본 사회에 강하게 남아 있었습니다. 그 때문에 외국에 비해 여성의 사회 진출이 크게 늦었습니다.

그러나 ①그 사고방식이 점점 바뀌기 시작했습니다. 지금은 밖에서 일하는 여성이 많이 있습니다. 여성 의사도 있고, 여성 기자도 있습니다. 다양한 분야에서 일본의 여성들이 활약하고 있습니다.

전에는 결혼하면 회사를 그만두는 여성이 많았습니다. 육아나 빨래 등, 집안②일만 해도 많이 있습니다. 일과 가사를 양립시키는 것은 매우 힘듭니다.

요즘은 회사가 육아 휴가를 인정하기도 해서, 여성이 일하기 쉬운 환경이 되어 있습니다. 사회에 진출하는 여성은 더욱더 늘어가겠지요.

(주1) 大勢(おおぜい) : 많은 사람

(주2) 両立(りょうりつ) : 양쪽이 동시에 성립되는 것

(주3) 認(みと)める : 승인하다

(주4) ますます : 전보다도 한층 더

30 정답:3

①그 사고방식이라고 되어 있는데 어떤 사고방식입니까?

1 여성이 결혼하면 다니는 회사를 그만두어야 합니다.
2 육아휴가를 인정하고 일하기 쉬운 환경을 만들어야 합니다.
3 남성은 밖에서 일하고, 여성은 집에서 집안일만 하면 됩니다.
4 업무와 집안일을 양립시키는 것은 힘든 일입니다.

31 정답:1

②일에 대해서 올바른 것은 어느 것입니까?

1 가정에서 하는 일로 결국 가사입니다.
2 집에서 일하는 것으로 가사가 아닙니다.
3 회사에서 하는 일로 가사가 아닙니다.
4 밖에서 일하는 것으로 가사가 아닙니다.

32 정답:4

이 문장에 의하면 왜 사회에 진출하는 여성은 증가해 왔습니까?

1 소자화(어린이 인구비율이 저하되는 일)가 더욱 진행되고 있기 때문에
2 집안일이 상당히 편해졌기 때문에

3   다양한 분야에서 활약하는 여성이 많이 있기 때문에

4   여성이 일하기 편한 환경이 되어 있기 때문에

33   정답:3

이 문장을 쓴 사람은 여성의 사회 진출에 찬성합니까?

1   찬성합니다.

2   별로 찬성하지 않습니다.

3   아무 말도 하지 않았습니다.

4   활약하면 좋을 것이라고 생각합니다.

문제 6   오른쪽 페이지의 〈히로사키 공원의 벚꽃〉의 공지를 보고, 아래의 질문에 답해 주세요. 답은 1, 2, 3, 4 중에서 가장 적당한 것을 하나 고르세요.

히로사키 공원의 벚꽃

소메이요시노 개화 예상일 4/19(목) 만개 예상일 4/22(일)

야에베니시다레 개화 예상일 4/22(일) 만개 예상일 4/27(금)

고성의 하얀 벽과 노송의 녹색에 잘 어울리는 핑크색 꽃

1611년 축성. 망루, 성문 등 축성했을 때의 형태가 그대로 남아 있고 천수, 망루, 성문은 중요문화재로 지정되어 있다. 공원 내에는 소메이요시노를 중심으로 시다레자쿠라 등 52종, 약 2600그루의 벚꽃이 흐드러지게 핀다. 라이트 업 된 밤 벚꽃도 환상적이다. 아오모리 현 내에서 1위인 인기 높은 벚꽃놀이 장소입니다.

벚꽃 놀이 적기, 벚나무 수

예년의 적기 4월 하순~5월 상순

벚나무 수 약 2600그루(소메이요시노, 시다레자쿠라 외 전 52종)

라이트 업은 일몰~22:00(히로사키 벚꽃 축제 기간 중)

예년의 인파 약 200만 명

히로사키 공원의 이벤트 정보

2018년 4월 21일~5월 6일 히로사키 벚꽃 축제(노점 다수 출점, 야간특별 조명, 천수(각) 입장 4월 23일~5월 5일 7:00~21:00)

교통편

공공교통기관으로 JR오쿠바 본선 히로사키 역에서 코우난 버스시청 방면 행으로 15분, 시청 앞 공원입구에서 하차하면 바로.

승용차로 오시는 분: 주차장은 없음.

자세한 문의는 히로사키시 공원 녹지과 0172-33-8739 또는 히로사키 공원 홈페이지에서 확인해 주세요. http://www.hirosakipark.jp/

(주1) 映える : 빛을 받아 휘황찬란하게 빛나다

(주2) 櫓 : 성문이나 성벽 위에 만든 1단 높은 건물

(주3) 咲き乱れる : 흐드러지게 피다

(주4) 見頃 : 보기에 가장 적당한 시기

(주5) ライトアップ (light up) : 역사적 건조물이나 식물, 정원, 다리 등에 조명을 비춰 밤 경관을 아름답게 연출하는 일

(주6) 露店 : 노점, 포장마차

---

34 정답:4

4월 27일에 히로사키 공원을 방문한다면 무엇을 볼 수 없습니까?

1 흐드러지게 핀 2600그루의 벚꽃
2 라이트 업
3 히로사키 벚꽃 축제
4 만개한 소메이요시노

35 정답:1

낮에 히로사키 공원의 그림을 그립니다. 어떤 그림이 되겠습니까?

1 야키소바와 같은 노점의 음식 그림
2 라이트 업 된 야에베니시다레 그림
3 흰 성벽과 오래되고 푸른 소나무와 만개한 벚꽃 그림
4 라이트 업 된 아름답고 환상적인 벚꽃 그림

問題 1

もんだい１では、まずしつもんを聞いてください。それから話を聞いて、もんだいようしの１から４の中から、いちばんいいものを一つえらんでください。

문제 1에서는 우선 질문을 들으세요. 그리고 이야기를 듣고, 문제 용지의 1부터 4 중에서 가장 적당한 것을 하나 고르세요.

例：

男の人が女の人に電話をしています。男の人は、何を買って帰りますか。

M： これから帰るけど、何か買って帰ろうか。

F： ありがとう。えっと、醤油を２本。それから。

M： ちょっと待って、醤油は２本も？

F： えっと、１本でいい。それからレモンを２つ。

M： あれ、レモンはまだ１つあったよね。

F： 午後のティータイムに使い切ったの。

M： 分かった。じゃ、２つ買って帰るね。

男の人は、何を買って帰りますか。

1 しょうゆ１本だけ

2 しょうゆ１本とレモン１つ

3 しょうゆ２本とレモン２つ

4 しょうゆ１本とレモン２つ

정답：4

남자가 여자에게 전화를 하고 있습니다. 남자는 무엇을 사 가겠습니까?

남: 지금 집에 가는데 뭔가 사 갈까?

여: 고마워. 음, 간장 2병. 그리고,

남: 잠깐 기다려. 간장은 2병이나?

여: 음. 1개면 돼. 그리고 레몬 2개.

남: 어, 레몬은 아직 1개 있었지.

여: 오후 티타임 때 다 사용했어.

남: 알았어. 그럼, 2개 사 갈게.

남자는 무엇을 사 가겠습니까?

1 간장 1병만

2 간장 1병과 레몬 1개

3 간장 2병과 레몬 2개

4 간장 1병과 레몬 2개

答えは 4 ですから、答えはこのように書きます。

정답은 4번이므로, 이와 같이 적습니다.

1番

男の人と女の人が話しています。男の人はどうして本を送りますか。

F : 大きい荷物ですね。何が入ってますか。

M : 全部読んだ本ですよ。邪魔だから、実家に送りたくて箱に入れたんです。

F : 読んだ本はリサイクルできるし、人にあげることもできるし、送料を支払って実家まで送る必要はないんじゃありませんか。

M : 妹が勉強熱心で読みたいって言ったもんですから。

F : そういうことですか。じゃあ、私が読んだ本も妹さんにあげましょう。

男の人はどうして本を送りますか

1번   정답:4

남자와 여자가 이야기하고 있습니다. 남자는 왜 책을 보냅니까?

여: 큰 짐이군요. 무엇이 들어 있습니까?

남: 전부 읽은 책입니다. 거추장스러워서 본가로 보내고 싶어 상자에 넣었습니다.

여: 읽은 책은 재활용할 수도 있고, 다른 사람에게 줄 수도 있고, 운송료를 지불하며 본가까지 보낼 필요는 없지 않습니까?

남: 여동생이 공부를 열심히 하는 애인데 읽고 싶다고 해서요.

여: 그래서 그런 거군요. 그럼, 제가 읽은 책도 여동생에게 주겠습니다.

남자는 왜 책을 보냅니까?

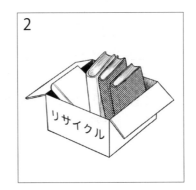

제
3
회

2番
<ruby>ばん<rt></rt></ruby>

<ruby>男<rt>おとこ</rt></ruby>の<ruby>人<rt>ひと</rt></ruby>が<ruby>女<rt>おんな</rt></ruby>の<ruby>人<rt>ひと</rt></ruby>に<ruby>電話<rt>でんわ</rt></ruby>をしています。<ruby>男<rt>おとこ</rt></ruby>の<ruby>人<rt>ひと</rt></ruby>は、<ruby>何<rt>なに</rt></ruby>か<ruby>買<rt>か</rt></ruby>って<ruby>帰<rt>かえ</rt></ruby>りますか。

M： <ruby>後<rt>あと</rt></ruby>でスーパーに<ruby>寄<rt>よ</rt></ruby>るけど、<ruby>何<rt>なに</rt></ruby>か<ruby>買<rt>か</rt></ruby>って<ruby>帰<rt>かえ</rt></ruby>ろうか。

F： あら、めずらしいね。<ruby>焼肉<rt>やきにく</rt></ruby>のたれを２<ruby>本<rt>ほん</rt></ruby>。それから。

M： ちょっと<ruby>待<rt>ま</rt></ruby>って、たれは２<ruby>本<rt>ほん</rt></ruby>も？

F： ええ、<ruby>安売<rt>やすう</rt></ruby>りしてるから２<ruby>本<rt>ほん</rt></ruby>がいい。それからいちじくを１パック。

M： いちじく？<ruby>大好<rt>だいす</rt></ruby>き！２パック<ruby>買<rt>か</rt></ruby>ってもいい？

F： まだ<ruby>高<rt>たか</rt></ruby>いから、１パックでいい。

M： <ruby>分<rt>わ</rt></ruby>かった。じゃ、１パック<ruby>買<rt>か</rt></ruby>って<ruby>帰<rt>かえ</rt></ruby>るね。

おとこ ひと なに か かえ
男の人は、何を買って帰りますか。

2번　정답：4
남자가 여자에게 전화를 하고 있습니다. 남자는 무엇을 사 갈까요?

남: 나중에 슈퍼에 들를 건데 뭔가 사 갈까?

여: 어머, 웬일이야. 불고기 소스 2병하고….

남: 잠깐 기다려 봐, 소스를 2병이나?

여: 응, 세일하고 있으니까 2병이 좋아. 그리고 무화과 한 팩.

남: 무화과라고? 아주 좋아하니까 두 팩 사도 돼?

여: 아직 비싸니까 한 팩이면 돼.

남: 알았어. 그럼 한 팩 사 갈게.

남자는 무엇을 사 갈까요?

3番

おんな ひと ふ どうさん や おとこ ひと はな
女の人が不動産屋の男の人と話しています。女の人はどんな部屋を借りますか。

M: いらっしゃいませ。

F: 部屋を借りたいんですが、物件を見せてもらえますか。

M: 予算はいくらですか？

F: 家賃が4万円以下の部屋です。

M: この部屋はいかがですか。6畳の和室で、家賃は4万円です。

F: 家賃が4万円の洋室はありますか。フローリングのほうが好きですから。

M: 洋室の家賃はちょっと高めですが …。予算のほうは大丈夫ですか。

F: そうですね。予算を考えてまた来ます。

おんな ひと へ や か
女の人はどんな部屋を借りますか。

3번   정답：2

여자가 부동산 사무소 직원과 이야기하고 있습니다. 여자는 어떤 방을 빌리겠습니까?

남 : 어서 오세요.

여 : 방을 빌리고 싶은데 물건을 보여 줄 수 있습니까?

남 : 예산은 얼마 정도입니까?

여 : 집세가 4만 엔 이하 방입니다.

남 : 이 방은 어떻습니까? 6조짜리 화실(다다미방)인데 집세는 4만 엔입니다.

여 : 집세가 4만 엔짜리 양실(서양식 방)은 있습니까? 플로링(마루를 까는 널빤지)쪽을 좋아해서요.

남 : 양실 집세는 조금 더 비싼 편인데…. 예산은 괜찮습니까?

여 : 글쎄요. 예산을 생각해서 다시 오겠습니다.

여자는 어떤 방을 빌리겠습니까?

1 집세가 4만 엔 이하의 화실

2 집세가 4만 엔 이하의 양실

3 6조의 싼 화실

4 집세가 6만 엔 이상의 맨션

4番
ばん

<ruby>女<rt>おんな</rt></ruby>の<ruby>人<rt>ひと</rt></ruby>と<ruby>男<rt>おとこ</rt></ruby>の<ruby>人<rt>ひと</rt></ruby>が<ruby>電話<rt>でんわ</rt></ruby>で<ruby>話<rt>はな</rt></ruby>しています。<ruby>待<rt>ま</rt></ruby>ち<ruby>合<rt>あ</rt></ruby>わせの<ruby>場所<rt>ばしょ</rt></ruby>はどこですか。

F：ねえ、<ruby>今晩<rt>こんばん</rt></ruby>、<ruby>映画<rt>えいが</rt></ruby>を<ruby>見<rt>み</rt></ruby>に<ruby>行<rt>い</rt></ruby>かない？

M：いいよ。<ruby>映画館<rt>えいがかん</rt></ruby>の<ruby>前<rt>まえ</rt></ruby>で<ruby>会<rt>あ</rt></ruby>う？

F：えっと、<ruby>映画<rt>えいが</rt></ruby>を<ruby>見<rt>み</rt></ruby>る<ruby>前<rt>まえ</rt></ruby>にちょっと<ruby>雑誌<rt>ざっし</rt></ruby>を<ruby>買<rt>か</rt></ruby>いたいの。<ruby>本屋<rt>ほんや</rt></ruby>で<ruby>会<rt>あ</rt></ruby>わない？

M：<ruby>仕事<rt>しごと</rt></ruby>のあと、あまり<ruby>本<rt>ほん</rt></ruby>を<ruby>読<rt>よ</rt></ruby>みたくないんだ。となりのマクドナルド、どう？

F：じゃあ、<ruby>雑誌<rt>ざっし</rt></ruby>を<ruby>探<rt>さが</rt></ruby>している<ruby>間<rt>あいだ</rt></ruby>、マクドナルドで<ruby>待<rt>ま</rt></ruby>っていてくれる？

M：うん、マクドナルド<ruby>待<rt>ま</rt></ruby>ってるよ。

<ruby>待<rt>ま</rt></ruby>ち<ruby>合<rt>あ</rt></ruby>わせの<ruby>場所<rt>ばしょ</rt></ruby>はどこですか。

4번　정답:1

여자와 남자가 전화로 이야기하고 있습니다. 만나기로 한 약속 장소는 어디입니까?

여 : 저기 있잖아, 오늘 저녁에 영화 보러 가지 않을래?

남 : 좋지. 영화관 앞에서 만날까?

여 : 음, 영화를 보기 전에 잠깐 잡지를 사고 싶어. 서점에서 만나지 않을래?

남 : 업무 후에 별로 책을 읽고 싶지 않아. 옆에 있는 맥도날드는 어때?

여 : 그럼, 잡지를 찾고 있는 동안 맥도날드에서 기다리고 있어 줄래?

남 : 알았어, 맥도날드에서 기다리고 있을게.

만나기로 한 약속 장소는 어디입니까?

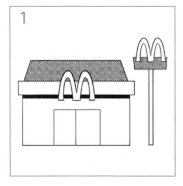

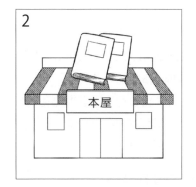

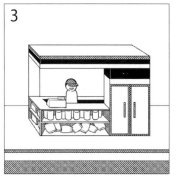

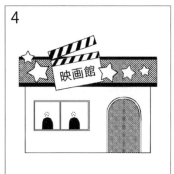

5番

男の人と女の人が話しています。女の人は鎌倉のどこへ行きましたか。

M： 冬休みの旅行はどうだった？

F： とっても楽しかったのよ。東京と横浜、それから鎌倉へ行った。

M： 鎌倉へ行ったとき、江ノ島も行った？

F： 江ノ島までは行かなかったけど、大仏を見た。

M： そう？僕は江ノ島が好きなんだ。もう一度行きたいと思うよ。

F： 時間が足りなくて、残念だった！

女の人は鎌倉のどこへ行きましたか。

5번   정답 : 2
남자와 여자가 이야기하고 있습니다. 여자는 카마쿠라의 어디에 갔습니까?

남 : 겨울 방학 때 간 여행은 어땠어?

여 : 아주 즐거웠어. 도쿄하고 요코하마, 그리고 카마쿠라에 갔어.

남 : 카마쿠라에 갔을 때 에노시마도 갔어?

여 : 에노시마까지는 가지 않았지만 (청동)대불은 봤어.

남 : 그래? 나는 에노시마를 좋아해. 한 번 더 가고 싶어.

여 : 시간이 모자라서 아쉬웠어.

여자는 카마쿠라의 어디에 갔습니까?

1 도쿄
2 대불
3 에노시마
4 요코하마

6番

男の客と女の店員が話しています。女の店員は何を薦めましたか。

F : いらっしゃいませ。何名様でいらっしゃいますか。

M : 1人です。豚カツ定食をください。すぐできますか。

F : えっと、15分ほどでできますが。

M : 昼休みはもうすぐ終わっちゃいますから、速いものはありませんか。

F : そうですね。揚げ物は時間かかりますから、ラーメンはいかがですか。すぐできますよ。

M : じゃあ、ラーメンにします。

女の店員は何を薦めましたか。

6번   정답 : 2
남자와 여자 점원이 이야기하고 있습니다. 여자 점원은 무엇을 추천했습니까?

여 : 어서 오세요. 몇 분이십니까?

남 : 혼자입니다. 돈카츠 정식을 주세요. 금방 됩니까?

여 : 음, 15분 정도 걸리는데요.

남 : 점심시간은 곧 끝나버리는데 빨리 되는 것은 없습니까?

여 : 글쎄요. 튀김은 시간이 걸리니까 라면은 어떻습니까? 금방 됩니다.

남 : 그럼, 라면으로 할게요.

여자 점원은 무엇을 추천했습니까?

1

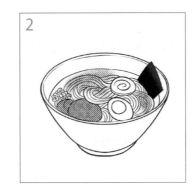

2

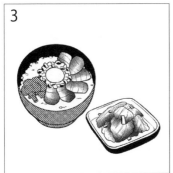

3

4

7番

_{おんな ひと おとこ ひと はな}
女の人と男の人が話しています。_{おとこ ひと}男の人は、これから、どこへ_い行きますか。

F : ようこそいらっしゃいました。_{きょうと はじ}京都は初めてですか。

M : はい。ずっと_き来たかったんです。

F : _{す てき まちや}素敵な町屋カフェがいくつかありますが、_{あんない}案内しましょうか。

M : _{ぼく}僕はまず_{きんかくじ み}金閣寺を見たいんだけど、_{つ い}連れて行ってもらえませんか。

F : そうですか。_{に もつ}お荷物が多いようですから、ホテルにチェックインしてから、タクシ

ーで行きましょう。

M： はい、そうしましょう。

男の人は、これから、どこへ行きますか。

7번　정답:3

여자와 남자가 이야기하고 있습니다. 남자는 지금부터 어디에 갑니까?

여 : 잘 오셨습니다. 교토는 처음입니까?

남 : 예. 오래 전부터 오고 싶었습니다.

여 : 멋진 마치야(일본식 전통 가옥) 카페가 몇 군데 있는데, 안내해 드릴까요?

남 : 난 먼저 금각사를 보고 싶은데, 데리고 가 줄 수 있습니까?

여 : 그런가요. 짐이 많은 것 같으니까 호텔에 체크인하고 나서 택시로 가요.

남 : 예, 그럽시다.

남자는 지금부터 어디에 갑니까?

1　다이몬지야마

2　마치야(일본식 전통 가옥) 카페

3　호텔

4　금각사

8番

男の人と女の人が話しています。男の人はどれに参加しますか。

M： あれ、忘年会のお知らせが貼ってある。今年は早いね。

F： 一次会と二次会があるって。両方に出るの？

M： まさか。そんな予算はないよ。橋本さんは？

F： 私はどちらにも出たいと思う。人に会ったり、話したりするチャンスだから。一次会だけに出てもいいし …

M： そうか。二次会のほうが安いし。

F： じゃあ、代わりに丸をつけるね。

男の人はどれに参加しますか。

8번 정답:3

남자와 여자가 이야기하고 있습니다. 남자는 어느 것에 참가합니까?

남 : 어, 망년회(송년회) 공지가 게시되어 있네. 올해는 일찍 하네.

여 : 1차와 2차가 있대. 양쪽 다 갈 거야?

남 : 설마. 그런 예산은 없어. 하시모토 씨는?

여 : 난 양쪽 모두 참석하고 싶어. 다른 사람을 만나거나 이야기할 수 있는 기회니까.

    1차만 참석해도 되고….

남 : 그러네. (하지만)2차가 싸니까.

여 : 그럼, 대신에 동그라미 칠게.

남자는 어느 것에 참가합니까?

1   1차와 2차

2   3차

3   2차만

4   1차만

問題 2

もんだい2では、まずしつもんを聞いてください。そのあと、もんだいようしを見てください。読む時間があります。それから話を聞いて、もんだいようしの1から4の中から、いちばんいいものを一つえらんでください。

문제 2에서는 우선 질문을 들으세요. 그 후에 문제 용지를 보세요. 읽는 시간이 있습니다. 그리고 나서 이야기를 듣고 문제 용지의 1부터 4 중에서 가장 적당한 것을 하나 고르세요.

**れい
例 :**
男の学生と女の学生が話しています。女の学生は誰と暮らしていますか。

M : 中山さん、新しい生活、どう？

F : 毎日楽しいですよ。

M : ご両親と一緒じゃなくて、寂しくない？

F： ええ、ちょっと寂しいですが、妹と一緒に住んでるから、大丈夫です。

M： なるほど。兄弟は2人だけ？

F： 姉もいます。両親と一緒に暮らしています。

女の学生は誰と暮らしていますか。

1 あね

2 いもうと

3 しんせき

4 りょうしん

정답: 2

남학생과 여학생이 이야기하고 있습니다. 여학생은 누구와 살고 있습니까?

남 : 나카야마 씨, 새로운 생활 어때?

여 : 매일 즐거워요.

남 : 부모님과 같이 살지 않아서 외롭지 않아?

여 : 네, 좀 외롭긴 하지만 여동생과 같이 살고 있어서 괜찮아요.

남 : 그렇구나. 형제는 2명뿐이야?

여 : 언니도 있어요. 부모님과 같이 살고 있어요.

여학생은 누구와 살고 있습니까?

1 언니

2 여동생

3 친척

4 부모님

答えは2ですから、答えはこのように書きます。

정답은 2번이므로, 이와 같이 적습니다.

1番

<ruby>女<rt>おんな</rt></ruby>の<ruby>人<rt>ひと</rt></ruby>と<ruby>男<rt>おとこ</rt></ruby>の<ruby>人<rt>ひと</rt></ruby>が<ruby>話<rt>はな</rt></ruby>しています。<ruby>男<rt>おとこ</rt></ruby>の<ruby>人<rt>ひと</rt></ruby>は、この<ruby>週末<rt>しゅうまつ</rt></ruby>、<ruby>何<rt>なに</rt></ruby>をしますか。

F： <ruby>西村<rt>にしむら</rt></ruby>さん、<ruby>週末<rt>しゅうまつ</rt></ruby>、いつも<ruby>何<rt>なに</rt></ruby>をしますか。

M： テニスをしたり、<ruby>彼女<rt>かのじょ</rt></ruby>と<ruby>食事<rt>しょくじ</rt></ruby>したりしています。<ruby>青木<rt>あおき</rt></ruby>さんは？

F： <ruby>私<rt>わたし</rt></ruby>はうちでゆっくりします。たまにケーキを<ruby>焼<rt>や</rt></ruby>いたりして。

M： <ruby>手作<rt>てづく</rt></ruby>りのケーキですか。<ruby>母<rt>はは</rt></ruby>もよく<ruby>焼<rt>や</rt></ruby>いています。そうだ、<ruby>今週<rt>こんしゅう</rt></ruby>の<ruby>週末<rt>しゅうまつ</rt></ruby>、<ruby>田舎<rt>いなか</rt></ruby>から<ruby>来<rt>く</rt></ruby>る<ruby>予定<rt>よてい</rt></ruby>です。

F： <ruby>大阪<rt>おおさか</rt></ruby>を<ruby>案内<rt>あんない</rt></ruby>してあげないと …

M： ええ、そのつもりです。

<ruby>男<rt>おとこ</rt></ruby>の<ruby>人<rt>ひと</rt></ruby>は、この<ruby>週末<rt>しゅうまつ</rt></ruby>、<ruby>何<rt>なに</rt></ruby>をしますか。

1번 정답:4

남자와 여자가 이야기하고 있습니다. 남자는 이번 주말에 무엇을 하겠습니까?

여 : 니시무라 씨, 주말에는 항상 무엇을 합니까?

남 : 테니스를 치거나 여자 친구와 식사를 하거나 합니다. 아오키 씨는요?

여 : 저는 집에서 느긋하게 쉽니다. 가끔 케이크를 굽기도 하고.

남 : 수제 케이크 말입니까? 우리 어머니도 자주 구워요. 참, 이번 주말에 시골에서 (어머니가)올 예정입니다.

여 : 오사카를 안내해 줘야…(겠네요).

남 : 네, 그럴 생각입니다.

남자는 이번 주말에 무엇을 하겠습니까?

1 여자 친구와 식사를 합니다.
2 케이크를 만듭니다.
3 집에서 느긋하게 쉽니다.
4 어머니에게 오사카를 안내합니다.

2番

<ruby>女<rt>おんな</rt></ruby>の<ruby>学生<rt>がくせい</rt></ruby>と<ruby>男<rt>おとこ</rt></ruby>の<ruby>学生<rt>がくせい</rt></ruby>が<ruby>話<rt>はな</rt></ruby>しています。<ruby>女<rt>おんな</rt></ruby>の<ruby>学生<rt>がくせい</rt></ruby>は、<ruby>本<rt>ほん</rt></ruby>を<ruby>誰<rt>だれ</rt></ruby>に<ruby>借<rt>か</rt></ruby>りますか。

F：歌舞伎についてのレポートを書きたいんだけど、いい本を紹介してくれない。

M：『古典芸能図鑑』がいいと思う。絵がついてるから分かりやすいよ。

F：その本、図書館で借りられる？

M：まだ出たばかりだから、図書館にないはずだよ。1冊持ってるから、貸してあげようか。

女の学生は、本を誰に借りますか。

2번　정답：3

여학생과 남학생이 이야기하고 있습니다. 여학생은 책을 누구에게 빌리겠습니까?

여 : 가부키에 대해서 리포트를 쓰고 싶은데 좋은 책 소개해 주지 않을래?

남 : 『고전예능도감』이 좋을 것 같아. 그림이 첨부되어 있으니까 알기 쉬워.

여 : 그 책, 도서관에서 빌릴 수 있어?

남 : 아직 나온 지 얼마 안 되었기 때문에 도서관에 없을 거야.

　　1권 가지고 있으니까 빌려줄까?

여학생은 책을 누구에게 빌리겠습니까?

1　도서관 직원
2　대학교 교수님
3　남학생
4　여학생

3番

先生と学生が話しています。学生はどうしてマリモ大学を受けるのをやめましたか。

F：マリモ大学を受けますね。勉強は進んでいますか。

M：実は、そこを受けるのはやめました。

F：どうしてですか。学費が高いからですか。

M：いいえ。学びたい科目が学べませんからアジア文化大学にかえました。

F：そうなんですか。自分が好きな科目が選べることは大切ですね。

学生はどうしてマリモ大学を受けるのをやめましたか。

3번　정답:2

선생님과 학생이 이야기하고 있습니다. 학생은 왜 마리모 대학에 시험 치르는 것을 그만두었습니까?

여 : 마리모 대학에 시험을 치르죠? 공부는 잘 되고 있나요?

남 : 실은, 그곳을 (시험)치르는 것은 그만두었습니다.

여 : 왜요? 학비가 비싸서요?

남 : 아니오. 배우고 싶은 과목을 못 배우기 때문에 아시아문화대학으로 바꾸었습니다.

여 : 그랬군요. 자신이 좋아하는 과목을 고를 수 있는 것은 중요하지요.

학생은 왜 마리모 대학에 시험 치르는 것을 그만두었습니까?

1　멀기 때문에
2　배우고 싶은 과목이 없기 때문에
3　비싸기 때문에
4　마리모(毬藻)가 없기 때문에

4番

女の人と男の人が話しています。女の人は牛肉についてどう考えていますか。

F : この牛肉、柔らかくて、美味しいですね。日本の高い肉でしょう。

M : いいえ、近くのスーパーの輸入ビーフです。安かったから買ってきました。１キロで千円だけ。

F : へえ、安いのに美味しかったですね。日本の牛肉のほうが美味しいと思っていました。

M : 僕は安い肉ならどこの肉でも食べますよ。

女の人は牛肉についてどう考えていますか。

4번　정답:3

여자와 남자가 이야기하고 있습니다. 여자는 소고기에 대해서 어떻게 생각하고 있습니까?

여 : 이 소고기 부드럽고 맛있네요. 일본산 비싼 고기죠?

남 : 아니오, 가까운 슈퍼에서 파는 수입품 소고기입니다. 싸서 사왔습니다. 1kg에 천 엔밖에 안 해요.

여 : 음, 싼데도 맛있었네요. 일본의 소고기 쪽이 더 맛있다고 생각했어요.

남 : 저는 싼 고기라면 어떤(수입품이든 일본산이든) 고기라도 먹어요.

여자는 소고기에 대해서 어떻게 생각하고 있습니까?

1 싼 소고기라면 어떤 고기라도 좋습니다.

2 수입 소고기 쪽이 맛있습니다.

3 와규 (일본산 소고기) 쪽이 맛있습니다.

4 와규는 부드럽고 맛있습니다.

5番

男の人と女の人が話しています。男の人は何で京都へ行きますか。

M： 瀬部さん、京都までどうやって行けばいいですか。

F： えっと、新幹線なら１万円ちょっとで行けますが。

M： 高いですね。バスでも行けますか。

F： ええ。高速バスは２千円くらいです。でも、ずいぶん時間かかりますよ。

M： かまいませんよ。寝ている間につきます。

F： 学割だと新幹線もそんなに高くないです。快適だし。

M： ん … やっぱり、節約旅行したいんです。

男の人は何で京都へ行きますか。

5번　정답 : 3

남자와 여자가 이야기하고 있습니다. 남자는 무엇으로 교토에 갑니까?

남 : 세부 씨, 교토까지 어떻게 가면 됩니까?

여 : 음, 신칸센이라면 1만 엔 조금 더 주면 갈 수 있습니다만.

남 : 비싸네요. 버스로도 갈 수 있습니까?

여 : 예. 고속버스는 2,000엔 정도입니다. 하지만 상당히 시간이 걸려요.

남 : 상관없습니다. 자고 있는 동안에 도착합니다.

여 : 학생 할인 가격이라면 신칸센도 그다지 비싸지 않습니다. 쾌적하고.

남 : 음…역시, 알뜰 여행을 하고 싶습니다.

남자는 무엇으로 교토에 갑니까?

1 신칸센을 타고 고속버스로 환승합니다.

2 신칸센과 고속버스, 양쪽 모두 탑니다.

3 고속버스를 탄다.

4 학생할인 가격으로 신칸센을 탄다.

6番

男の人と女の人が話しています。いつ展覧会に行きますか。

M: デパートで油絵の展覧会があるよ。いっしょに見に行かない？

F: いいわね。今週中に行く？

M: 今週は勉強会があるんだけど、来週なら月曜と水曜の午後は大丈夫だ。

F: 月曜の午後しか空いてない。水曜はバイトが入ってるの。

M: じゃあ、1時半に迎えに行ってあげるよ。

F: ありがとう。

いつ展覧会に行きますか。

제
3
회

6번　정답:3

남자와 여자가 이야기하고 있습니다. 언제 전람회에 갑니까?

남 : 백화점에서 유화 전람회가 있어. 같이 보러 안 갈래?

여 : 좋지. 이번 주 중에 갈래?

남 : 이번 주는 연구회가 있지만, 다음 주라면 월요일과 수요일 오후는 괜찮아.

여 : (나는 시간이)월요일 오후밖에 비어 있지 않아. 수요일은 아르바이트가 있고.

남 : 그럼, 1시 반에 데리러 가 줄게.

여 : 고마워.

언제 전람회에 갑니까?

1 이번 주 중에 간다.

2 다음 주 수요일 오후에 갑니다.

3 다음 주 월요일 오후에 갑니다.

4 이번 주 수요일 오후에 갑니다.

7番

男の人と女の人が話しています。女の人は、これから、何をしますか。

M： 吉村さんの結婚式の招待状、もらった？

F： ええ、素敵な招待状で、羨ましい！

M： お祝いに何をあげる？

F： そうね。ドイツのお皿を買おうと思って。着ていく服も買わなければならないし…

M： 出席するよね。返事はもう出した？

F： それ、すっかり忘れてた。

女の人は、これから、何をしますか。

7번　정답：4

남자와 여자가 이야기하고 있습니다. 여자는 지금부터 무엇을 합니까?

남 : 요시무라 씨의 결혼식 초대장 받았어?

여 : 네, 멋진 초대장이어서 부러워!

남 : 축하 선물로 뭐 줄거야?

여 : 글쎄, 독일 접시를 사려고 생각 중인데, 입고 갈 옷도 사야 하고….

남 : 참석할 거지? (참석 여부의)답장은 보냈어?

여 : 그거, 깜빡 잊고 있었어.

여자는 지금부터 무엇을 합니까?

1 초대장을 받습니다.

2 축하 선물로 독일 접시를 삽니다.

3 입고 갈 옷을 삽니다.

4 출석할지 안 할지 답장을 보냅니다.

問題 3

もんだい３では、えを見ながらしつもんを聞いてください。→（やじるし）の人は何と言いますか。１から３の中から、いちばんいいものを一つえらん

でください。

문제 3에서는 그림을 보면서 질문을 들으세요. →(화살표)가 가리키는 사람은 뭐라고 말하겠습니까? 1부터 3 중에서 가장 적당한 것을 하나 고르세요.

例：
お土産を買いました。会社の人にあげます。何と言いますか。

M： 1 お土産をあげますよ。

2 お土産をいただきました。

3 これ、お土産です。どうぞ。

정답: 3

선물을 샀습니다. 회사 동료에게 줍니다. 뭐라고 말하겠습니까?

남： 1 선물을 줄게요.

2 선물을 받았습니다.

3 이거, 선물입니다. 자(가지세요).

答えは 3 ですから、解答欄に 3 と書いてください。

정답은 3번이므로 정답란에 3이라고 써 주세요.

1番
約束の時間に遅れました。何と言いますか。

F： 1 ちょっと遅れます。

2 お待たせしました。

3 遅かったですね。

1번 정답：2

약속 시간에 늦었습니다. 뭐라고 말하겠습니까?

여： 1 좀 늦겠습니다.

2 오래 기다리게 했습니다.

3 늦었군요.

2番<ruby>ばん</ruby>

会社<ruby>かいしゃ</ruby>の人<ruby>ひと</ruby>が風邪<ruby>かぜ</ruby>を引<ruby>ひ</ruby>きました。アドバイスをするなら何<ruby>なん</ruby>といいますか。

M: 1 早<ruby>はや</ruby>く帰<ruby>かえ</ruby>って、寝<ruby>ね</ruby>たほうがいいですよ。

2 レポートを書<ruby>か</ruby>いてしまったら帰<ruby>かえ</ruby>りましょう。

3 エアコンをつけたらどうですか。

2번   정답:1

회사 직원이 감기에 걸렸습니다. 조언을 한다면 뭐라고 말하겠습니까?

남: 1 집에 일찍 가서 자는 게 좋아요.

2 리포트를 다 쓰면 (집에) 갑시다.

3 에어컨을 켜는 게 어때요?

> **해설** ～たほうがいい :<조언, 충고> 하는 편이(게) 좋다
>
> ～て しまう : <완료, 유감> ～해 버리다
>
> ～たら どうですか : <제안, 권고> ～하는 게 어때요?

3番<ruby>ばん</ruby>

友達<ruby>ともだち</ruby>が気分<ruby>きぶん</ruby>が悪<ruby>わる</ruby>そうです。何<ruby>なん</ruby>と聞<ruby>き</ruby>きますか。

M: 1 どうぞお元気<ruby>げんき</ruby>で。

2 どうしたんですか。

3 お元気<ruby>げんき</ruby>ですか。

3번   정답:2

친구가 속이 좋지 않은 것 같습니다. 뭐라고 물을까요?

남: 1 건강하게 잘 지내요.

2 왜 그래요?

3 잘 지냅니까?

4番<ruby>ばん</ruby>

来月留学<ruby>らいげつりゅうがく</ruby>に行<ruby>い</ruby>く予定<ruby>よてい</ruby>です。クラスメートに何<ruby>なん</ruby>と言<ruby>い</ruby>いますか。

F : 1　来月国へ帰ることにしました。

　　　2　来月留学することになりました。

　　　3　来月留学しようと思っています。

4번　정답:2

다음 달에 유학을 갈 예정입니다. 클래스메이트에게 뭐라고 말하겠습니까?

여:　1　다음 달에 고국에 돌아가기로 했습니다.

　　　2　다음 달에 유학가게 되었습니다.

　　　3　다음 달에 유학하려고 생각하고 있습니다.

> **해설** 동사 기본형 + ことにする : ~(하)기로 하다(자신이 결정)
>
> 　　　동사 기본형 + ことになる : ~게 되다(남이 결정)
>
> 　　　의지형 + ~(よ)うと思う : ~하려고 하다

5番

運動しようという気持ちを伝えたいとき、何と言いますか。

F : 1　毎日1時間くらい歩くようにします。

　　　2　毎朝コーヒーを飲んでいます。

　　　3　ダイエットをしたことがあります。

5번　정답:1

운동하려고 하는 마음을 전하고 싶을 때 뭐라고 말하겠습니까?

여:　1　매일 1시간 정도 걸으려고 합니다.

　　　2　매일 아침 커피를 마시고 있습니다.

　　　3　다이어트를 한 적이 있습니다.

問題 4

もんだい4では、えなどがありません。まずぶんを聞いてください。それから、そのへんじを聞いて、1から3の中から、いちばんいいものを一つえら

んでください。

문제 4에서는 그림 같은 것이 없습니다. 우선 문장을 들으세요. 그러고 나서 그 대답을 듣고 1부터 3 중에서 가장 적당한 것을 하나 고르세요.

例^{れい}:

F : スーパーへ買^かい物^{もの}に行^いきますけど、何^{なに}か買^かってきましょうか。

M: 1　高^{たか}いですよ。

　　　2　忙^{いそが}しそうです。

　　　3　あ、缶^{かん}コーヒー、お願^{ねが}い。

정답 : 3

여: 슈퍼에 쇼핑하러 가는데 뭔가 사 올까요?

남:　1　비싸요.

　　　2　바쁜 것 같습니다.

　　　3　아-, 캔 커피 부탁해.

答^{こた}えは 3 ですから、解答欄^{かいとうらん}に 3 と書^かいてください。

정답은 3번이므로 정답란에 3이라고 써 주세요.

1 番^{ばん}

F : 田中先生^{たなかせんせい}も旅行^{りょこう}に行^いかれますか。

M: 1　はい、先生^{せんせい}もいらっしゃいます。

　　　2　はい、先生^{せんせい}もいらっしゃいませ。

　　　3　はい、先生^{せんせい}もいっしょに参^{まい}ります。

1번　정답:1

여:　다나카 선생님도 여행을 가십니까?

남:　1　예, 선생님도 가십니다.

　　　2　예, 선생님도 어서 오세요.

　　　3　예, 선생님도 같이 가겠사옵니다.

2番<ruby>番<rt>ばん</rt></ruby>

M: お<ruby>先<rt>さき</rt></ruby>に<ruby>失礼<rt>しつれい</rt></ruby>します。

F: 1 お<ruby>疲<rt>つか</rt></ruby>れ<ruby>様<rt>さま</rt></ruby>でした。

    2 さっき<ruby>帰<rt>かえ</rt></ruby>りました。

    3 <ruby>私<rt>わたし</rt></ruby>も<ruby>失礼<rt>しつれい</rt></ruby>しました。

2번 정답:1

남: 먼저 실례하겠습니다.

여: 1 수고하셨습니다.

    2 아까 갔습니다.

    3 저도 실례했습니다.

3番<ruby>番<rt>ばん</rt></ruby>

F: お<ruby>飲<rt>の</rt></ruby>み<ruby>物<rt>もの</rt></ruby>は<ruby>何<rt>なん</rt></ruby>になさいますか。

M: 1 コーヒー、いかがですか。

    2 アルコールはちょっと …

    3 コーラをください。

3번 정답:3

여: 음료수는 무엇으로 하시겠습니까?

남: 1 커피, 어떠세요?

    2 알코올은 좀…

    3 콜라를 주세요.

4番<ruby>番<rt>ばん</rt></ruby>

M: ほかに<ruby>空席<rt>くうせき</rt></ruby>はありますか。

F: 1 ご<ruby>予約<rt>よやく</rt></ruby>、ありがとうございました。

    2 <ruby>申<rt>もう</rt></ruby>し<ruby>訳<rt>わけ</rt></ruby>ございませんが、<ruby>今満席<rt>いままんせき</rt></ruby>です。

    3 お<ruby>荷物<rt>にもつ</rt></ruby>をお<ruby>預<rt>あず</rt></ruby>かりしましょうか。

4번 정답:2

남: 그 외에 빈자리는 있습니까?

여: 1 예약, 감사했습니다.

　　2 죄송합니다만, 지금 만석입니다.

　　3 짐을 맡아 드릴까요?

　（해설）お預かりする는 預かる(맡다)의 겸양어이다. 預ける(맡기다, 예치하다)

5番

F： 頑張ってね。

M： 1 頑張ろう。

　　2 よく頑張ったなあ。

　　3 頑張れ。

5번 정답:1

여: 열심히 해.

남: 1 열심히 할게.

　　2 열심히 했네.

　　3 파이팅.

6番

M： ただ今帰りました。

F： 1 お帰りなさい。

　　2 失礼します。

　　3 もう帰りますか。

6번 정답:1

남: 지금 다녀왔습니다.

여: 1 잘 다녀왔어요?

　　2 실례하겠습니다.

　　3 벌써 (돌아)갑니까?

7番
<ruby>番<rt>ばん</rt></ruby>

M： <ruby>今日<rt>きょう</rt></ruby>は<ruby>僕<rt>ぼく</rt></ruby>の<ruby>誕生日<rt>たんじょうび</rt></ruby>です。

F： 1 <ruby>誕生日<rt>たんじょうび</rt></ruby>はいつですか。

　　 2 <ruby>誕生日<rt>たんじょうび</rt></ruby>おめでとう。

　　 3 <ruby>今日<rt>きょう</rt></ruby>は<ruby>定休日<rt>ていきゅうび</rt></ruby>ですか。

7번　정답:2

남: 오늘은 내 생일입니다.

여: 1 생일은 언제입니까?

　 2 생일 축하해.

　 3 오늘은 정기휴일입니까?

8番
<ruby>番<rt>ばん</rt></ruby>

F： <ruby>水道水<rt>すいどうすい</rt></ruby>はそのまま<ruby>飲<rt>の</rt></ruby>めますか。

M： 1 はい、<ruby>沸<rt>わ</rt></ruby>かしたほうがいいです。

　　 2 いいえ、<ruby>飲<rt>の</rt></ruby>みません。

　　 3 はい、そのまま<ruby>飲<rt>の</rt></ruby>めます。

8번　정답:3

여: 수돗물은 그대로 마실 수 있습니까?

남: 1 예, 끓이는 편이 좋습니다.

　 2 아니오, 마시지 않겠습니다.

　 3 예, 그대로 마실 수 있습니다.

> **해설** 1은 はい를 いいえ로 고쳐야 하고, 2의 のみません은 のめません으로 고쳐야 한다.

N4

JLPT
실전 모의고사

제 4 회

언어지식(문자 · 어휘)
·
언어지식(문법) · 독해
·
청해

언어지식
(문자 · 어휘)

문제 1
1 (1)
2 (2)
3 (4)
4 (2)
5 (3)
6 (1)
7 (3)
8 (4)
9 (3)

문제 2
10 (4)
11 (2)
12 (2)
13 (4)
14 (1)
15 (2)

문제 3
16 (3)
17 (2)
18 (3)
19 (1)
20 (3)
21 (3)
22 (4)
23 (2)
24 (3)

문제 4
25 (2)
26 (3)
27 (4)
28 (3)
29 (2)

문제 5
30 (1)
31 (2)
32 (3)
33 (2)
34 (1)

언어지식
(문법) · 독해

문제 1
1 (2)
2 (3)
3 (2)
4 (4)
5 (3)
6 (3)
7 (1)
8 (2)
9 (4)
10 (3)
11 (4)
12 (2)
13 (3)
14 (4)
15 (3)

문제 2
16 (1)
17 (4)
18 (2)
19 (3)
20 (3)

문제 3
21 (2)
22 (1)
23 (3)
24 (4)
25 (4)

문제 4
26 (2)
27 (1)
28 (3)
29 (3)

문제 5
30 (3)
31 (3)
32 (2)
33 (3)

문제 6
34 (1)
35 (4)

청해

문제 1
1 (4)
2 (2)
3 (3)
4 (4)
5 (2)
6 (3)
7 (1)
8 (1)

문제 2
1 (4)
2 (1)
3 (2)
4 (4)
5 (3)
6 (1)
7 (3)

문제 3
1 (1)
2 (3)
3 (2)
4 (1)
5 (2)

문제 4
1 (3)
2 (2)
3 (2)
4 (3)
5 (1)
6 (2)
7 (1)
8 (3)

문제 1   밑줄 친 말은 히라가나로 어떻게 씁니까? 1, 2, 3, 4 중에서 가장 적당한 것을 하나 고
          르세요.

例 : 정답:3
れい

도둑에게 <u>지갑</u>을 도둑맞은 것 같습니다.

---

1   정답:1

    이 옷 <u>입어</u> 봐도 됩니까?

    해설 ～て みる ～해 보다 | 着く 도착하다 | はく 입다, 신다 | ためす 시험하다
                        つ

2   정답:2

    목요일 오후에 레스토랑을 <u>예약</u>해 두겠습니다

    해설 契約 계약 | 予約 예약 | 約束 약속 | 要約 요약
         けいやく   よやく   やくそく   ようやく

3   정답:4

    차가 <u>고장</u>나버렸습니다.

    해설 問題 문제 | 交渉 교섭
         もんだい   こうしょう

4   정답:2

    (상대가) 약속을 어기면 <u>불쾌한</u> 기분이 됩니다.

    해설 嫌いな로 읽으려면 い가 한자 밖에 나와 있어야 하며, 嫌な처럼 い가 한자 밖에 없으
         きら   いや
         면 いやな로 읽는다.

5   정답:3

    내일 아침 <u>강의</u>는 오전 8시부터 시작됩니다.

    해설 授業 수업 | 会議 회의 | 講義 강의 | 公園 공원
         じゅぎょう   かいぎ   こうぎ   こうえん

6   정답:1

    버스 사고로 <u>많은</u> 사람이 다쳤습니다.

7   정답:3

    여행을 갔기 때문에 <u>저금</u>이 없어져 버렸다.

8   정답:4

    더욱 열심히 연습해서 <u>능숙하게</u> 되고 싶습니다.

9 정답 : 3

그도 내일 시합에 나옵니까?

해설 試験 시험 | 会合 회합

문제 2 밑줄 친 말은 어떻게 씁니까? 1, 2, 3, 4 중에서 가장 적당한 것을 하나 고르세요.

例 : 정답 : 3

기모노를 입을 기회는 적어졌습니다.

10 정답 : 4

친구한테서 희귀한 우표를 얻었습니다.

해설 貴い 소중하다, 귀중하다 | 珍しい 희귀하다

11 정답 : 2

저녁에는 길이 붐빕니다.

해설 浴衣 유카타: 목욕을 한 뒤나 여름철에 입는 무명 홑옷 |
夕方 저녁 때 | 夜中 한밤중 | 早朝 이른 아침

12 정답 : 2

그는 역 앞에 있는 은행에 근무하고 있습니다.

해설 勤める 근무하다 | 努める 힘쓰다, 노력하다 | *務める 임무를 맡다, 역할을 다하다

13 정답 : 4

지난번에는 대단히 신세졌습니다.

해설 邪魔 방해, 거추장스러움 | 迷惑 폐, 귀찮음 | 感謝 감사

14 정답 : 1

저는 무서운 이야기를 듣는 것을 싫어합니다.

해설 怖い 무섭다 | 弱い 약하다 | 辛い 맵다 | 強い 강하다

15 정답 : 2

기무라 선생님이 공항까지 바래주셨습니다.

해설 航空 항공 | 学校 학교

문제 3　　（　　　）에 무엇을 넣습니까? 1, 2, 3, 4 중에서 가장 적당한 것을 하나 고르세요.

例 : 정답:4
れい

창문이 더러우니까 (닦아)주세요.

16　정답:3

(포트)로 따뜻한 물을 끓입니다.

> **해설**　パンチ 펀치 | クリップ 클립 | ポテト 감자

17　정답:2

저의 (취미)는 영화를 보는 것입니다.

> **해설**　興味 흥미 | 趣味 취미 | 楽しさ 즐거움 | 習慣 습관
> きょう み　　しゅ み　　たの　　　　しゅうかん

18　정답:3

내년에 일본어 시험을 (치를) 생각입니다.

> **해설**　参加する 참가하다 | 出る 나가다, 나오다 | 受ける 치르다 | する 하다
> さん か　　　　　で　　　　　　　　　う

19　정답:1

내일 오후에는 택배편이 (도착할) 것입니다.

> **해설**　届く 도착하다, 닿다 | 渡す 건네다 | 送る 보내다 | 出る 나가다
> とど　　　　　　　わた　　　　　おく　　　　　で

20　정답:3

열심히 연습했으므로 (꽤) 헤엄칠 수 있게 되었습니다.

> **해설**　ずっと 훨씬, 쭉 | よく 자주 | なかなか 좀처럼

21　정답:3

언젠가 (꼭) 다시 만날 수 있을 것이라고 생각합니다.

> **해설**　ぜひ(꼭) : 뒷부분에 희망이나 간절한 바람의 문장이 온다.
>
> 　　　　きっと(꼭) : 뒷부분에 추측 문장이 온다.

22　정답:4

회사 직원이 시내를 (안내)해 주었습니다.

> **해설**　見学 견학 | 見物 구경 | 研修 연수
> けいがく　　　けんぶつ　　　けんしゅう

23 정답:2

구두끈이 (끊어져) 버렸습니다.

해설 破れる 찢어지다 | 切れる 끊기다, 끊어지다 | 割れる 깨지다 | 折れる 부러지다

24 정답:3

선생님은 다나카 씨를 (아십)니까?

해설 お知らせ 알림 | 認識 인식 | ご存知 아심 | 拝見 삼가 봄

문제 4　밑줄 친 문장과 비슷한 문장이 있습니다. 1, 2, 3, 4 중에서 가장 적당한 것을 하나 고르세요.

例 : 정답:1

여기서 한국어를 배울 수 있습니다.

1　여기서 한국어를 가르치고 있습니다.

25 정답:2

오늘 아침에 학교에 지각했습니다.

2　오늘 아침에 학교에 늦었습니다.

해설 休む 쉬다 | 早くいく 일찍 가다

26 정답:3

이것은 어머니가 보내 준 스웨터입니다.

3　어머니는 나에게 이 스웨터를 보냈습니다.

27 정답:4

방을 치웁니다.

4　방을 깨끗하게 합니다.

해설 変える 바꾸다 | 引っ越す 이사하다 | 汚す 더럽히다

28 정답:3

지금 교실의 에어컨은 수리중입니다.

3　교실의 에어컨을 고치고 있는 중입니다.

해설 使える 고칠 수 있다 | 直す 고치다 | 修理 수리

29 정답 : 2

<u>그는 그 소리를 듣고 깜짝 놀랐습니다.</u>

2 그는 그 소리를 듣고 놀랐습니다.

해설 心配する 걱정하다 | 困る 곤란하다 | 目が覚める 눈 뜨다, 정신 차리다

문제 5 다음 말의 사용법으로 가장 적당한 것을 1, 2, 3, 4 중에서 하나 고르세요.

例 : 정답 : 4   지내다

4   주말에는 가족과 지냅니다.

30 정답 : 1   흥미

1   저는 일본 문화에 흥미가 있습니다.

해설 3은 趣味(취미)로 고쳐야 한다.

31 정답 : 2   한 줄로 서다, 늘어서다

2   편의점 앞에 사람들이 많이 줄서 있습니다.

해설 1은 並べて, 4는 習って로 고쳐야 한다.

32 정답 : 3   또렷이, 선명하게

3   안경을 끼지 않으면 <u>뚜렷하게</u> 보이지 않습니다.

해설 1은 しっかり(빈틈없이) 2는 はやく(빨리, 일찍), 4는 ちゃんと(제대로)로 고쳐야 한다.

33 정답 : 2   그만두다, 사직하다

2   아버지는 올해 회사를 <u>그만두었습니다.</u>

해설 1은 止む(그치다), 3은 止まる(멈추다), 4는 休む(쉬다)로 고쳐야 한다.

34 정답 : 1   행하다, 거행하다

1   다음 주 월요일 콘서트를 <u>행합니다.</u>

해설 2는 旅行に行きます(여행을 갑니다), 3은 行きます(갑니다), 4는 行われます(행해집니다)로 고쳐야 한다.

문제 1 ( )에 무엇을 넣습니까? 1, 2, 3, 4 중에서 가장 적당한 것을 하나 고르세요.

例 : 정답:3

길 (을) 건널 때는 충분히 주의해 주세요.

1 정답:2

산(에) 오를 때는 걷기 편한 신발을 신읍시다.

2 정답:3

일요일 오후에 공원(을) 산책했습니다.

해설 散歩する, 走る, 歩く 등 이동 동사의 통과점을 나타낼 때는 조사 を를 쓴다.

3 정답:2

돈을 넣었는(데도) 표가 나오지 않습니다.

해설 예상과 어긋났을 때는 사실적 역접 관계인 '～인데 도 불구하고 '의 의미인 ～のに를 사용한다.

4 정답:4

A : 이것은 일본에 (갔을) 때 찍은 사진입니다.

B : 우와, 예쁘네요.

해설 과거완료이므로 行った를 사용한다.

5 정답:3

A : 이 책, 어디서 (산 것)입니까?

B : 옆 앞에 있는 서점에서 샀습니다.

해설 買いました가 과거형 대답이므로. 買ったんですか(산 것입니까?)가 어울린다. 買っ たんですか는 買ったのですか와 동일하다.

6 정답:3

A : 저, 가방이 (열려 있습니다).

B : 아, 그러네. 감사합니다.

해설 開く (열리다) | 자동사 + ています : ～하고 있습니다

제 4 회

7 정답: 1

A : 내일 비가 오면 쉽니까?

B : 아니오, 비가 (와도) 쉬지 않습니다.

해설 ～ても (でも) ～하더라도

8 정답: 2

여권을 (잊지 않도록) 해 주세요.

해설 ～ないようにする ～하지 않도록 하다

9 정답: 4

내일까지 이 리포트를 써 (버리지 않으면) 안 됩니다.

해설 なければなりません ～해야 합니다, ～하지 않으면 안 됩니다

10 정답: 3

이 열쇠는 회의실을 (여는 데에) 사용합니다.

해설 開ける 열다 | 開く 열리다 | 開けるのに 여는 데에

11 정답: 4

담당자에게 설명(하게 하겠습니다).

해설 説明する의 사역형인 説明させる를 사용해야 한다.

12 정답: 2

이 카메라 지난달에 막 산(참)인데, 벌써 고장나버렸습니다.

해설 ～た～ばかり ～막 ～한 참, ～한 지 얼마 안 됨

13 정답: 3

차를 (운전하면서) 음악을 듣는 것을 좋아합니다.

해설 동사ます형 + ながら : <동시동작> ～하면서

14 정답: 4

A : 저기요, 이 옷 (입어 봐도) 됩니까?

B : 네, 이쪽에서 입어 보세요.

해설 ～てみる ～해 보다 | ～てもいいですか ～해도 됩니까?

15 정답: 3

스즈키 씨가 이사를 거들어(주셨습니다).

해설 ～てくださる (～해 주시다)는 상대방이 주어일 때는 ～(상대방)가 ～てくださる, 자신
이 주어일 때는 ～に ～ていただく를 사용한다.

문제 2   ★에 들어갈 것은 어느 것입니까? 1, 2, 3, 4, 중에서 가장 적당한 것을 하나 고르세요.

例 : 정답 : 1 (3124)

원문 わからないときは うけつけのひとに きけば おしえて もらえる はず です。
                                                      ★

　모를 때는 접수처에 있는 안내하는 분에게 물으면 가르쳐 받을 수 있을 것입니다.

올바른 순서는 3214입니다. ★의 자리에 들어갈 내용은 1이므로 정답은 1입니다.

16   정답 : 1 (2413)

원문 かれが おわるまで まだ じかんが かかりそう なので ここで 待ちましょう。
                                             ★

　그가 끝날 때까지 아직 시간이 걸릴 것 같 으니까 여기서 기다립시다.

17   정답 : 4 (1243)

원문 シートベルトを しないで うんてんする のは あぶないです から、やめてく ださい。
                                             ★

　안전벨트를 하지 않고 운전하는 것은 위험하니까, 그만 두세요.(매고 하세요)

18   정답 : 2 (4321)

원문 がっこうを そつぎょう したら すぐ にほんへ りゅうがくする つもりです。
                               ★

　학교를 졸업 하면 바로 일본에 유학할 생각입니다.

19   정답 : 3 (2134)

원문 ボランティア かつどうに さんかして こまっている ひとの やくに たちたい です。
                                             ★

　자원봉사 활동에 참가해서 곤란을 겪고 있는 사람에게 도움이 되고 싶습니다.

20   정답 : 3 (4132)

원문 ニュースをきいて、ゆうべ おおきい じしんが あった ことを しりました。
                                             ★

　뉴스를 듣고, 어제 밤에 큰 지진이 있었던 것을 알았습니다.

문제 3　　21~25에 무엇을 넣습니까? 문자의 의미를 생각해서 1, 2, 3, 4 중에서 가장 적당한 것을 하나 고르세요.

　　　저는 항상 환경을 지키기 위해 할 수 있는 일이 (21 : 있다면), 가능한 한 하고 싶습니다. 그러므로 아이가 입을 수 없게 된 옷이나 놀지 않게 된 장난감은 재활용 가게에 팔거나 친구에게 주거나 합니다.

　　　그리고 필요 없는 것은 사지 않도록 (22 :주의하고) 있습니다. 나무젓가락이나 빨대도 사용하지 않도록 노력하고 있습니다. (23 : 또) 슈퍼에 쇼핑하러 갈 때도 반드시 친환경 가방을 가지고 갑니다. (24 : 처음에는), 자주 가지고 가는 것을 잊었지만 지금은 가방 안에 항상 친환경 가방을 넣어서 다닙니다. 모두가 비닐봉지를 사용하지 않게 되면(25 :더욱) 쓰레기가 감소할 것입니다.

21　정답:2　**있다면**

22　정답:1　**주의하고**

23　정답:3　**또**

24　정답:4　**처음에는**

25　정답:4　**더욱**

문제 4　　다음의 (1)에서 (4)의 문장을 읽고 질문에 답하세요. 답은 1, 2, 3, 4 중에서 가장 적당한 것을 하나 고르세요.

(1)

　　　오랜만에 친구한테서 편지가 왔습니다. 친구는 서랍 안에 사용하지 않은 우표가 많이 있었기 때문에 편지를 쓰기로 했다고 쓰여 있었습니다. 지금은 모두 메일은 자주 쓰지만 편지는 좀처럼 쓰지 않습니다. 저는 편지를 받고 매우 기뻤습니다. 저도 그 친구에게 편지를 쓰려고 합니다.

26　정답:2
　　이 문장을 쓴 사람은 왜 <기뻤다>고 말하고 있습니까?
　　1　친구가 연락해 주었기 때문에.
　　2　편지를 받은 것은 오랜만이었기 때문에.
　　3　모두 자주 편지를 주기 때문에.
　　4　친구가 잘 지내고 있었기 때문에.

(2)

다무라 씨에게

오늘 회의 말인데요, 오후에 갑자기 용무가 생겨서 그런데, 내일 오후 4시부터로 해 줄 수 없겠습니까? 그리고 회의 때에 새 카탈로그를 가지고 오세요. 이 메모를 보면 바로 전화해 주세요. 잘 부탁드립니다.

스미스

27 정답 : 1

올바른 문장을 골라 주세요.

1 오늘, 스미스 씨는 시간이 나지 않게 되었습니다.

2 다무라 씨는 오늘 회의를 합니다.

3 스미스 씨는 이 메모를 보고 바로 전화를 했습니다.

4 이 메모는 다무라 씨가 스미스 씨에게 썼습니다.

(3)

최근에는 그다지 현금을 사용하지 않게 되었습니다. 전차나 버스를 탈 때도 카드로 지불합니다. 인터넷으로 쇼핑을 할 때도 카드를 사용합니다. 카드는 매우 편리하지만 너무 쓰지 않도록 해야 합니다. 그리고 분실하거나 도둑맞으면 돈(현금)보다 힘들게 되므로 조심해야 합니다.

28 정답 : 3

이 문장을 쓴 사람이 가장 말하고 싶은 것은 무엇입니까?

1 카드가 없으면 매우 곤란합니다.

2 인터넷으로 쇼핑할 때 현금은 사용할 수 없습니다.

3 카드를 지나치게 쓰거나 분실하거나 하지 않도록 합시다.

4 현금보다 카드 쪽이 편리하고 도움이 됩니다.

(4)

시험을 치를 때의 주의

■ 답은 검정 볼펜으로 써 주세요.

■ 문제지는 마지막에 수거합니다. 메모를 해도 괜찮지만 가지고 가지 말아 주세요.

■ 시험이 끝나기 전에 가방이나 필요 없는 것은 교실 뒤에 있는 선반에 넣어 주세요.

■ 도중에 속이 좋지 않거나 화장실에 가고 싶을 때는 선생님께 말하고 나서 밖으로 나가 주세요.

29 정답:3

올바른 문장을 골라 주세요.

1 연필로 답을 써야 합니다.
2 문제지에는 아무 것도 쓰지 않습니다.
3 가방은 교실 뒤에 있는 선반에 둡니다.
4 화장실에 가고 싶을 때는 언제라도 가도 됩니다.

문제 5 다음 문장을 읽고 질문에 답해 주세요. 답은 1, 2, 3, 4 중에서 가장 적당한 것을 하나 고르세요.

여름이 되면 불꽃놀이를 보기도 하고, 바다나 수영장에 가거나 하여 즐거운 이벤트가 많이 있습니다. 저는 어렸을 때 특히 캠프 가는 것을 아주 좋아했습니다.

캠프에서 가장 힘든 것은 요리 준비입니다. 캠프장에서는 가스나 전기는 사용하지 않습니다.

* 장작을 때서 밥을 짓습니다. 불의 강도를 조절하는 것은 아주 힘듭니다. 옛날 사람들은 매일 이렇게 해서 만들었다고 선생님이 말씀하셨습니다. 옛날 사람들은 정말 대단하다고 생각했습니다.

식사 후에는 접시를 닦거나 정돈을 해야 합니다. 그리고 어두워지면 다 함께 * 캠프파이어를 에워싸고 노래를 부르기도 하고 춤을 추며 즐겁게 보냅니다. 그리고 밤에는 텐트에서 잡니다. 다음 날은 아침 일찍 일어나서 다 같이 체조를 하고나서 아침밥을 만듭니다. 그리고 오후에 텐트를 정리해서 집으로 돌아옵니다.

요즘 캠프를 가는 사람들이 늘고 있답니다. 지금은 전기나 가스를 사용할 수 있는 캠프장도 많다고 합니다. 하지만 저는 캠프 때는 전기나 가스가 없는 생활을 체험하는 쪽이 좋다고 생각합니다. 그렇게 하는 편이 자연을 즐길 수 있기 때문입니다. 금년 여름에 저는 아이를 데리고 캠프를 갈 예정입니다.

(주1) まき : 장작

(주2) キャンプファイヤー : (Campfire) 캠프파이어

30 정답:3

캠프장에서는 어떻게 밥을 만듭니까?

1 모두 혼자서 밥을 만듭니다.
2 선생님이 밥을 만들어 줍니다.
3 가스나 전기를 사용하지 않고 요리합니다.
4 텐트 속에서 요리합니다.

31 정답:3

작자가 어렸을 때 갔던 캠프장에서는 무엇을 할 수 있었습니까?

1 침대에서 잡니다.

2 텐트 속에서 텔레비전을 봅니다.

3 캠프파이어를 에워싸고 노래 부릅니다.

4 불꽃놀이를 합니다.

32 정답 : 2

캠프 날 밤은 어떻게 보냅니까?

1 혼자서 별을 봅니다.

2 다 같이 노래하기도 하고 춤추기도 합니다.

3 다 같이 체조를 합니다.

4 수영장에서 수영합니다.

33 정답 : 3

작자는 캠프에 대해서 어떻게 생각하고 있습니까? 올바른 문장을 골라 주세요.

1 텐트에서 자는 것은 피곤합니다.

2 캠프장에서 가스나 전기를 사용할 수 있게 되어서 다행입니다.

3 캠프를 하는 것은 힘들지만 즐겁습니다.

4 캠프장이 편리해졌기 때문에 또 가고 싶습니다.

문제 6 다음 페이지의 〈아르바이트 모집〉의 공지를 보고, 아래의 질문에 답해 주세요. 답은 1, 2, 3, 4 중에서 가장 적당한 것을 하나 고르세요.

아르바이트 모집

다음의 업무를 할 수 있는 사람을 모집하고 있습니다.

＊ 18세 이상인 분

＊ 일본어로 의사 전달이 가능한 분

＊ 유학생 아르바이트는 1주일에 28시간 밖에 할 수 없습니다. 규정을 지키도록 해 주세요.

	업무장소	업무 내용	업무 시간	아르바이트 시급	
ア	레스토랑	접시를 닦거나 요리 준비하는 일을 돕습니다.	16:00~21:00, 주 4회 이상 할 수 있는 사람.	1시간 800엔	

イ	호텔	시트를 교환하거나, 방 청소를 합니다.	주 3회. 월요일, 수요일, 금요일 오후 1시~오후 3시	1시간 800엔	
ウ	가정교사 (중국어)	학생 집에서 중국어를 가르칩니다.	주 1회, 2시간. 토요일 아침.	1시간 2200엔	중국어가 모국어인 사람.
エ	가정교사 (한국어)	학생 집에서 한국어를 가르칩니다.	주 2회, 2시간. 화요일과 목요일 밤.	1시간 2000엔	한국어가 모국어인 사람.
オ	택배	짐을 배달합니다.	주 2회, 금요일 오후 1시~6시와 토요일 아침 9시~오후 2시	1시간 1000엔	자동차 면허가 필요합니다.

34 정답:1

이 씨는 중국인 유학생입니다. 자동차 면허를 가지고 있습니다. 월요일부터 금요일까지 할 수 있는 아르바이트를 하고 싶습니다. 차는 운전할 수 없습니다. 어느 것이 가장 좋습니까?

1 ア
2 ウ
3 エ
4 オ

35 정답:4

김 씨는 한국인 유학생입니다. 자동차 면허를 가지고 있습니다. 돈을 저축하고 싶은데 공부 시간을 별로 줄이고 싶지 않습니다. 다음 중 어느 것이 가장 좋을까요?

1 ア와 オ
2 イ와 オ
3 イ와 エ
4 エ와 オ

해설 1. ア와 オ

급여: ア(5시간×800=4,000엔×주 4회 =16,000엔) + オ(5,000엔×주 2회=10,000엔)=26,000엔

시간: 20시간+10시간=30시간 *유학생은 1주일에 28시간 이내만 가능

2. イ와 オ

급여: イ(6시간×800엔=4,800엔) + オ(5,000엔×주 2회=10,000엔) =14,800엔

시간: 6시간+10시간=16시간

3. イとエ

급여: イ(6시간×800엔=4,800엔) + エ(4시간×2,000엔=8,000엔)=12,800엔

시간: 6시간+4시간=10시간

4. エとオ

급여: エ(4시간×2,000엔=8,000엔) + オ(5,000엔×주 2회=10,000엔)=18,000엔

시간: 4시간+10시간=14시간

問題 1

もんだい 1 では、まずしつもんを聞いてください。それから話を聞いて、もんだいようしの 1 から 4 の中から、いちばんいいものを一つえらんでください。

문제 1에서는 우선 질문 들으세요. 그리고 이야기를 듣고, 문제 용지의 1부터 4 중에서 가장 적당한 것을 하나 고르세요.

例:
男の人が女の人に電話をしています。男の人は、何を買って帰りますか。

M: これから帰るけど、何か買って帰ろうか。

F: ありがとう。えっと、醤油を2本。それから。

M: ちょっと待って、醤油は2本も？

F: えっと、1本でいい。それからレモンを2つ。

M: あれ、レモンはまだ1つあったよね。

F: 午後のティータイムに使い切ったの。

M: 分かった。じゃ、2つ買って帰るね。

男の人は、何を買って帰りますか。

1 しょうT本だけ

2 しょうゆ1本とレモン1つ

3 しょうゆ2本とレモン2つ

4 しょうゆ1本とレモン2つ

정답 : 4

남자가 여자에게 전화를 하고 있습니다. 남자는 무엇을 사 가겠습니까?

남 : 지금 집에 가는데 뭔가 사 갈까?

여 : 고마워. 음, 간장 2병. 그리고.

남 : 잠깐 기다려. 간장은 2병이나?

여 : 음. 1개면 돼. 그리고 레몬 2개.

남 : 어, 레몬은 아직 1개 있었지.

여 : 오후 티타임 때 다 사용했어.

남 : 알았어. 그럼, 2개 사 갈게.

남자는 무엇을 사 가겠습니까?

1 간장 1병만

2 간장 1병과 레몬 1개

3 간장 2병과 레몬 2개

4 간장 1병과 레몬 2개

<ruby>答<rt>こた</rt></ruby>えは4ですから、<ruby>答<rt>こた</rt></ruby>えはこのように<ruby>書<rt>か</rt></ruby>きます。

정답은 4번이므로 이와 같이 적습니다.

1番

<ruby>男<rt>おとこ</rt></ruby>の<ruby>学生<rt>がくせい</rt></ruby>と<ruby>女<rt>おんな</rt></ruby>の<ruby>学生<rt>がくせい</rt></ruby>が<ruby>話<rt>はな</rt></ruby>しています。<ruby>男<rt>おとこ</rt></ruby>の<ruby>学生<rt>がくせい</rt></ruby>は<ruby>何<rt>なに</rt></ruby>をプレゼントしますか。

F： もうすぐ<ruby>卒業<rt>そつぎょう</rt></ruby>だね。

M： そうだね。<ruby>先生<rt>せんせい</rt></ruby>に<ruby>何<rt>なに</rt></ruby>かプレゼントするの？

F： うん、<ruby>花<rt>はな</rt></ruby>をプレゼントしようかなって<ruby>思<rt>おも</rt></ruby>ってるんだ。カードをつけて。<ruby>鈴木君<rt>すずきくん</rt></ruby>は？

M： ぼくはハンカチにしようと<ruby>思<rt>おも</rt></ruby>うんだけど。

F： ねえ、ボールペンは？<ruby>店<rt>みせ</rt></ruby>で<ruby>名前<rt>なまえ</rt></ruby>をいれてもらえるんだって。

M： それ、いいね。

男の学生は何をプレゼントしますか。

1번　정답:4

남학생과 여학생이 이야기하고 있습니다. 남학생은 무엇을 선물하겠습니까?

여 : 이제 곧 졸업이네.

남 : 그러네. 선생님께 뭔가 선물할 거야?

여 : 응, 꽃을 선물할까하고 생각하고 있어. 카드 첨부해서. 스즈키 군은?

남 : 나는 손수건으로 하려고 하는데.

여 : 있잖아, 볼펜은 어때? 가게에서 이름을 (새겨) 넣어 줄 수 있대.

남 : 그거, 괜찮네.

남학생은 무엇을 선물하겠습니까?

2番

<ruby>女<rt>おんな</rt></ruby>の<ruby>人<rt>ひと</rt></ruby>と<ruby>店員<rt>てんいん</rt></ruby>が<ruby>話<rt>はな</rt></ruby>しています。<ruby>女<rt>おんな</rt></ruby>の<ruby>人<rt>ひと</rt></ruby>は、いつ<ruby>予約<rt>よやく</rt></ruby>をしましたか。

F： すみません、<ruby>今週<rt>こんしゅう</rt></ruby>の<ruby>金曜日<rt>きんようび</rt></ruby>に<ruby>予約<rt>よやく</rt></ruby>をしていた<ruby>木村<rt>きむら</rt></ruby>ですが。

M： はい、<ruby>木村様<rt>きむらさま</rt></ruby>。ご<ruby>予約<rt>よやく</rt></ruby>は<ruby>金曜日<rt>きんようび</rt></ruby>の<ruby>夜<rt>よる</rt></ruby>7<ruby>時<rt>じ</rt></ruby>ですね。

F： あの、それが、<ruby>金曜日<rt>きんようび</rt></ruby>、<ruby>急<rt>きゅう</rt></ruby>に<ruby>用事<rt>ようじ</rt></ruby>ができてしまって。<ruby>変更<rt>へんこう</rt></ruby>できますか。

M： では、<ruby>土曜日<rt>どようび</rt></ruby>はいかがですか。

F： あの、<ruby>木曜日<rt>もくようび</rt></ruby>の<ruby>夜<rt>よる</rt></ruby>はだめですか。

M： いいですよ、<ruby>夜<rt>よる</rt></ruby>7<ruby>時<rt>じ</rt></ruby>でよろしいでしょうか。

F： はい、<ruby>大丈夫<rt>だいじょうぶ</rt></ruby>です。じゃ、あさってで、お<ruby>願<rt>ねが</rt></ruby>いします。

<ruby>女<rt>おんな</rt></ruby>の<ruby>人<rt>ひと</rt></ruby>はいつ<ruby>予約<rt>よやく</rt></ruby>をしましたか。

2번　정답 : 2

여자와 점원이 이야기하고 있습니다. 여자는 언제로 예약했습니까?

여 : 저, 이번 주 금요일에 예약한 기무라인데요.

남 : 예, 기무라 씨. 예약은 금요일 7시네요.

여 : 저, 그게 금요일에 갑자기 용무가 생겨버려서. 변경할 수 있습니까?

남 : 그럼, 토요일은 어떠세요?

여 : 저, 목요일 저녁은 안 됩니까?

남 : 괜찮습니다. 저녁 7시로 하면 될까요?

여 : 예, 괜찮습니다. 그럼 모레로 부탁합니다.

여자는 언제로 예약했습니까?

1 이번 주 수요일

2 이번 주 목요일

3 이번 주 금요일

4 이번 주 토요일

3番

<ruby>男<rt>おとこ</rt></ruby>の<ruby>人<rt>ひと</rt></ruby>と<ruby>女<rt>おんな</rt></ruby>の<ruby>人<rt>ひと</rt></ruby>が<ruby>話<rt>はな</rt></ruby>しています。<ruby>男<rt>おとこ</rt></ruby>の<ruby>人<rt>ひと</rt></ruby>の<ruby>趣味<rt>しゅみ</rt></ruby>は<ruby>何<rt>なん</rt></ruby>ですか。

F : 鈴木さんは週末、何か予定がありますか。

M : 今週は特にないけど。うちで DVD でも見ようかな。

F : 映画、好きなんですか。

M : いや、そうでもないよ。今週は他にすることないし。

F : そうですか。

M : いつもはよく出かけるよ。写真を撮るのが趣味なんだ。

F : そうなんですか。今度、見せてください。

男の人の趣味は何ですか。

3번　정답:3

남자와 여자가 이야기하고 있습니다. 남자의 취미는 무엇입니까?

여 : 스즈키 씨는 주말에 뭔가 예정이 있습니까?

남 : 이번 주는 특별히 없지만. 집에서 DVD라도 볼까.

여 : 영화 좋아하세요?

남 : 아니, 그렇지도 않아. 이번 주는 달리 할 것도 없고 해서.

여 : 그렇습니까.

남 : 평소에는 자주 나가지. 사진 찍는 것이 취미야.

여 : 그러세요. 다음에 보여주세요.

남자의 취미는 무엇입니까?

1　특별히 없다.
2　영화를 보는 것.
3　사진을 찍는 것.
4　외출하는 것.

4番

店員と女の人が話しています。女の人はどの色を選びますか。

M : こちら、プレゼントですね。リボンの色はどうしますか。

F : 紙の色が赤だし、クリスマスだから、金色のリボン、ありますか。

M： 申し訳ございません。銀色ならありますが。

F： じゃ、ピンクは？

M： ございますよ。少々お待ちください。

女の人はどの色を選びますか。

4번 정답:4

점원과 여자가 이야기하고 있습니다. 여자는 어느 색깔을 고르겠습니까?

남 : 이거, 선물이군요. 리본 색깔은 어떻게 할까요?

여 : 종이 색깔이 빨간데다가 크리스마스 선물이니까, 금색 리본 있습니까?

남 : 죄송합니다. 은색이라면 있습니다만.

여 : 그럼 핑크색은요?

남 : 있습니다. 잠깐 기다려 주세요.

여자는 어느 색깔을 고르겠습니까?

1 빨강
2 금색
3 노란색
4 핑크

5番

男の人と女の人が写真について話しています。二人は今、どの写真を見ていますか。

F： あ、それ、この間の写真？

M： そう。君も行ければよかったのにね。

F： これ、きれいにとれてるね。うしろに見えるのは富士山？

M： そうだよ。天気がよかったから、よく見えたよ。

F： そう、今度はいっしょに海に行こうよ。

M： そうだね。ぼくの赤い車に乗っていこう。

二人は今、どの写真を見ていますか。

5번　정답:2

남자와 여자가 사진에 대해서 이야기하고 있습니다. 두 사람은 지금 어느 사진을 보고 있습니까?

여 : 아, 그거, 요전번에 찍은 사진?

남 : 맞아. 너도 (같이) 갈 수 있었으면 좋았을 텐데.

여 : 이거, 잘 나왔네. 뒤에 보이는 것은 후지산이야?

남 : 맞아. 날씨가 좋았기 때문에 잘 보였어.

여 : 그렇구나. 다음에는 같이 바다에 가자.

남 : 그러자. 내 빨간 차를 타고 가.

두 사람은 지금 어느 사진을 보고 있습니까?

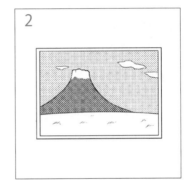

6番

男の人と女の人が話しています。男の人はどれを選びますか。

F： あ、このパンダのクッキーかわいい。おみやげにどう？

M： こっちのは、犬と猫の形だね。

F： この動物のクッキーもいいね。

M： うん、でも、食べ物じゃなくて、なにか記念になるものがいいよ。

F： じゃ、このＴシャツは？かわいいよ。それとも、このタオル？

M： Ｔシャツか。ちょっと高いけど、それにしよう。

男の人はどれを選びますか。

6번　정답：3

남자와 여자가 이야기하고 있습니다. 남자는 어느 것을 고르겠습니까?

여 : 아, 이 팬더 쿠키 귀엽네. 선물로 어때?

남 : 이쪽 것은 개하고 고양이 모양이네.

여 : 이 동물 쿠키도 괜찮네.

남 : 응, 하지만 먹을 것이 아니라 뭔가 기념이 될 만한 게 좋아.

여 : 그럼, 이 T셔츠는 어때? 귀여워. 그렇지 않으면 이 타월은 어때?

남 : T셔츠라. 좀 비싸긴 하지만 그걸로 하자.

남자는 어느 것을 고르겠습니까?

7番

^{おとこ}男の^{ひと}人と^{おんな}女の^{ひと}人が^{はな}話しています。^{しゅうまつ}週末、ふたりは^{なに}何をしますか。

F : ねえ、^{しゅうまつ}週末、どこか^い行こうよ。ドライブとか。

M : ^{こんしゅう}今週は^{いそが}忙しかったから、^ど土^{にち}日はゆっくりしたいな。

F : え～、^{やす}休みの^ひ日くらい、^{あそ}遊びに^い行こうよ。^{うみ}海でも^み見に^い行かない？

M : ^{てんきよほう}天気予報はどうだろう？あれ、^{あめ}雨が^ふ降るみたいだよ。

F : え～、^{あめ}雨？じゃ、デパート、^い行こうよ。

M : ^{あめ}雨の^ひ日のデパートは、^{ひと}人が^{おお}多すぎるよ。^{きみ}君も^こ込んでいるのはいやだって^い言ってたよね。

F : うん、まあ。じゃ、^{しかた}仕方ないな。

^{しゅうまつ}週末、ふたりは^{なに}何をしますか。

7번   정답 : 1

남자와 여자가 이야기하고 있습니다. 주말에 두 사람은 무엇을 합니까?

여 : 저기 말이야, 주말에 어딘가 가자. 드라이브라든가.

남 : 이번 주는 바빴으니까 토요일은 푹 쉬고 싶어.

여 : 에이, 쉬는 날 정도는 놀러 가자. 바다라도 보러 안 갈래?

남 : 날씨 예보는 어떤가? 어, 비가 오는 것 같아.

여 : 아, 비가 온다고? 그럼, 백화점에 가자.

남 : 비 오는 날의 백화점은 사람이 너무 많아. 너도 붐비는 것은 싫다고 했었지?

여 : 응, 그랬지. 그럼 어쩔 수 없네.

주말에 두 사람은 무엇을 합니까?

1   아무데도 안 간다.

2   바다에 간다.

3   드라이브하러 간다.

4   백화점에 간다.

8番

<ruby>男<rt>おとこ</rt></ruby>の<ruby>人<rt>ひと</rt></ruby>と<ruby>女<rt>おんな</rt></ruby>の<ruby>人<rt>ひと</rt></ruby>が<ruby>話<rt>はな</rt></ruby>しています。<ruby>男<rt>おとこ</rt></ruby>の<ruby>人<rt>ひと</rt></ruby>は<ruby>何<rt>なに</rt></ruby>をすればいいですか。

M： <ruby>何<rt>なに</rt></ruby>をしているんですか。

F： あ、ちょっと<ruby>手伝<rt>てつだ</rt></ruby>ってもらえますか。そこに<ruby>野菜<rt>やさい</rt></ruby>があるでしょう。

M： はい。これ、どうすればいいですか。

F： サンドイッチを<ruby>作<rt>つく</rt></ruby>っているんです。その<ruby>野菜<rt>やさい</rt></ruby>を<ruby>洗<rt>あら</rt></ruby>ってもらえますか。

M： えっと、これ、<ruby>全部<rt>ぜんぶ</rt></ruby>ですか。

F： きゅうりを<ruby>先<rt>さき</rt></ruby>に<ruby>切<rt>き</rt></ruby>りたいので、それからお<ruby>願<rt>ねが</rt></ruby>いします。

M： わかりました。

<ruby>男<rt>おとこ</rt></ruby>の<ruby>人<rt>ひと</rt></ruby>は<ruby>何<rt>なに</rt></ruby>をすればいいですか。

8번　정답 : 1

남자와 여자가 이야기하고 있습니다. 남자는 무엇을 하면 됩니까?

남 : 무엇을 하고 있습니까?

여 : 아, 잠깐 거들어 줄 수 있을까요? 거기에 야채가 있죠?

남 : 예, 이거 어떻게 하면 됩니까?

여 : 샌드위치를 만들고 있어요. 그 야채를 씻어 주시겠어요?

남 : 음, 이거, 전부요?

여 : 오이를 먼저 자르고 싶으니 그것부터 부탁드립니다.

남 : 알았습니다.

남자는 무엇을 하면 됩니까?

1　야채를 씻는다.
2　야채를 썬다.
3　샌드위치를 만든다.
4　전부 혼자서 한다.

問題 2

もんだい 2 では、まずしつもんを聞^きいてください。そのあと、もんだいようしを見^みてください。読^よむ時間^{じかん}があります。それから話^{はなし}を聞^きいて、もんだいようしの 1 から 4 の中^{なか}から、いちばんいいものを一^{ひと}つえらんでください。

문제 2에서는 우선 질문을 들으세요. 그 후에 문제 용지를 보세요. 읽는 시간이 있습니다. 그러고 나서 이야기를 듣고 문제 용지의 1부터 4 중에서 가장 적당한 것을 하나 고르세요.

例^{れい}:

男^{おとこ}の学生^{がくせい}と女^{おんな}の学生^{がくせい}が話^{はな}しています。女^{おんな}の学生^{がくせい}は誰^{だれ}と暮^くらしていますか。

M: 中山^{なかやま}さん、新^{あたら}しい生活^{せいかつ}、どう？

F: 毎日楽^{まいにちたの}しいですよ。

M: ご両親^{りょうしん}と一緒^{いっしょ}じゃなくて、寂^{さび}しくない？

F: ええ、ちょっと寂^{さび}しいですが、妹^{いもうと}と一緒^{いっしょ}に住^すんでるから、大丈夫^{だいじょうぶ}です。

M: なるほど。兄弟^{きょうだい}は 2 人^{ふたり}だけ？

F: 姉^{あね}もいます。両親^{りょうしん}と一緒^{いっしょ}に暮^くらしています。

女^{おんな}の学生^{がくせい}は誰^{だれ}と暮^くらしていますか。

1 あね

2 いもうと

3 しんせき

4 りょうしん

정답 : 2

남학생과 여학생이 이야기하고 있습니다. 여학생은 누구와 살고 있습니까?

남 : 나카야마 씨, 새로운 생활 어때?

여 : 매일 즐거워요.

남 : 부모님과 같이 살지 않아서 외롭지 않아?

여 : 네, 좀 외롭긴 하지만 여동생과 같이 살고 있어서 괜찮아요.

남 : 그렇구나. 형제는 2명뿐이야?

여 : 언니도 있어요. 부모님과 같이 살고 있어요.

여학생은 누구와 살고 있습니까?

1 언니
2 여동생
3 친척
4 부모님

答えは 2 ですから、答えはこのように書きます。

정답은 2번이므로 이와 같이 적습니다.

1番

店員と女の人が話しています。女の人は店員にいくら渡しましたか。

M： こちらでよろしいですか。2500円でございます。

F： 5000円で、お願いします。

M： 申し訳ございません、ちょうど細かいお金がないんですが。

F： そうなんですか。えっと、100円玉ならあります。

M： あ、では、お願いできますか。

F： はい、500円。

M： はい、では、こちらがおつりでございます。

女の人は店員にいくら渡しましたか。

1번　정답:4

점원과 여자가 이야기하고 있습니다. 여자는 점원에게 얼마를 건넸습니까?

남 : 이쪽 걸로 하면 되겠습니까? 2500엔입니다.

여 : 5000엔짜리인데, (이것으로)부탁드립니다.

남 : 죄송합니다. 마침 잔돈이 없습니다만.

여 : 그렇습니까. 음, 100엔짜리 동전이라면 있습니다.

남 : 아, 그럼(그것으로) 주시겠습니까?

여 : 예, 그럼 500엔.

남 : 예, 그럼, 잔돈 여기 있습니다.

여자는 점원에게 얼마를 건넸습니까?

1 2500엔
2 2600엔
3 3000엔
4 5500엔

2番

<ruby>男<rt>おとこ</rt></ruby>の<ruby>人<rt>ひと</rt></ruby>と<ruby>女<rt>おんな</rt></ruby>の<ruby>人<rt>ひと</rt></ruby>が<ruby>電話<rt>でんわ</rt></ruby>で<ruby>話<rt>はな</rt></ruby>しています。<ruby>男<rt>おとこ</rt></ruby>の<ruby>人<rt>ひと</rt></ruby>はいつ<ruby>本<rt>ほん</rt></ruby>を<ruby>返<rt>かえ</rt></ruby>しますか。

M： あ、もしもし、この<ruby>間<rt>あいだ</rt></ruby><ruby>借<rt>か</rt></ruby>りた<ruby>本<rt>ほん</rt></ruby>、<ruby>今<rt>いま</rt></ruby>から<ruby>返<rt>かえ</rt></ruby>しに<ruby>行<rt>い</rt></ruby>ってもいいかな。

F： あ、あの<ruby>本<rt>ほん</rt></ruby>なら、<ruby>来週<rt>らいしゅう</rt></ruby>でいいよ。

M： <ruby>来週<rt>らいしゅう</rt></ruby>の<ruby>発表会<rt>はっぴょうかい</rt></ruby>のとき？でも、それだと<ruby>忘<rt>わす</rt></ruby>れそうだから。

F： <ruby>大丈夫<rt>だいじょうぶ</rt></ruby>だよ。<ruby>別<rt>べつ</rt></ruby>に<ruby>急<rt>いそ</rt></ruby>がないし。

M： <ruby>買<rt>か</rt></ruby>い<ruby>物<rt>もの</rt></ruby>に<ruby>行<rt>い</rt></ruby>く<ruby>途中<rt>とちゅう</rt></ruby>に<ruby>寄<rt>よ</rt></ruby>ろうと<ruby>思<rt>おも</rt></ruby>ったんだけど。

F： でも、<ruby>今<rt>いま</rt></ruby>からちょっと<ruby>友達<rt>ともだち</rt></ruby>に<ruby>会<rt>あ</rt></ruby>うことになっていて。

M： そうか、じゃ、だめだね。

<ruby>男<rt>おとこ</rt></ruby>の<ruby>人<rt>ひと</rt></ruby>はいつ<ruby>本<rt>ほん</rt></ruby>を<ruby>返<rt>かえ</rt></ruby>しますか。

2번 정답:1

남자와 여자가 전화를 하고 있습니다. 남자는 언제 책을 돌려주겠습니까?

남 : 아, 여보세요, 요전번에 빌린 책 , 지금 돌려주러 가도 될까?

여 : 아, 그 책이라면 다음 주에 줘도 돼.

남 : 다음 주 발표회 때? 하지만 그때라면 잊어버릴 것 같아서.

여 : 괜찮아. 그다지 급할 것도 없고 하니까.

남 : 쇼핑하러 가는 도중에 들를까 했는데.

여 : 하지만, 지금부터 잠깐 친구를 만나기로 되어 있어서.

남 : 그렇구나, 그럼, 안되겠네.

제 4 회

남자는 언제 책을 돌려주겠습니까?

1 다음 주 발표회 때

2 지금부터

3 친구를 만났을 때

4 쇼핑을 한 후에

3番

<ruby>女<rt>おんな</rt></ruby>の<ruby>人<rt>ひと</rt></ruby>が<ruby>旅行社<rt>りょこうしゃ</rt></ruby>で<ruby>お店<rt>みせ</rt></ruby>の<ruby>人<rt>ひと</rt></ruby>と<ruby>話<rt>はな</rt></ruby>しています。<ruby>女<rt>おんな</rt></ruby>の<ruby>人<rt>ひと</rt></ruby>はいつ<ruby>東京<rt>とうきょう</rt></ruby>へ<ruby>行<rt>い</rt></ruby>きますか。

F： すみません、<ruby>今週<rt>こんしゅう</rt></ruby>の<ruby>木曜日<rt>もくようび</rt></ruby>に<ruby>東京<rt>とうきょう</rt></ruby>に<ruby>行<rt>い</rt></ruby>くチケットを<ruby>買<rt>か</rt></ruby>いたいのですが。

M： <ruby>今週<rt>こんしゅう</rt></ruby>の<ruby>木曜日<rt>もくようび</rt></ruby>ですか。<ruby>午後<rt>ごご</rt></ruby>の<ruby>便<rt>びん</rt></ruby>ならとれますよ。

F： <ruby>午前中<rt>ごぜんちゅう</rt></ruby>はないんですか。じゃあ、<ruby>水曜日<rt>すいようび</rt></ruby>の<ruby>夜<rt>よる</rt></ruby>は？

M： <ruby>水曜日<rt>すいようび</rt></ruby>はもう<ruby>空<rt>あ</rt></ruby>いていませんね。

F： <ruby>木曜日<rt>もくようび</rt></ruby>の<ruby>夜<rt>よる</rt></ruby>、<ruby>友達<rt>ともだち</rt></ruby>の<ruby>結婚式<rt>けっこんしき</rt></ruby>があるんです。<ruby>午後<rt>ごご</rt></ruby>の<ruby>便<rt>びん</rt></ruby>は<ruby>何時<rt>なんじ</rt></ruby>ですか。

M： <ruby>午後<rt>ごご</rt></ruby>4<ruby>時<rt>じ</rt></ruby>につきます。

F： それなら、<ruby>大丈夫<rt>だいじょうぶ</rt></ruby>そうです。<ruby>帰<rt>かえ</rt></ruby>りは<ruby>月曜日<rt>げつようび</rt></ruby>の<ruby>朝<rt>あさ</rt></ruby>、とれますか。

M： <ruby>大丈夫<rt>だいじょうぶ</rt></ruby>ですよ。

<ruby>女<rt>おんな</rt></ruby>の<ruby>人<rt>ひと</rt></ruby>はいつ<ruby>東京<rt>とうきょう</rt></ruby>へ<ruby>行<rt>い</rt></ruby>きますか。

3번   정답 : 2

여자가 여행사에서 직원과 이야기하고 있습니다. 여자는 언제 도쿄에 갑니까?

여 : 저, 이번 주 목요일에 도쿄에 가는 표를 사고 싶은데요.

남 : 이번 주 목요일이라고요? 오후 편이라면 구입할 수 있습니다.

여 : 오전 중에는 없습니까? 그럼, 수요일 밤은요?

남 : 수요일은 이미 비어 있지 않습니다(만석입니다).

여 : 목요일 밤에 친구 결혼식이 있어서요. 오후 편은 몇 시입니까?

남 : 오후 4시에 도착합니다.

여 : 그거라면 괜찮을 것 같습니다. 돌아오는 것은 월요일 아침인데 구입할 수 있습니까?

남 : 괜찮습니다.

여자는 언제 도쿄에 갑니까?

1 수요일 밤
2 목요일 오후
3 목요일 밤
4 월요일 아침

4番

<ruby>課<rt>か</rt></ruby><ruby>長<rt>ちょう</rt></ruby>と<ruby>男<rt>おとこ</rt></ruby>の<ruby>人<rt>ひと</rt></ruby>が<ruby>話<rt>はな</rt></ruby>しています。<ruby>男<rt>おとこ</rt></ruby>の<ruby>人<rt>ひと</rt></ruby>はどうして<ruby>休<rt>やす</rt></ruby>みをとりますか。

M： すみません、<ruby>来週<rt>らいしゅう</rt></ruby>、<ruby>休<rt>やす</rt></ruby>みをもらえないでしょうか。

F： <ruby>何曜日<rt>なんようび</rt></ruby>ですか。

M： <ruby>来週<rt>らいしゅう</rt></ruby>の<ruby>火曜日<rt>かようび</rt></ruby>です。ちょっと<ruby>用事<rt>ようじ</rt></ruby>があって。

F： どうしたんですか。おかあさんの<ruby>具合<rt>ぐあい</rt></ruby>、<ruby>悪<rt>わる</rt></ruby>いの？まだ<ruby>病院<rt>びょういん</rt></ruby>？

M： いえ、<ruby>母<rt>はは</rt></ruby>は<ruby>退院<rt>たいいん</rt></ruby>したんですが、むすめの<ruby>学校<rt>がっこう</rt></ruby>の<ruby>発表会<rt>はっぴょうかい</rt></ruby>があって。

F： ああ、それならいいですよ。お<ruby>母<rt>かあ</rt></ruby>さん、<ruby>退院<rt>たいいん</rt></ruby>されたんですね。よかった。

M： ありがとうございます。

<ruby>男<rt>おとこ</rt></ruby>の<ruby>人<rt>ひと</rt></ruby>はどうして<ruby>休<rt>やす</rt></ruby>みをとりますか。

4번　정답：4

과장과 남자가 이야기하고 있습니다. 남자는 왜 휴가를 얻습니까?

남 : 저, 다음 주에 휴가를 받을 수 없을까요?

여 : 무슨 요일입니까?

남 : 다음 주 화요일입니다. 볼일이 좀 있어서.

여 : 무슨 일인가요? 어머님 몸 상태가 안 좋은가요? 아직 병원에 계세요?

남 : 아니오, 어머니는 퇴원했습니다만, 딸 학교에서 발표회가 있어서.

여 : 아, 그렇다면 괜찮아요. 어머님은 퇴원하신 거네요. 다행입니다.

남 : 감사합니다.

남자는 왜 휴가를 얻습니까?

1　병원에 가기 때문에

2 어머니의 병문안을 가기 때문에
3 몸 상태가 안 좋기 때문에
4 아이의 학교에 가기 때문에

5番

<small>おとこ こ おんな こ はな</small>
男の子と女の子が話しています。<small>おんな ひと はや かえ</small>女の人はどうして早く帰りましたか。

M: あれ、デートじゃなかったの？ずいぶん、<small>はや</small>早いね。うちを<small>で</small>出てからまだ１<small>じ かん</small>時間くらいでしょう？

F: それがね、<small>えい が み い</small>映画を見に行ったんだけど、<small>じ かん</small>時間をまちがえていて、<small>み</small>見られなかったのよ。

M: <small>えい が</small>映画？

F: そう。<small>きょう ど よう び</small>今日は土曜日だから、<small>き のう じ かん ちが</small>昨日と時間が違ったの。<small>つぎ よる じ</small>次は夜の９時からだって。

M: そんなに<small>おそ</small>遅いの？

F: そう。それで、あきらめて、<small>かえ</small>帰ってきたの。

<small>おんな ひと はや かえ</small>
女の人はどうして早く帰りましたか。

5번　정답:3

남자와 여자가 이야기하고 있습니다. 여자는 왜 일찍 돌아왔습니까?

남 : 어? 데이트 아니었어? 상당히 일찍 왔네. 집을 나간 지 아직 1시간 정도 밖에 안 되었지?

여 : 그게 말이야, 영화를 보러 갔는데, 시간을 잘못 알아서 못 봤어.

남 : 영화?

여 : 응. 오늘은 토요일이라서 어제와 시간이 달랐어. 다음 상영 시간은 밤 9시부터래.

남 : 그렇게나 늦게?

여 : 응. 그래서 포기하고 돌아온 거야.

여자는 왜 일찍 돌아왔습니까?

1 데이트가 아니었기 때문에
2 집을 일찍 나섰기 때문에
3 시간을 잘못 알았기 때문에
4 오늘은 토요일이었기 때문에

6番

先生が話しています。明日、みんなはどこに集まればいいですか。

F： 明日は、遠足です。朝、学校を出発して、最初に美術館へ行きます。その後、近く
の公園で昼ごはんを食べてから、おかしの工場を見学に行きます。おかしがもらえ
るかもしれませんよ。朝は、いつもどおり、教室に来てください。お弁当はいりま
せんが、水は自分で用意してください。

明日、みんなはどこにあつまればいいですか。

6번　정답：1

선생님이 이야기하고 있습니다. 내일, 다들 어디에 모이면 됩니까?

여： 내일은 소풍입니다. 아침에 학교를 출발해서 처음에 미술관에 갑니다. 그 후에 가까운 공원에
서 점심을 먹고 나서 과자 공장을 견학하러 갑니다. 과자를 얻을 수 있을지도 모릅니다. 아침
에는 평소처럼 교실로 오세요. 도시락은 필요 없지만, 물은 자신이 직접 준비하세요.

내일, 다들 어디에 모이면 됩니까?

1　학교
2　미술관
3　공원
4　공장

7番

男の人と女の人が話しています。男の人はどうしてフランス語の勉強を始めましたか。

F： 鈴木さん、フランス語を勉強しているそうですね。

M： ええ、今度、フランス旅行に行くんですよ。

F： そうなんですか。それでフランス語を？

M： でも、始めたのは学生のときです。フランスの映画がとても好きだったんです。

F： そうですか。でも、フランス語って、むずかしいでしょう？

M： ええ、でも、おもしろいですよ。いつかフランス語の翻訳もできるようになりたい
です。

<ruby>男<rt>おとこ</rt></ruby>の<ruby>人<rt>ひと</rt></ruby>はどうしてフランス<ruby>語<rt>ご</rt></ruby>の<ruby>勉強<rt>べんきょう</rt></ruby>を<ruby>始<rt>はじ</rt></ruby>めましたか。

7번　정답:3

남자와 여자가 이야기하고 있습니다. 남자는 왜 프랑스어 공부를 시작했습니까?

여 : 스즈키 씨, 프랑스어를 공부하고 있다면서요.

남 : 예, 이번에 프랑스 여행을 가기 때문에요.

여 : 그래요? 그래서 프랑스어를?

남 : 하지만 시작한 것은 학생 때입니다. 프랑스 영화를 아주 좋아해서요.

여 : 그랬군요. 하지만 프랑스어는 어렵죠?

남 : 예, 하지만 재미있어요. 언젠가 프랑스어 번역도 할 수 있게 되고 싶어요.

남자는 왜 프랑스어 공부를 시작했습니까?

1　프랑스여행을 가기 때문에
2　학창시절에 공부해야 했기 때문에
3　프랑스 영화를 아주 좋아했기 때문에
4　프랑스어 번역을 하고 싶기 때문에

問題 3

もんだい3では、えを<ruby>見<rt>み</rt></ruby>ながらしつもんを<ruby>聞<rt>き</rt></ruby>いてください。 → （やじるし）の<ruby>人<rt>ひと</rt></ruby>は<ruby>何<rt>なん</rt></ruby>と<ruby>言<rt>い</rt></ruby>いますか。 1から3の<ruby>中<rt>なか</rt></ruby>から、いちばんいいものを<ruby>一<rt>ひと</rt></ruby>つえらんでください。

문제 3에서는 그림을 보면서 질문을 들으세요. → (화살표)의 사람은 뭐라고 말하겠습니까? 1부터 3 중에서 가장 적당한 것을 하나 고르세요.

<ruby>例<rt>れい</rt></ruby>:
お<ruby>土産<rt>みやげ</rt></ruby>を<ruby>買<rt>か</rt></ruby>いました。<ruby>会社<rt>かいしゃ</rt></ruby>の<ruby>人<rt>ひと</rt></ruby>にあげます。<ruby>何<rt>なん</rt></ruby>と<ruby>言<rt>い</rt></ruby>いますか。

M:　1　お<ruby>土産<rt>みやげ</rt></ruby>をあげますよ。

　　　2　お<ruby>土産<rt>みやげ</rt></ruby>をいただきました。

　　　3　これ、お<ruby>土産<rt>みやげ</rt></ruby>です。どうぞ。

선물을 샀습니다. 회사 동료에게 줍니다. 뭐라고 말하겠습니까?

남: 1 선물을 줄게요.

2 선물을 받았습니다.

3 이거, 선물입니다. 자(가지세요).

答えは３ですから、解答欄に３と書いてください。

정답은 3번이므로 정답란에 3이라고 써 주세요.

1番

本を借りたいです。何といいますか。

F： 1 すみません、この本、借りることができますか。

2 すみません、この本、貸せますか。

3 すみません、この本、借りていただけますか。

1번   정답:1

책을 빌리고 싶습니다. 뭐라고 말하면 되겠습니까?

여: 1 저, 이 책, 빌릴 수 있습니까?

2 저, 이 책, 빌려드릴 수 있습니까?

3 저, 이 책, (나 대신에 당신이) 빌려 줄 수 있습니까?

> **해설** 借りる (남에게)빌리다, 꾸다 | 貸す (남에게)빌려주다, 대여하다

2番

先生の声がよく聞こえません。何といいますか。

M： 1 あの、大きい声で話していいですか。

2 あの、後ろまで聞こえさせてください。

3 あの、もう少し大きい声でお願いします。

2번　정답:3

선생님의 목소리가 잘 들리지 않습니다. 뭐라고 말하겠습니까?

남: 1　저, 큰 소리로 말해도 됩니까?

　　2　저, 뒤에까지 들리게 하게 해 주세요.

　　3　저, 좀 더 큰 소리로 부탁드립니다.

　　　해설　2번은 어법에 맞지 않는다.

3番

メニューを見たいです。<ruby>何<rt>なん</rt></ruby>といいますか。

F：1　すみません、メニューを<ruby>持<rt>も</rt></ruby>っていますか。

　　2　すみません、メニューを<ruby>見<rt>み</rt></ruby>せていただけますか。

　　3　すみません、メニューを<ruby>見<rt>み</rt></ruby>てもいいですか。

3번　정답:2

메뉴를 보고 싶습니다.

여: 1　저기요, 메뉴를 가지고 있습니까?

　　2　저기요, 메뉴를 보여 주시겠습니까?

　　3　저기요, 메뉴를 봐도 됩니까?

4番

<ruby>図書館<rt>としょかん</rt></ruby>に<ruby>行<rt>い</rt></ruby>きたいです。<ruby>道<rt>みち</rt></ruby>を<ruby>聞<rt>き</rt></ruby>くとき、<ruby>何<rt>なん</rt></ruby>といいますか。

M：1　あの、<ruby>図書館<rt>としょかん</rt></ruby>へはどう<ruby>行<rt>い</rt></ruby>けばいいですか。

　　2　あの、<ruby>図書館<rt>としょかん</rt></ruby>に<ruby>行<rt>い</rt></ruby>ってもらえますか。

　　3　あの、<ruby>図書館<rt>としょかん</rt></ruby>に<ruby>連<rt>つ</rt></ruby>れて<ruby>行<rt>い</rt></ruby>きますか。

4번　정답:1

도서관에 가고 싶습니다. 길을 물을 때, 뭐라고 말하겠습니까?

남: 1　저, 도서관에는 어떻게 가면 됩니까?

　　2　저, 도서관에 가 주시겠습니까?

　　3　저, 도서관에 데리고 가겠습니까?

5番

<ruby>友<rt>とも</rt></ruby>だちといっしょにコンサートに<ruby>行<rt>い</rt></ruby>きたいです。<ruby>何<rt>なん</rt></ruby>といいますか。

F : 1 ねえ、いっしょにコンサート、<ruby>行<rt>い</rt></ruby>こうと<ruby>思<rt>おも</rt></ruby>う？

2 ねえ、いっしょにコンサート、<ruby>行<rt>い</rt></ruby>かない？

3 コンサート、いっしょに<ruby>行<rt>い</rt></ruby>ってもらう？

5번　정답:2

친구와 같이 콘서트에 가고 싶습니다. 뭐라고 말하겠습니까?

여:　1 저기 말이야, 같이 콘서트, 가려고 생각해?

2 저기 말이야, 같이 콘서트, 가지 않을래?

3 콘서트, 같이 가 달라고 해?

問題 4

もんだい 4 では、えなどがありません。まずぶんを<ruby>聞<rt>き</rt></ruby>いてください。それから、そのへんじを<ruby>聞<rt>き</rt></ruby>いて、1から3の<ruby>中<rt>なか</rt></ruby>から、いちばんいいものを<ruby>一<rt>ひと</rt></ruby>つえらんでください。

문제 4에서는 그림 같은 것이 없습니다. 우선 문장을 들세요. 그러고 나서 그 대답을 듣고 1부터 3 중에서 가장 적당한 것을 하나 고르세요.

<ruby>例<rt>れい</rt></ruby>:

F : スーパーへ<ruby>買<rt>か</rt></ruby>い<ruby>物<rt>もの</rt></ruby>に<ruby>行<rt>い</rt></ruby>きますけど、<ruby>何<rt>なに</rt></ruby>か<ruby>買<rt>か</rt></ruby>ってきましょうか。

M : 1 <ruby>高<rt>たか</rt></ruby>いですよ。

2 <ruby>忙<rt>いそが</rt></ruby>しそうです。

3 あ、<ruby>缶<rt>かん</rt></ruby>コーヒー、お<ruby>願<rt>ねが</rt></ruby>い。

정답: 3

여:　슈퍼에 쇼핑하러 가는데 뭔가 사 올까요?

남:　1 비싸요.

2 바쁜 것 같습니다.

3 아-, 캔 커피 부탁해.

答えは３ですから、解答欄に３と書いてください。

정답은 3번이므로 정답란에 3이라고 써 주세요.

1番

M: 明日、もし、雨が降ったら、試合、ありますか。

F： 1　いいえ、雨がふりますよ。

　　 2　雨が降ってもいいですよ。

　　 3　雨が降ってもありますよ。

1번　정답:3

남: 내일, 혹시 비가 오면 시합이 있습니까?

여: 1　아니오, 비가 옵니다.

　　 2　비가 오더라도 좋습니다.

　　 3　비가 오더라도 있습니다.

> 해설 雨が降ったら(만약 비가 오면 〜있습니까)로 물었기 때문에 3의 雨が降っても(비가 오더라도 있습니다)가 가장 자연스럽다.

2番

F： 山田さん、主人がいつもお世話になっています。

M： 1　はい、お世話いたしております。

　　 2　いいえ、こちらこそ。

　　 3　ご主人がすみません。

2번　정답:2

여: 야마다 씨, 남편이 늘 신세지고 있습니다.

남: 1　예, 보살펴 드리고 있습니다.

　　 2　아니오, 저야말로 신세지고 있습니다.

　　 3　남편 분이 미안합니다.

3番

M: あ、電車の中に、傘を忘れてしまいました。

F： 1 それで、雨が降っていますね。

2 それはいけませんね。

3 残念でしたね。

3번　정답：2

남: 아, 전차 안에 우산을 잊어버리고 내렸습니다.

여: 1 그래서 비가 내리고 있군요.

2 그거 안됐네요.

3 유감이네요.

4番

F： 日本語で手紙を書いたんですが、見ていただけませんか。

M: 1 はい、見てください。

2 はい、見てもらいます。

3 ええ、いいですよ。

4번　정답：3

여: 일본어로 편지를 썼는데, 봐 주시지 않겠습니까?

남: 1 예, 봐주세요.

2 예, 봐 줍니다.

3 예, 좋아요.

5番

M: もう宿題はできましたか。

F： 1 いいえ、まだなんです。

2 いいえ、もうしません。

3 いいえ、できません。

5번　정답 : 1

남 : 벌써 숙제는 다했습니까?

여 : 1　아니오, 아직 하지 않았습니다.

　　 2　아니오, 이제 하지 않겠습니다.

　　 3　아니오, 할 수 없습니다.

　　　　해설　여기서의 できました는 '완성되다' 의 의미이고, 3의 できません은 가능의 뜻인 '할 수 없습니다.' 의 의미이다.

6番

M :　この間貸した本、持ってきてくれた？

F :　1　うん、持ってきてくれた。

　　 2　うん、持って来たよ。

　　 3　うん、持っていったよ。

6번　정답 : 2

남 : 요전번에 빌려준 책, 가져 왔어?

여 : 1　응, 가지고 와 주었어.

　　 2　응, 가지고 왔어.

　　 3　응, 가지고 갔어.

7番

F :　土曜日のパーティーにいらっしゃいますか。

M :　1　はい、行きます。

　　 2　はい、来られます。

　　 3　はい、行っていただきます。

7번　정답 : 1

여 : 토요일 파티에 가십니까?

남 : 1　예, 갑니다.

　　 2　예, 올 수 있습니다.

3 예, (다른 사람에게)가도로 하겠습니다.

해설 いらっしゃる는 行く(가다), 来る(오다), いる(있다)의 존경어인데 이 문장에서는 '갑니다'의 의미로 쓰임.

8番

M : 鈴木さんをご存知ですか。

F : 1 いいえ、存知じゃありません。

2 いいえ、知っていません。

3 いいえ、存じません。

8번 정답:3

남: 스즈키 씨를 아십니까?

여: 1 잘 알지 않습니다.

2 아니오, 모릅니다.

3 아니오, 모릅니다.

해설 ご存知だ는 知る의 존경어이다.

1은 어법에 맞지 않다. 2는 知りません으로 해야 한다. 3의 存じる는 知る의 겸양어이다.

N4

JLPT
실전 모의고사

제 5 회

언어지식(문자 · 어휘)
·
언어지식(문법) · 독해
·
청해

언어지식
(문자·어휘)

문제 1
1 (4)
2 (3)
3 (2)
4 (1)
5 (3)
6 (3)
7 (4)
8 (3)
9 (2)

문제 2
10 (2)
11 (3)
12 (4)
13 (2)
14 (1)
15 (3)

문제 3
16 (2)
17 (3)
18 (3)
19 (1)
20 (2)
21 (2)
22 (1)
23 (4)
24 (1)

문제 4
25 (4)
26 (3)
27 (3)
28 (1)
29 (2)

문제 5
30 (1)
31 (3)
32 (2)
33 (4)
34 (2)

언어지식
(문법)·독해

문제 1
1 (4)
2 (1)
3 (4)
4 (1)
5 (3)
6 (2)
7 (2)
8 (2)
9 (1)
10 (1)
11 (3)
12 (2)
13 (3)
14 (2)
15 (3)

문제 2
16 (4)
17 (2)
18 (3)
19 (1)
20 (4)

문제 3
21 (4)
22 (2)
23 (1)
24 (1)
25 (3)

문제 4
26 (2)
27 (2)
28 (3)
29 (2)

문제 5
30 (1)
31 (3)
32 (4)
33 (4)

문제 6
34 (2)
35 (4)

청해

문제 1
1 (1)
2 (3)
3 (2)
4 (1)
5 (4)
6 (1)
7 (3)
8 (4)

문제 2
1 (2)
2 (4)
3 (3)
4 (1)
5 (3)
6 (3)
7 (4)

문제 3
1 (2)
2 (3)
3 (2)
4 (1)
5 (3)

문제 4
1 (3)
2 (2)
3 (1)
4 (3)
5 (2)
6 (1)
7 (1)
8 (2)

문제 1   밑줄 친 말은 히라가나로 어떻게 씁니까? 1, 2, 3, 4 중에서 가장 적당한 것을 하나 고르세요.

例^{れい} : 정답:3

例 : 정답:3

도둑에게 <u>지갑</u>을 도둑맞은 것 같습니다.

1   정답:4

기숙사 식사에 <u>만족</u>하고 있습니다.

2   정답:3

저 파란 <u>윗옷</u>(상의)을 입고 있는 사람은 누구입니까?

(해설) 上着^{うわぎ}는 うえぎ로 읽기 쉽지만 e(え)단이 복합어가 될 때는 a(あ)단으로 바뀌는 경우가 있으므로 주의한다.

(예)ふね+つみ→船積^{ふなづ}み 선적 | さけ+屋→酒屋^{さかや} 술집 | いな+光^{ひかり} →稲光^{いなびかり} 번개

3   정답:2

<u>실물</u>은 사진보다 더 예쁩니다.

(해설) 実現^{じつげん} 실현 | 実物^{じつぶつ} 실물 | 実習^{じっしゅう} 실습 | 実際^{じっさい} 실제

4   정답:1

<u>복잡한</u> 이야기라면 곤란합니다.

(해설) 混雑^{こんざつ} 혼잡

5   정답:3

중국에서는 설날을 <u>음력</u>(구력)으로 축하합니다.

(해설) 還暦^{かんれき} 환력=환갑 | 新暦^{しんれき} 신력=양력 | 履歴^{りれき} 이력

6   정답:3

매년 일본 친구에게 <u>연하장</u>을 받습니다.

7   정답:4

지금부터 회의 준비를 하는데 <u>거들어</u> 주지 않겠습니까?

8   정답:3

내년에 <u>벼</u> 수출이 줄겠지요.

(해설) 稲(벼)는 단독으로 쓰면 いね지만 복합어로 쓰일 때는 いな로 읽는다.

(예)稲光^{いなびかり} 번개 | 稲妻^{いなずま} 번개

9 정답:2

야채 가게에서는 제철 야채를 팔고 있습니다.

해설 야채 가게(八百屋)는 특이하게 읽는 한자이므로 잘 기억해 두어야 한다.

문제 2 밑줄 친 말은 어떻게 씁니까? 1, 2, 3, 4 중에서 가장 적당한 것을 하나 고르세요.

例 : 정답:3

기모노를 입을 기회는 적어졌습니다.

10 정답:2

공장에서는 도장하는 데에 로봇을 사용하고 있습니다.

해설 塗る(칠하다)의 음독은 と. (예)塗装 도장 | 塗料 도료

11 정답:3

해외로의 전근을 희망하고 있습니다.

12 정답:4

나이가 많은 분에게 자리를 양보합시다.

13 정답:2

장래에는 노동시간이 짧아집니다.

해설 移動 이동 | 労力 노력, 수고, 일손

14 정답:1

디지털 카메라라도 값이 싼 것이 많이 있습니다.

해설 値引き 값을 깎음 | 値上り 값이 오름 | 値打ち 값어치

15 정답:3

라인은 간결하게 정보를 전합니다.

해설 完璧 완벽

제 5 회

문제 3 (   )에 무엇을 넣습니까? 1, 2, 3, 4 중에서 가장 적당한 것을 하나 고르세요.

例 : 정답:4

창문이 더러우니까 (닦아) 주세요.

16 정답:2

몸을 움직이지 않고 책상 앞에 (앉아서) 생활하는 사람이 증가합니다.

> 해설 ～ないで ～하지 않고, ～하지 말고

17 정답:3

일기에는 자신의 (감상)이나 기분을 쓸 수 있습니다.

> 해설 資格 자격 | 手帳 수첩 | 世話 보살핌

18 정답:3

(뜨거운 물)이 있으면 어디서라도 인스턴트 라면을 먹을 수 있습니다.

> 해설 汁 즙, 국물 | 湯 뜨거운 물 | だし だし汁의 준말로 국물을 만드는 재료 | 味噌 된장

19 정답:1

최근에는 (건강)을 생각해서 운동을 하는 사람이 많습니다.

> 해설 健康 건강 | 結構 훌륭함, 이제 됐음 | 経験 경험

20 정답:2

여행 정보를 (자세히) 조사합시다.

> 해설 小さく 작게 | 易しく 쉽게 | めでたく 순조롭게

21 정답:2

감기 걸렸을 때, 체온계로 열을 (잽니다).

> 해설 貼る 붙이다 | 測る 재다 | 数える 헤아리다 | 計算する 계산하다
>
> 조사 で는 수단, 도구, 방법을 나타낸다.
>
> *무게를 재는 '저울'은 秤라고 한다.

22 정답:1

생일파티에서 케이크를 (너무 먹었)습니다.

> 해설 동사 ます형 + すぎる : 지나치게 ～하다.

23 정답:4

올해 상여금은 무엇(에) 사용합니까?

24 정답:1

체육관에서 전문 (코치)가 지도해 줍니다.

> 해설 コーチ 코치 | コーラ 콜라 | コアラ 코알라 | リーダー 리더

문제 4　밑줄 친 문장과 비슷한 문장이 있습니다. 1, 2, 3, 4 중에서 가장 적당한 것을 하나 고르세요.

例 : 정답 : 1
여기서 한국어를 배울 수 있습니다.
1　여기서 한국어를 가르치고 있습니다.

25　정답 : 4
눈이 오면 외출하지 않습니다.
4　만약 눈이 오면 아무데도 가지 않습니다.

26　정답 : 3
야마다 씨에게 잡지를 빌려 주었습니다.
3　야마다 씨는 저의 잡지를 빌려갔습니다.
해설　2의 山田さんは私の雑誌をもらっていきました는 '야마다 씨가 내 잡지를 받아가서 그의 것이 되었습니다' 라는 뜻이고, 3의 山田さんは私の雑誌を借りていきました는 '야마다 씨는 저의 잡지를 빌려갔습니다' 란 뜻이므로 제시한 문장의 의미와 같은 것은 3번이다.

27　정답 : 3
넓은 정원이 있는 집을 갖고 싶습니다.
3　넓은 정원이 있는 집에 살고 싶습니다.
해설　1의 猫の額みたいな庭を持ちたいです(고양이 이마 같은 정원을 갖고 싶습니다)에서 猫の額는 '고양이 이마'란 의미로 땅이나 장소가 매우 협소하다는 말이므로 '넓은 정원'과는 어울리지 않는 말이다.

28　정답 : 1
이것을 오른쪽으로 돌리면 소리가 커집니다.
1　이것을 왼쪽으로 돌리면 소리가 작아집니다.

29　정답 : 2
케이코 씨는 결혼을 신청 받았습니다.
2　케이코 씨는 남자 친구로부터 프러포즈 받았습니다.

제5회

문제5　다음 말의 사용법으로 가장 적당한 것을 1, 2, 3, 4 중에서 하나 고르세요.

例 : 정답:4 지내다

4　주말에는 가족과 <u>지냅니다.</u>

30　정답:1 사라지다, 꺼지다, 지워지다

1　손님의 모습이 <u>사라질</u> 때까지 배웅했다.

해설 2는 きえそうです(꺼질 것 같습니다)로, 4는 きえてしまった(꺼져 버렸다)로 고쳐야
한다.

31　정답:3 안심

3　부모를 <u>안심</u>시키기 위해 자주 전화한다.

해설 1과 2는 安全(あんぜん), 4는 安定(あんてい)으로 고쳐야 한다.

32　정답:2 주문하다,부탁하다

2　일이 바쁘니까 배달을 <u>주문해야겠다.</u>

해설 1은 頼(たの)まれた(부탁받았다)로, 3은 頼(たの)りになるひと(의지가 되는 사람), 4는 頼(たの)んだ(부
탁했다)로 고쳐야 한다.

33　정답:4 깨지다

4　이 컵은 깨졌습니다.

해설 1은 故障(こしょう)しています(고장 났습니다) 2는 倒(たお)れています(쓰러져 있습니다) 3은 壊(こわ)れ
ています(망가져 있습니다)로 고쳐야 한다.

34　정답:2 떨어뜨리다, 줄이다

2　길모퉁이에서 자동차는 속도를 떨어뜨렸다.

해설 3의 おとした는 '누락하다, 빠뜨리다'의 의미이며, 4의 おとします는 おちる 못하다,
미치지 못하다 의 타동사로 여기서는 '떨어뜨리다'의 의미로 쓰였다.

(예)味(鮮度)が落ちる。 맛(신선도)이 떨어진다.

味を落とさないで売る。 맛을 떨어뜨리지 않고 판다.

문제 1   (   )에 무엇을 넣습니까? 1, 2, 3, 4 중에서 가장 적당한 것을 하나 고르세요.

例^{れい} : 정답:3

길(을) 건널 때는 충분히 주의해 주세요.

[1] 정답:4

하나코는 졸업식(에) 참석하지 않았습니다.

[2] 정답:1

오키나와는 관광객(이) 많습니다.

[3] 정답:4

수업이 끝나면 교실은 조용(하게) 됩니다.

> (해설) な형용사 + ～になる : ～해 지다, ～게 되다

[4] 정답:1

슬리퍼를 신은 (채) 방에 들어갔습니다.

> (해설) ～たまま ～한 채
>
> 履^はく는 신발, 양말, 바지 등 벨트라인 아래쪽에 신거나 입는 것을, 着^きる는 벨트라인 위쪽에 입거나 아래, 위 구분 없는 옷을 입을 때 사용한다.

[5] 정답:3

휴대전화를 보(면서) 걷는 것은 위험합니다.

> (해설) 동사 ます형 + ながら : <동시동작> ～하면서

[6] 정답:2

이것은 제가 지난주에 진지하게 (쓴) 리포트입니다.

> (해설) 真剣^{しんけん}은 な형용사이므로 동사 書^かく에 연결될 때는 동사수식형인 に가 되어야 한다.
> 真剣^{しんけん}に 진지하게(동사수식형) | 真剣^{しんけん}な 진지한(명사수식형)

[7] 정답:2

A : 교쿠잔(후지산)에 오른 (적)이 없습니다.

B : 그럼, 괜찮다면 같이 오르지 않겠습니까?

> (해설) ～たことがある의 문형에서 こと는 '경험'을 나타낸다.

8 정답 : 2

일과 가족 중에서 어느 쪽이 (중요하다)고 생각합니까?

해설 종지형 + と思う : ～라고 생각한다

大切だ(소중하다, 귀중하다)는 大(たい)에 탁음이 없고, 비슷한 뜻인 大事だ(소중하다, 중요하다)는 大(だい)에 탁음이 있음에 주의한다.

9 정답 : 1

위험하므로 어두운 길은 혼자서 (걷지 않)도록 하고 있습니다.

해설 ～ないようにする ～하지 않도록 노력하고 있다

10 정답 : 1

2 번째 역에서 내리(면) 대학이 바로 보입니다.

해설 길 안내를 할 때 '기본형 + と'는 'A하면 반드시 B하다'라는 필연의 의미를 나타낸다.

11 정답 : 3

덴만구에서 사진을 찍기도(하고), 에마를 쓰기도 (하며) 굉장히 즐거웠습니다.

해설 ～たり～たり する ～하거나 ～하거나 한다

12 정답 : 2

장롱 위에 인형이 (장식되어 있습니다).

해설 타동사 + てある : <결과의 상태> ～하여(져) 있다

13 정답 : 3

A : 작은 글자가 보기(힘듭니다).

B : 나이를 들어서겠지요.

해설 동사 ます형 + やすい : ～하기 쉽다 | 동사 ます형 + にくい : ～하기 힘들다

14 정답 : 2

아라카와 씨는 후쿠오카 시에 (살았었습니다).

15 정답 : 3

서울 대학의 주소를 (알고 있습니)까?

해설 '알고 있습니까?'는 知りますか가 아닌 知っていますか로 해야 함에 주의한다.

문제 2　★에 들어갈 것은 어느 것입니까? 1, 2, 3, 4 중에서 가장 적당한 것을 하나 고르세요.

例 : 정답 : 1 (3214)

원문　わからないときは うけつけのひとに きけば おしえて もらえる はず です。
　　　　　　　　　　　　　　　　　　　　　　　　　　　　　★

　　　　모를 때는 접수처에 있는 안내하는 분에게 물으면 가르쳐 받을 수 있을 것입니다.
올바른 순서는 3214입니다. ★의 자리에 들어갈 내용은 1이므로 정답은 1입니다.

16　정답 : 4 (1243)
　원문　山田さんが 転勤で 秋田へ 行く そう です。
　　　　　　　　　　　　　　　★
　　A : 야마다 씨가 전근으로 아키타에 간다 고 합니다.
　　B : 정말입니까?

17　정답 : 2(1324)
　원문　おりますが、ゆうべから 気分が 悪くて 休んでいます。
　　　　　　　　　　　　　　　★
　　A : 남편 분은 계십니까?
　　B : 있습니다만, 어제 밤부터 속이 안 좋아서 쉬고 있습니다.

18　정답 : 3 (2431)
　원문　名前と 住所 が わかる ものを 持って行ってください。
　　　　　　　　　　　　★
　　이름과 주소 를 알 수 있는 것을 가지고 가세요.

19　정답 : 1 (4312)
　원문　となりの 部屋から テレビの 音が 聞こえて きます。
　　　　　　　　　　　　　　　★
　　옆 방에서 텔레비전 소리가 들려 옵니다.

20　정답 : 4(3241)
　원문　須賀さん は ショコラ を くれました。
　　　　　　　　　　　★
　　스가 씨는 초콜릿 을 주었습니다.

문제 3　　21 ~ 25 에 무엇을 넣습니까? 문장의 의미를 생각해서 1, 2, 3, 4 중에서 가장 적당한 것을 하나 고르세요.

　　요리를 (21 : 만들고 나서) 먹을 때까지 시간이 떠버리는 경우가 많기 때문에, 식중독을 막으려면 충분한 주의가 필요합니다. 조리 전에는 (22 : 철저하게) 손을 씻읍시다.

　　상처가 있는 손으로 음식(23 : 에) 손대지 않도록 합시다. 식재료는 중심까지 충분히 가열합시다. 계란말이나 햄버거 등은 속까지 확실하게 불을 (24 : 넣어서 익힙시다). 도시락에 채워 넣기 전에 잠시 식힙시다. 그리고 청결한 사이바시를 사용합시다. 보냉제나 휴대용 냉장상자를 활용하여, (25 : 가능한 한)시원한 장소에서 보관합시다.

(주1) 菜箸(さいばし) : 요리의 조리나 식사 때 나눠 담는데 사용되는 긴 젓가락.
(주2) クーラーバッグ 냉장 상자

21　　정답:4 만들고 나서

22　　정답:2 철저하게

23　　정답:1 ~에

24　　정답:1 넣어서 익힙시다.

25　　정답:3 가능한 한

문제 4　　다음의 (1)에서 (4)의 문장을 읽고 질문에 답하세요. 답은 1, 2, 3, 4 중에서 가장 적당한 것을 하나 고르세요.

(1)

　　전골이나 우동, 장어 등 일본에는 맛있는 것이 많이 있습니다. 가격이 매우 비싼 것도 있지만, 싼 것도 많이 있을 겁니다. 튀김이나 전골은 정말 맛있습니다. 장어는 맛있지만 처음에는 무서워서 먹을 수 없었습니다. 낫토는 좋은 냄새라고는 생각하지 않아 지금도 도전할 수 없습니다. 그러나 친구가 추천해서 곱창구이를 먹을 수 있게 되었습니다.

26　　정답:2

필자가 아직 먹을 수 없는 것은 무엇입니까?
1　곱창구이
2　낫토
3　튀김
4　장어

(2)

기초강좌 1
김의 기본 사이즈

김 1장 (전체 형태) 의 사이즈는 원칙적으로 세로 21×가로 19cm입니다. 쇼와 40년대(1965~74
년)에 이 사이즈로 전국 통일되었습니다. 그 이전에는 대형과 소형 등, 각 산지에서 김 사이즈는 각각
달랐던 것 같습니다.

최근에는 각 메이커가 먹기 쉬운 크기로 미리 자른 "주먹밥용" "손으로 말기용" "반찬용"과 같은
사이즈도 등장하고 있습니다. 용도에 맞춰 골라 주세요.

- **구이 김 반절 타입**

초밥용이나 삼각 김밥용으로 최적. 편의점의 주먹밥도 이 타입을 사용하고 있습니다.

- **구이 김 3절 타입**

전체 크기의 3분의 1 사이즈인 김은 주먹밥을 타와라 말기로 할 때나, 떡에 감는 데에 딱 맞는 사이
즈입니다.

- **조미 김**

- **8절 봉지 타입**

메이커에 따라 <오무스비 김> <오카즈 김> <오니기리 김> 따위로 이름을 붙인 곳도 있습니다.
1봉지 8절 사이즈 8장이 들어간 것으로 3봉지에서 8봉지로 판매되고 있습니다.

- **모미노리(김 가루)와 기자미노리(가늘게 자른 김)**

덮밥이나 메밀국수 등의 토핑에 요긴하게 쓰입니다.

(주1) マチマチ : 각각 다름
(주2) おむすび : 주먹밥
(주3) 重宝(じゅうほう) : 편리하고 도움이 되는 것

---

27 정답 : 2

주먹밥을 만드는데 사용할 수 없는 김은 어느 것입니까?

1　구운 김 반절 타입
2　모미노리(김 가루)와 기자미노리(가늘게 자른 김)
3　구운 김 3절 타입
4　8절 봉지 타입

(3)

연구실 문에 이 메모가 붙여져 있습니다.

오자키 선생님   7월 4일 오후 2시

　지난 주 수업에서 말씀하신 『중급 프랑스어』라는 교재는 아직 도서관에 반납되어 있지 않습니다. 그것을 빌리고 싶은데, 부탁드릴 수 있을까요? 3시에 다시 찾아뵙겠습니다.

소메이

---

28 정답:3

소메이 씨는 왜 선생님에게 교재를 빌리고 싶은 것입니까?

1　오자키 선생님의 책이 새것이기 때문에.
2　도서관 책은 예약되어 있지 않기 때문에.
3　도서관 것은 아직 반납되어 있지 않기 때문에.
4　대학 부속 도서관은 멀기 때문에.

(4)

　타케시 : 어제 우연히 그녀를 만났는데 그때 그녀는 당신의 험담을 했었습니다. 그리고 매우 화를 냈습니다. 지금까지 그토록 사이가 좋았는데.

　타카코 : 우리는 그저께 말다툼을 했습니다. 그녀는 매일 밤 늦게 돌아옵니다. 그래서 제가 주의를 주었습니다. 단지 그것 뿐입니다.

29 정답:2

타케시와 그녀는 어떤 사이입니까?

1　룸메이트입니다
2　아는 사이입니다
3　자매입니다
4　부모와 자식입니다

- -

문제 5　다음 문장을 읽고 질문에 답해 주세요. 답은 1, 2, 3, 4 중에서 가장 적당한 것을 하나 고르세요.

　다카오시의 고산구에 다카오 미술관이 있습니다. 이 미술관에서는 자주 그 지방 예술가에 의한 유화나 조각, 서도, 수묵화 등의 전람회를 열고 있습니다.

미술관 주위는 넓고 훌륭한 정원이어서 느긋하게 산책할 수 있습니다. 정원에 나무나 꽃이 많이 심어져 있습니다. 아열대 나무가 1년 내내 푸른데, 계절에 따라 가지각색의 꽃이 피어 있어서 아주 아름답게 보입니다. 정원에 시냇물도 있고 작은 다리가 걸쳐져 있습니다.

①이 미술관은 교외에 있어서 아주 조용합니다. 그러나 타이완 철도의 선로에 가깝기 때문에, 가끔 열차 소리가 들립니다. 열차를 타고 있는 사람도 미술관의 정원과 건물이 보입니다.

요사이 이 근처에는 고층 빌딩이 연이어 지어져서 번화한 지역으로 변신했습니다.

타이페이나 타이중에도 유명한 미술관이 있지만, 여기에서는 차분하게 ②타이완 남부의 풍토와 인정을 맛볼 수 있습니다. 뭐니뭐니해도 내 고향의 미술관이어서 가장 애착이 있는 것입니다.

(주1) **線路(せんろ)** : 열차 등이 다니는 길

(주2) **次々(つぎつぎ)** : 어떤 일이 연달아 계속되는 모양

(주3) **地域(ちいき)** : 구획된 토지의 구역

(주4) **風土(ふうど)** : 그 땅 특유의 자연환경과 정신적인 환경

(주5) **人情(にんじょう)** : 인간의 있는 그대로의 정감

(주6) **愛着(あいちゃく)** : 마음이 끌려 단념할 수 없는 것

30 정답:1

필자의 고향은 어디입니까?

1 다카오

2 타이베이

3 타이중

4 타이난

31 정답:3

①이 미술관이라고 있는데, 어느 건물을 가리킵니까?

1 객가 미술관

2 타이완 박물관

3 다카오 미술관

4 고궁 박물관

32 정답:4

②타이완 남부의 풍토와 인정을 맛볼 수 있습니다. 라고 있는데, 타이완 남부의 풍토와 인정을 알 수 있다고 할 수 없는 것은 어느 것입니까?

1 그 지방 예술가들의 작품에서

2 미술관 주위의 식물에서

3 미술관 근처의 건물에서

4 미술관 정원이 있는 온실에서

33 정답:4

이 문장을 쓴 사람은 어떤 순서로 미술관을 묘사합니까?

1 고산구 → 고층빌딩 → 식물 → 예술품

2 정원 → 그 지방 예술품 → 연못 → 다리

3 선로 → 열차 → 아열대 동물 → 예술품

4 예술품 → 식물 → 시냇물 → 고층빌딩

문제 6 오른쪽 페이지에 있는 <균형 잡힌 도시락 싸기>의 공지를 보고, 아래의 질문에 답해 주세요. 답은 1, 2, 3, 4 중에서 가장 적당한 것을 하나 고르세요.

균형 잡힌 도시락 싸기

참고: NPO법인 식생태학 실천 포럼 HP에서

균형 잡힌 도시락을 만들려면 <주식3: 주채1: 부채2>를 유의합시다.

주식

밥, 빵, 면 등의 탄수화물이 주된 것

몸을 움직이는 에너지원이 된다.

주채

고기, 생선, 계란 등 단백질이 많은 반찬

혈액이나 근육 등 몸을 만든다.

부채

야채, 버섯, 해조 등 비타민이나 미네랄이 많은 반찬

몸의 균형을 조절한다.

도시락을 채워 넣는 4개의 단계

도시락을 채울 때는 밥 → 큰 반찬 → 작은 반찬의 순으로 채워 주세요. 빈틈없이 반찬을 채우는 것만으로도 들고 다녀도 내용물이 한쪽으로 쏠리는 것을 막을 수 있습니다.

● 스텝1

주식인 밥을 채우고 식힙니다.

● 스텝2

주채가 되는 큰 반찬을 채워 넣습니다.

● 스텝3

부채가 되는 중간 크기 정도의 반찬을 채워 넣습니다.

● 스텝4

틈새를 메꾸는 작은 반찬을 채워 넣습니다.

맛있어 보이는 배색

<백, 흑, 적, 황, 녹, 갈>의 6가지 색깔의 식재료를 넣음으로서 보기에도 맛있어 보이고,
간단하게 영양 밸런스도 좋은 도시락이 됩니다.

백 밥, 빵, 감자 등

흑 김, 깨, 톳 등

적 토마토, 당근, 연어 등

황 계란, 호박, 옥수수 등

녹 오이, 아스파라가스, 시금치 등

갈 쇠고기, 돼지고기, 닭고기, 버섯 등

34 정답:2

<주식> <주채> <부채> 라고 하는 것은 어떤 기준에 의해 나눠집니까?

1 색깔
2 영양 성분
3 만드는 순서
4 도시락 크기

35 정답:4

칸막이로 바란(도시락에 들어있는 녹색의 칸막이 필름)을 사용하고 싶을 때, 어느 단계에서 도시락에 넣습니까?

1 스텝1
2 스텝2
3 스텝3
4 스텝4

問題 1

もんだい 1 では、まずしつもんを聞_きいてください。それから話_{はなし}を聞_きいて、もんだいようしの 1 から 4 の中_{なか}から、いちばんいいものを一_{ひと}つえらんでください。

문제 1에서는 우선 질문 들으세요. 그리고 이야기를 듣고, 문제 용지의 1부터 4 중에서 가장 적당한 것을 하나 고르세요.

例_{れい}:
男_{おとこ}の人_{ひと}が女_{おんな}の人_{ひと}に電話_{でんわ}をしています。男_{おとこ}の人_{ひと}は、何_{なに}を買_かって帰_{かえ}りますか。

M: これから帰_{かえ}るけど、何_{なに}か買_かって帰_{かえ}ろうか。

F: ありがとう。えっと、醤油_{しょうゆ}を 2 本_{にほん}。それから。

M: ちょっと待_まって、醤油_{しょうゆ}は 2 本_{にほん}も？

F: えっと、1 本_{いっぽん}でいい。それからレモンを 2 つ_{ふた}。

M: あれ、レモンはまだ 1 つ_{ひと}あったよね。

F: 午後_{ごご}のティータイムに使_{つか}い切_きったの。

M: 分_わかった。じゃ、2 つ_{ふた}買_かって帰_{かえ}るね。

男_{おとこ}の人_{ひと}は、何_{なに}を買_かって帰_{かえ}りますか。

1 しょうゆ 1 本だけ

2 しょうゆ 1 本とレモン 1 つ

3 しょうゆ 2 本とレモン 2 つ

4 しょうゆ 1 本とレモン 2 つ

정답: 4

남자가 여자에게 전화를 하고 있습니다. 남자는 무엇을 사 가겠습니까?

남: 지금 집에 가는데 뭔가 사 갈까?

여: 고마워. 음, 간장 2병. 그리고.

남: 잠깐 기다려. 간장은 2병이나?

여: 음. 1개면 돼. 그리고 레몬 2개.

남: 어, 레몬은 아직 1개 있었지.

여: 오후 티타임 때 다 사용했어.

남: 알았어. 그럼, 2개 사 갈게.

남자는 무엇을 사 가겠습니까?

1 간장 1병만

2 간장 1병과 레몬 1개

3 간장 2병과 레몬 2개

4 간장 1병과 레몬 2개

答えは4ですから、答えはこのように書きます。

정답은 4번이므로, 이와 같이 적습니다.

1番

お母さんと子どもが話しています。子どもは、図書館へ行くとき、どこに寄りますか。

F： つよし、どこへ行くの？リュックを背負って。

M： 読んでしまった本を図書館に返却するんだ。その後、スーパーで何か買って帰る？

F： そうね。すき焼きを作るから、蒟蒻を買ってきて。でもさきに、速達で書類を送りたいから、急いで郵便局で出してきてくれない？

M： 分かった。書類はどこ？

F： 玄関の靴箱の上に置いてあるの。

子どもは、図書館へ行くとき、どこに寄りますか。

1번　정답:1

어머니와 아이가 이야기하고 있습니다. 아이는 도서관에 갈 때 어디에 들릅니까?

여: 츠요시, 어디 가는 거야? 배낭을 메고.

남: 다 읽은 책을 도서관에 반납하려고. 그 후에 슈퍼에서 뭔가 사 올까?

여: 글쎄. 전골을 만들 거니까 곤약을 사 와. 하지만 먼저 속달로 서류를 보내고 싶으니까 서둘러서 우체국에서 부치고 와 주지 않을래?

남: 알았어. 서류는 어디 있어?

여: 현관의 신발장 위에 놓여 있어.

아이는 도서관에 갈 때 어디에 들릅니까?

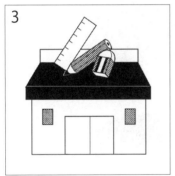

2番

女の人と男の人が話しています。教室はどうなりますか。

F： 窓を閉めましょうか。

M： ええ。でも、電気を消さないでください。それから、エアコンもつけといてください。まだ授業がありますから。

F： はい、分かりました。では、お先に失礼します。

教室はどうなりますか。
きょうしつ

2번　정답:3

여자와 남자가 이야기하고 있습니다. 교실은 어떻게 되겠습니까?

여: 창문을 닫을까요?

남: 예. 하지만 불은 끄지 말아 주세요. 그리고 에어컨도 켜 두세요. 아직 수업이 있으니까요.

여: 예. 알았습니다. 그럼 먼저 실례하겠습니다.

교실은 어떻게 되겠습니까?

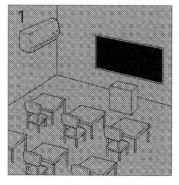
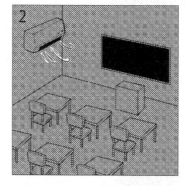

3番
ばん

男の人と女の人が携帯電話で話しています。男の人はどこどこに座っていますか。
おとこ ひと おんな ひと けいたいでんわ はな おとこ ひと すわ

M: 真壁です。今？今は車に乗っています。
ま かべ いま いま くるま の

F： 自分で運転してるんですか。

M： いや、つまに駅まで送ってもらっているところです。

F： そうですか。どこに座っているんですか。

M： 今日は助手席に座っています。ふだん、うしろですが。

男の人はどこに座っていますか。

3번　정답：2

남자와 여자가 휴대전화로 이야기하고 있습니다. 남자는 어디에 앉아 있습니까?

남: 마카베입니다. 지금? 지금은 차를 타고 있습니다.

여: 직접 운전하고 있는 겁니까?

남: 아니오, 아내가 역까지 바래주고 있는 중입니다.

여: 그렇습니까. 어디에 앉아 있으세요?

남: 오늘은 조수석에 앉아 있습니다. 평소에는 뒤에 앉습니다만.

남자는 어디에 앉아 있습니까?

4番
<ruby>番<rt>ばん</rt></ruby>

<ruby>女<rt>おんな</rt></ruby>の<ruby>人<rt>ひと</rt></ruby>と<ruby>男<rt>おとこ</rt></ruby>の<ruby>人<rt>ひと</rt></ruby>が<ruby>電話<rt>でんわ</rt></ruby>で<ruby>話<rt>はな</rt></ruby>しています。<ruby>男<rt>おとこ</rt></ruby>の<ruby>人<rt>ひと</rt></ruby>は<ruby>何<rt>なに</rt></ruby>を<ruby>買<rt>か</rt></ruby>って<ruby>帰<rt>かえ</rt></ruby>りますか。

F： <ruby>豚肉<rt>ぶたにく</rt></ruby>と<ruby>果物<rt>くだもの</rt></ruby>を<ruby>買<rt>か</rt></ruby>ってきてくれない？

M： いいよ。どんな<ruby>果物<rt>くだもの</rt></ruby>を<ruby>買<rt>か</rt></ruby>うの？

F： えっと、<ruby>桃<rt>もも</rt></ruby>が<ruby>好<rt>す</rt></ruby>きだから、それ、お<ruby>願<rt>ねが</rt></ruby>い。

M： <ruby>僕<rt>ぼく</rt></ruby>は<ruby>桃<rt>もも</rt></ruby>があまり<ruby>好<rt>す</rt></ruby>きじゃないんだけど、バナナを<ruby>買<rt>か</rt></ruby>ったらどう？

F： バナナは<ruby>家<rt>うち</rt></ruby>にあるから。<ruby>豚肉<rt>ぶたにく</rt></ruby>を<ruby>忘<rt>わす</rt></ruby>れないでね。

M： <ruby>分<rt>わ</rt></ruby>かった。

<ruby>男<rt>おとこ</rt></ruby>の<ruby>人<rt>ひと</rt></ruby>は<ruby>何<rt>なに</rt></ruby>を<ruby>買<rt>か</rt></ruby>って<ruby>帰<rt>かえ</rt></ruby>りますか。

4번   정답:1

여자와 남자가 전화로 이야기하고 있습니다. 남자는 무엇을 사 가겠습니까?

여: 돼지고기하고 과일을 사 와 주지 않을래?

남: 알았어. 어떤 과일 사면 돼?

여: 음, 복숭아를 좋아하니까, 그것 부탁해.

남: 난 복숭아를 별로 좋아하지 않는데, 바나나를 사는게 어때?

여: 바나나는 집에 있으니까. 돼지고기 잊지 마.

남: 알았어.

남자는 무엇을 사 가겠습니까?

1 복숭아와 돼지고기
2 바나나와 돼지고기
3 돈가스와 복숭아
4 복숭아와 바나나

5番
<ruby>番<rt>ばん</rt></ruby>

<ruby>男<rt>おとこ</rt></ruby>の<ruby>人<rt>ひと</rt></ruby>と<ruby>女<rt>おんな</rt></ruby>の<ruby>人<rt>ひと</rt></ruby>が<ruby>喫茶店<rt>きっさてん</rt></ruby>で<ruby>話<rt>はな</rt></ruby>しています。<ruby>女<rt>おんな</rt></ruby>の<ruby>人<rt>ひと</rt></ruby>はどうして<ruby>紅茶<rt>こうちゃ</rt></ruby>を<ruby>注文<rt>ちゅうもん</rt></ruby>しませんか。

M： ここの<ruby>紅茶<rt>こうちゃ</rt></ruby>、<ruby>安<rt>やす</rt></ruby>くて<ruby>美味<rt>おい</rt></ruby>しいのよ。サンドイッチも。

F： サンドイッチに<ruby>紅茶<rt>こうちゃ</rt></ruby>か。やはりポテトサラダとミルクにしよう。

M： いつもは紅茶を頼むのに、今日はどうしてミルクを飲むの？

F： 実は昨日紅茶をいっぱい飲んじゃったの。台湾人の友達に紅茶をたくさんもらったから。

M： いいなあ。僕もほしい。

女の人はどうして紅茶を注文しませんか。

5번　정답:4

남자와 여자가 찻집에서 이야기하고 있습니다. 여자는 왜 홍차를 주문하지 않습니까?

남: 여기 홍차, 싸고 맛있어. 샌드위치도.

여: 샌드위치에 홍차라. 역시 포테이토 샐러드하고 우유로 할래.

남: 평소에는 홍차를 주문하는데 오늘은 왜 우유를 마시는 거야?

여: 실은 어제 홍차를 많이 마셨어. 대만 친구에게 홍차를 많이 받아서.

남: 좋겠다. 나도 마시고 싶어.

여자는 왜 홍차를 주문하지 않습니까?

1　홍차를 좋아하지 않기 때문에
2　홍차는 우유보다 비싸기 때문에
3　홍차는 포테이토 샐러드에 맞지 않기 때문에
4　어제 홍차를 많이 마셨기 때문에

6番

女の人と男の人がコンビニについて話しています。男の人は何が懐かしいですか。

F： 日本のコンビニが懐かしいです。特にデザートが忘れられません。プリンとか。

M： 夜中でもデザートが買えますね。忙しくてもコンビニで安くておいしいものが買えます。いろいろなスパゲッティのお弁当がとても美味しかったなあ。

F： そうですね。コンビニにいろいろお世話になりましたね。

男の人は何が懐かしいですか。

6번 정답: 1

여자와 남자가 편의점에 대해서 이야기하고 있습니다. 남자는 무엇이 그립습니까?

여: 일본의 편의점이 그리워요. 특히 디저트를 잊을 수 없어요. 푸딩이라든가.

남: 한밤중에도 디저트를 살 수 있지요. 바쁘더라도 편의점에서 싸고 맛있는 것을 살 수 있습니다.
여러 가지 스파게티 도시락이 아주 맛있었지.

여: 맞아요. 편의점에 여러모로 신세졌지요.

남자는 무엇이 그립습니까?

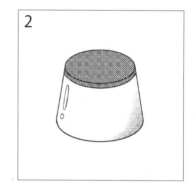

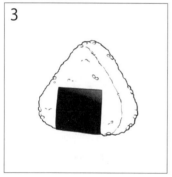

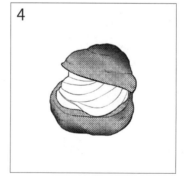

7<ruby>番<rt>ばん</rt></ruby>

<ruby>女<rt>おんな</rt></ruby>の<ruby>人<rt>ひと</rt></ruby>と<ruby>男<rt>おとこ</rt></ruby>の<ruby>人<rt>ひと</rt></ruby>が<ruby>会社<rt>かいしゃ</rt></ruby>で<ruby>話<rt>はな</rt></ruby>しています。<ruby>男<rt>おとこ</rt></ruby>の<ruby>人<rt>ひと</rt></ruby>は、<ruby>何人<rt>なんにん</rt></ruby>で<ruby>旅行<rt>りょこう</rt></ruby>をしましたか。

F： お<ruby>帰<rt>かえ</rt></ruby>りなさい。<ruby>九州<rt>きゅうしゅう</rt></ruby>はどうでしたか。

M： <ruby>楽<rt>たの</rt></ruby>しかったです。でも、<ruby>小<rt>ちい</rt></ruby>さい<ruby>子<rt>こ</rt></ruby>どもを<ruby>連<rt>つ</rt></ruby>れて<ruby>行<rt>い</rt></ruby>ったのでちょっと<ruby>疲<rt>つか</rt></ruby>れました。

F： <ruby>子<rt>こ</rt></ruby>どもは<ruby>何人<rt>なんにん</rt></ruby>つれて<ruby>行<rt>い</rt></ruby>きましたか。

M : うちは二人で、甥が一人。家内もうるさいって言ってました。

F : そうですか。大変でしたね。

男の人は、何人で旅行をしましたか。

7번　정답:3

여자와 남자가 회사에서 이야기하고 있습니다. 남자는 몇 명이서 여행을 했습니까?

여: 잘 다녀왔습니까? 큐슈는 어땠습니까?

남: 재미있었습니다. 하지만 어린 아이를 데리고 가서 좀 피곤했습니다.

여: 아이는 몇 명 데리고 갔습니까?

남: 우리는 2명이고, 남자 조카가 1명. 아내도 시끄럽다고 했어요.

여: 그랬군요. 힘들었겠군요.

남자는 몇 명이서 여행을 했습니까?

1　3명
2　4명
3　5명
4　6명

8番

女の人と男の人が話しています。いなくなった犬は、どの犬ですか。

F : うちの犬、いなくなったんです。どうしたらいいですか？

M : どんな犬なのか、教えてください。近所でちらしを配ってみましょう。

F : 体全体が黒くて、毛が短くて、前足だけ白い犬なんです。

M : ちらしに写真と電話番号を入れると、犬を見た人が知らせてくれますよ。

F : いいアイデアですね。お願いします。

いなくなった犬は、どの犬ですか。

8번   정답: 4

여자와 남자가 이야기하고 있습니다. 없어진 개는 어느 개입니까?

여: 우리 개가 없어졌어요. 어떻게 하면 됩니까?

남: 어떤 개인지 가르쳐 주세요. 근처에서 전단지를 돌려 봅시다.

여: 몸 전체가 검고, 털이 짧고, 앞발만 흰 개입니다.

남: 전단지에 사진과 전화번호를 넣으면 개를 본 사람이 알려 줄 거예요.

여: 좋은 아이디어군요. 부탁드리겠습니다.

없어진 개는 어느 개입니까?

問題 2

もんだい 2 では、まずしつもんを聞<small>き</small>いてください。そのあと、もんだいようしを見<small>み</small>てください。読<small>よ</small>む時間<small>じかん</small>があります。それから話<small>はなし</small>を聞<small>き</small>いて、もんだいようしの 1 から 4 の中<small>なか</small>から、いちばんいいものを一<small>ひと</small>つえらんでください。

문제 2에서는 우선 질문을 들으세요. 그 후에 문제 용지를 보세요. 읽는 시간이 있습니다. 그리고 나서 이야기를 듣고 문제 용지의 1부터 4 중에서 가장 적당한 것을 하나 고르세요.

例<small>れい</small>:

男<small>おとこ</small>の学生<small>がくせい</small>と女<small>おんな</small>の学生<small>がくせい</small>が話<small>はな</small>しています。女<small>おんな</small>の学生<small>がくせい</small>は誰<small>だれ</small>と暮<small>く</small>らしていますか。

M: 中山<small>なかやま</small>さん、新<small>あたら</small>しい生活<small>せいかつ</small>、どう?

F: 毎日楽<small>まいにちたの</small>しいですよ。

M: ご両親<small>りょうしん</small>と一緒<small>いっしょ</small>じゃなくて、寂<small>さび</small>しくない?

F: ええ、ちょっと寂<small>さび</small>しいですが、妹<small>いもうと</small>と一緒<small>いっしょ</small>に住<small>す</small>んでるから、大丈夫<small>だいじょうぶ</small>です。

M: なるほど。兄弟<small>きょうだい</small>は 2 人<small>ふたり</small>だけ?

F: 姉<small>あね</small>もいます。両親<small>りょうしん</small>と一緒<small>いっしょ</small>に暮<small>く</small>らしています。

女<small>おんな</small>の学生<small>がくせい</small>は誰<small>だれ</small>と暮<small>く</small>らしていますか。

1 あね

2 いもうと

3 しんせき

4 りょうしん

정답: 2

남학생과 여학생이 이야기하고 있습니다. 여학생은 누구와 살고 있습니까?

남: 나카야마 씨, 새로운 생활 어때?

여: 매일 즐거워요.

남: 부모님과 같이 살지 않아서 외롭지 않아?

여: 네, 좀 외롭긴 하지만 여동생과 같이 살고 있어서 괜찮아요.

남: 그렇구나. 형제는 2명뿐이야?

여: 언니도 있어요. 부모님과 같이 살고 있어요.

여학생은 누구와 살고 있습니까?

1 언니
2 여동생
3 친척
4 부모님

答えは2ですから、答えはこのように書きます。

정답은 2번이므로, 이와 같이 적습니다.

1番

男の学生と図書館のカウンターの人が話しています。学生は論文集をいつ返しますか。

F： 貸出しですか。ちょっと待ってください。

M： この2冊を借りたいんですが、いつまで借りられますか。

F： 貸出しは2週間で、再来週の金曜日までに返却すればいいです。

M： この論文集も借りていいですか。

F： これは私のです。同じ本は、書庫にもありますよ。

M： じゃあ、書庫から持ってきます。

学生は論文集をいつ返しますか。

1번　정답:2

남학생과 도서관 카운터 직원이 이야기하고 있습니다. 학생은 논문집을 언제 반납합니까?

여: 대출입니까? 잠깐 기다려 주세요.

남: 이 2권을 빌리고 싶은데 언제까지 빌릴 수 있습니까?

여: 대출은 2주일이며, 다다음주 금요일까지 반납하면 됩니다.

남: 이 논문집도 빌려도 됩니까?

여: 이것은 제 것입니다. 같은 책은 서고에도 있습니다.

남: 그럼, 서고에서 가지고 오겠습니다.

학생은 논문집을 언제 반납합니까?

1　1주일 후

2　2주일 후

3　형편이 좋을 때

4　시험이 끝났을 때

2番

女の人と男の人が話しています。女の人ははじめにいくら出しましたか。

F：お会計、お願いします。

M：はい。全部で２，１６０円です。

F：まずは２千円です。あら、小銭が１０円足りません。

女の人ははじめにいくら出しましたか。

2번　정답：4

여자와 남자가 이야기하고 있습니다. 여자는 처음에 얼마를 냈습니까?

여: 계산 부탁합니다.

남: 예. 전부 합해서 2,160엔입니다.

여: 우선 2000엔 드릴게요. 어머, 잔돈이 10엔 모자랍니다.

여자는 처음에 얼마를 냈습니까?

1　2,160엔

2　2,010엔

3　2,610엔

4　2,150엔

3番

男の人と女の人が話しています。二人は明日の何時に会いますか。

M：明日の歌舞伎、６時半からだっけ？

F ： うん。開演する前に、３０分ぐらい、ケーキを食べてから行かない？

M： 歌舞伎座では食事しながら観てもいいんじゃない？

F ： そうね。じゃあ、私がお弁当と飲み物を買っといて、始まる１５分前に入口で会おう。

M： いいね。そうしよう。

二人は明日の何時に会いますか。

3번　정답:3

남자와 여자가 이야기하고 있습니다. 두 사람은 내일 몇 시에 만납니까?

남: 내일 가부키, 6시 반부터였나?

여: 응. 공연시작하기 전에 30분 정도 케이크 먹고 나서 가지 않을래?

남: 가부키 극장에서는 식사하면서 봐도 괜찮지 않나?

여: 맞아. 그럼, 내가 도시락하고 음료수 사 두고, 시작하기 15분 전에 입구에서 만나자.

남: 좋아. 그렇게 하자.

두 사람은 내일 몇 시에 만납니까?

1　5:30

2　6:00

3　6:15

4　6:30

4番

女の学生と男の学生が話しています。女の学生は、だれに漬物をもらいましたか。

F ： お漬物、どうですか。

M： へえ、自分で作ったんですか。すごいですね。

F ： これは祖母が昨日くれたものです。

M： 漬物があると、ごはんが美味しくなりますよ。

女の学生は、だれに漬物をもらいましたか。

4번 정답：1

여학생과 남학생이 이야기하고 있습니다. 여학생은 누구에게 츠케모노(소금, 초, 된장, 지게미 등에 절인 저장 식품)를 받았습니까?

여: 츠케모노 어때요?

남: 우와, 직접 만들었습니까? 대단하네요.

여: 이것은 할머니가 어제 준 것입니다.

남: 츠케모노가 있으면 밥을 맛있게 먹을 수 있어요.

여학생은 누구에게 츠케모노를 받았습니까?

1 자신의 할머니에게

2 자신의 아주머니에게

3 자신의 어머니에게

4 친구의 어머니에게

5<ruby>番<rt>ばん</rt></ruby>

<ruby>男<rt>おとこ</rt></ruby>の<ruby>人<rt>ひと</rt></ruby>と<ruby>女<rt>おんな</rt></ruby>の<ruby>人<rt>ひと</rt></ruby>が<ruby>話<rt>はな</rt></ruby>しています。<ruby>男<rt>おとこ</rt></ruby>の<ruby>人<rt>ひと</rt></ruby>はホテルに<ruby>何泊<rt>なんぱく</rt></ruby>しますか。

M： <ruby>宿泊<rt>しゅくはく</rt></ruby>の<ruby>予約<rt>よやく</rt></ruby>をしたいんですが、<ruby>3月<rt>さんがつ</rt></ruby><ruby>3日<rt>みっか</rt></ruby>から<ruby>6日<rt>むいか</rt></ruby>まで<ruby>空<rt>あ</rt></ruby>いている<ruby>部屋<rt>へや</rt></ruby>がありますか。シングルを<ruby>一<rt>ひと</rt></ruby>つ。

F： <ruby>3日<rt>みっか</rt></ruby>から<ruby>6日<rt>むいか</rt></ruby>まで、ツインの<ruby>部屋<rt>へや</rt></ruby>はまだ<ruby>空<rt>あ</rt></ruby>いていますが、シングルの<ruby>部屋<rt>へや</rt></ruby>は<ruby>3日<rt>みっか</rt></ruby>から<ruby>4日<rt>よっか</rt></ruby>までしか<ruby>空<rt>あ</rt></ruby>いていません。どうなさいますか。

M： そうですね。ツインの<ruby>部屋<rt>へや</rt></ruby>で<ruby>構<rt>かま</rt></ruby>いませんから、<ruby>予約<rt>よやく</rt></ruby>を<ruby>入<rt>い</rt></ruby>れましょう。チェックインは<ruby>何時<rt>なんじ</rt></ruby>からですか。

<ruby>男<rt>おとこ</rt></ruby>の<ruby>人<rt>ひと</rt></ruby>はホテルに<ruby>何泊<rt>なんぱく</rt></ruby>しますか。

5번 정답：3

남자와 여자가 이야기하고 있습니다. 남자는 호텔에 몇 박 합니까?

남: 숙박 예약을 하고 싶은데요, 3월 3일부터 6일까지 빈 방이 있습니까? 싱글 하나.

여: 3일부터 6일까지 트윈 방은 아직 비어 있습니다만, 싱글 방은 3일부터 4일까지 밖에 비어 있지 않습니다. 어떻게 하시겠습니까?

남: 글쎄요. 트윈 방으로 해도 괜찮으니까 예약을 하겠습니다. 체크인은 몇 시부터입니까?

남자는 호텔에 몇 박 합니까?

1 1박

2 2박

3 3박

4 4박

6番

女の人と男の人が話しています。男の人はどこを案内する予定ですか。

F： もしもし、辻さんのお宅ですか。

M： はい。どなたですか？

F： 蔡と申します。今徳島の空港についたばかりです。

M： あ、蔡さん、久しぶり。いつ高松に来ますか。

F： あさって行きます。あしたは徳島の国際美術館に行きたいと思います。

M： じゃあ、高松に来てから、約束どおりに栗林公園を案内しましょう。

F： よろしくお願いします。

男の人はどこを案内する予定ですか。

6번   정답:3

여자와 남자가 이야기하고 있습니다. 남자는 어디를 안내할 예정입니까?

여: 여보세요? 츠지 씨 댁입니까?

남: 예. 누구신지요?

여: 사이라고 합니다. 지금 도쿠시마 공항에 막 도착했습니다.

남: 아, 사이 씨, 오랜만이네요. 언제 다카마츠에 옵니까?

여: 모레 갑니다. 내일은 도쿠시마의 국제미술관에 가고 싶습니다.

남: 그럼, 다카마츠에 온 다음에 약속대로 리츠린 공원을 안내해 드리겠습니다.

여: 잘 부탁드립니다.

남자는 어디를 안내할 예정입니까?

1 다카마츠 성

2 국제공항

3 리츠린 공원

4 국제 미술관

7番

男の人と女の人が話しています。女の人は、何時までに姫路駅に到着しなければなりませんか。

M： はい、姫路城です。

F： 姫路城を見学したいんですが、予約しておく必要がありますか。

M： いいえ、直接来たらいいです。入城は４時までです。

F： 姫路駅から歩いて何分かかりますか。

M： 歩いて２０分ほどです。

F： １日中ゆっくり拝観したいから、何時から入れますか。

M： ９時からです。

女の人は、何時までに姫路駅に到着しなければなりませんか。

7번　정답:4

남자와 여자가 이야기하고 있습니다. 여자는 몇 시까지 히메지 역에 도착해야 합니까?

남: 예, 히메지 성입니다.

여: 히메지 성을 보고 싶은데 예약할 필요가 있습니까?

남: 아니오, 직접 오면 됩니다. 입성은 4시까지입니다.

여: 히메지 역에서 걸어서 몇 분 걸립니까?

남: 걸어서 20분 정도입니다.

여: 하루 종일 보고 싶은데, 몇 시부터 들어갈 수 있습니까?

남: 9시부터입니다.

여자는 몇 시까지 히메지 역에 도착해야 합니까?

1　오전 9:00

2　오후 4:00

3　오후 3:40

4　오전 8:40

問題3

もんだい３では、えを<ruby>見<rt>み</rt></ruby>ながらしつもんを<ruby>聞<rt>き</rt></ruby>いてください。→（やじるし）の<ruby>人<rt>ひと</rt></ruby>は<ruby>何<rt>なん</rt></ruby>と<ruby>言<rt>い</rt></ruby>いますか。１から３の<ruby>中<rt>なか</rt></ruby>から、いちばんいいものを<ruby>一<rt>ひと</rt></ruby>つえらんでください。

문제 3에서는 그림을 보면서 질문을 들으세요. →(화살표)가 가리키는 사람은 뭐라고 말하겠습니까? 1부터 3 중에서 가장 적당한 것을 하나 고르세요.

<ruby>例<rt>れい</rt></ruby>：
<ruby>お土産<rt>みやげ</rt></ruby>を<ruby>買<rt>か</rt></ruby>いました。<ruby>会社<rt>かいしゃ</rt></ruby>の<ruby>人<rt>ひと</rt></ruby>にあげます。<ruby>何<rt>なん</rt></ruby>と<ruby>言<rt>い</rt></ruby>いますか。

M： 1 <ruby>お土産<rt>みやげ</rt></ruby>をあげますよ。

2 <ruby>お土産<rt>みやげ</rt></ruby>をいただきました。

3 これ、<ruby>お土産<rt>みやげ</rt></ruby>です。どうぞ。

정답：3

선물을 샀습니다. 회사 동료에게 줍니다. 뭐라고 말하겠습니까?

남: 1 선물을 줄게요.

2 선물을 받았습니다.

3 이거, 선물입니다. 자(가지세요).

<ruby>答<rt>こた</rt></ruby>えは３ですから、<ruby>解答欄<rt>かいとうらん</rt></ruby>に３と<ruby>書<rt>か</rt></ruby>いてください。

정답은 3번이므로 정답란에 3이라고 써 주세요.

1<ruby>番<rt>ばん</rt></ruby>

<ruby>一<rt>ひと</rt></ruby>つ<ruby>一<rt>ひと</rt></ruby>つ<ruby>包装<rt>ほうそう</rt></ruby>してもらいたいとき、<ruby>何<rt>なん</rt></ruby>と<ruby>言<rt>い</rt></ruby>いますか。

F： 1 <ruby>一<rt>ひと</rt></ruby>つずつ<ruby>量<rt>はか</rt></ruby>ってもらえませんか。

2 <ruby>別々<rt>べつべつ</rt></ruby>に<ruby>包<rt>つつ</rt></ruby>んでください。

3 <ruby>一<rt>ひと</rt></ruby>つにまとめて<ruby>包<rt>つつ</rt></ruby>んでください。

1번 정답：2
한 개 한 개 포장해 달라고 할 때 뭐라고 말합니까?

여: 1 한 개씩 달아 주지 않겠습니까?

   2 따로따로 포장해 주세요.

   3 하나로 합쳐서 싸 주세요.

해설 ～ずつ ～씩 | 量る 달다, 재다

2番

婚約したカップルに何といいますか。

M: 1 すごいですね。

   2 体に気をつけてね。

   3 おめでとうございます。

2번　정답:3

약혼한 커플에게 뭐라고 합니까?

남: 1 대단하네요.

   2 몸조심해.

   3 축하합니다.

3番

重い荷物を持っている人に、何といいますか。

M: 1 荷物を持っています。

   2 荷物を持ちましょうか。

   3 荷物を持ってもらおうか。

3번　정답:2

무거운 짐을 들고 있는 사람에게 뭐라고 말합니까?

남: 1 짐을 들고 있습니다.

   2 짐을 들어드릴까요?

   3 짐을 들어달라고 할까?

4番

着物を着た人といっしょに写真を撮りたいとき、何と言いますか。

F： 1　いっしょに写真を撮ってもらえませんか。

　　 2　私たちの写真を撮ってもらえますか。

　　 3　ここで写真を撮ってもいいですか。

4번　정답：1

기모노를 입은 사람과 사진을 찍고 싶을 때, 뭐라고 말합니까?

여： 1　같이 사진을 찍어 줄 수 없습니까?

　　 2　우리들의 사진을 찍어 줄 수 있습니까?

　　 3　여기서 사진을 찍어도 됩니까?

5番

隣の席と同じ食べ物を注文したいとき、何と言いますか。

F： 1　お腹が一杯になりました。

　　 2　頼んだのがまだ届きません。

　　 3　あれと同じものをください。

5번　정답：3

옆자리와 같은 음식을 주문하고 싶을 때, 뭐라고 말합니까?

여： 1　배가 부릅니다.

　　 2　주문한 것이 아직 나오지 않았습니다.

　　 3　저것과 같은 것을 주세요.

> 해설　一杯(한 잔/가득)가 부사로 쓰이면 '가득(히)'라는 뜻이고, 수사로 쓰이면 '한(1) 잔'이라는 뜻이다.
>
> お腹がいっぱいになる는 관용어로 '배가 부르다' 의 뜻이다.

問題 4

もんだい４では、えなどがありません。まずぶんを聞いてください。それから、そのへんじを聞いて、１から３の中から、いちばんいいものを一つえらんでください。

문제 4에서는 그림 같은 것이 없습니다. 우선 문장을 들으세요. 그러고 나서 그 대답을 듣고 1부터 3 중에서 가장 적당한 것을 하나 고르세요.

例：

F： スーパーへ買い物に行きますけど、何か買ってきましょうか。

M： 1　高いですよ。
　　　2　忙しそうです。
　　　3　あ、缶コーヒー、お願い。

정답: 3
여:슈퍼에 쇼핑하러 가는데 뭔가 사 올까요?

남:　1　비싸요
　　　2　바쁜 것 같습니다.
　　　3　아- 캔 커피 부탁해.

答えは３ですから、解答欄に３と書いてください。
정답은 3번이므로 정답란에 3이라고 써 주세요.

1番

F： それは何ですか。

M： 1　つまらないものですが。
　　　2　ほんの気持ちですが。
　　　3　ヨーロッパのお土産です。

1번　정답:3
여:그것은 무엇입니까?

남: 1 변변찮은 것입니다만.
　　2 작은 성의입니다만.
　　3 유럽에서 사 온 선물입니다.

해설 つまらないものですがや ほんの気持<small>き も</small>ちですが는 선물을 전할 때 쓰는 관용적인
말로 '별거 아니지만 받아주세요' 라는 의미이다.

2番<small>ばん</small>

M: 行<small>い</small>って参<small>まい</small>ります。

F : 1 お疲<small>つか</small>れ様<small>さま</small>でした。
　　2 行<small>い</small っていらっしゃい。
　　3 よく来<small>き</small>てくれましたね。

2번　정답:2

남: 다녀오겠습니다.

여: 1 수고하셨습니다.
　　2 다녀오세요.
　　3 잘 와 주었습니다.

3番<small>ばん</small>

F : お釣<small>つ</small>りの金額<small>きんがく</small>が間違<small>ま ちが</small>っているようです。

M: 1 もう一度確認<small>いち ど かくにん</small>させていただきます。
　　2 釣<small>つ</small>りはしません。
　　3 魚<small>さかな</small>は好<small>す</small>きじゃありません。

3번　정답:1

여: 거스름돈 금액이 틀린 것 같습니다.

남: 1 한 번 더 확인하겠습니다.
　　2 낚시는 하지 않습니다.
　　3 생선은 좋아하지 않습니다.

4番

M: 十月に結婚することになりました。

F: 1 ありがとうございました。

2 たいしたものですね。

3 それはおめでとうございます。

4번 정답:3

남: 10월에 결혼하게 되었습니다.

여: 1 고마웠습니다.

2 대단하네요.

3 그거 축하드립니다.

5番

F: 日本語の試験の結果はどうですか。

M: 1 残念ながら、合格しました。

2 おかげさまで、合格しました。

3 問題は難しかったです。

5번 정답:2

여: 일본어 시험 결과는 어떻습니까?

남: 1 유감이지만 합격했습니다.

2 덕분에 합격했습니다.

3 문제는 어려웠습니다.

> **해설** 시험결과를 물었는데 1은 합격했는데도 역접의 의미를 가진 残念ながら(유감이지만)을 사용해서 경사스러운 일과는 어울리지 않는다. 3은 문제가 어렵다고만 답하고 시험 결과에 대해서는 말하지 않았기 때문에 자연스러운 것은 2번 밖에 없다.

6番

M: ご両親によろしくお伝えください。

F: 1 はい、伝えておきます。

2 はい、手伝^{てつだ}います。

3 はい、伝^{つた}えてください。

6번　정답:1

남: 부모님께 안부 전해 주세요.

여: 1 예, 전해 두겠습니다.

　　2 예, 거들겠습니다.

　　3 예, 전해 주세요.

7番^{ばん}

M: 原^{はら}さん、暫^{しばら}くですね。

F： 1 そうですね。最近^{さいきん}はどう？

　　2 初^{はじ}めて日本^{にほん}に来^きました。

　　3 お会^あいできて嬉^{うれ}しいです。

7번　정답:1

남: 하라 씨, 오랜만이네요.

여: 1 그러네요. 요즘은 어때요?

　　2 처음 일본에 왔습니다.

　　3 만나서 반갑습니다.

> 해설 오랜만에 만난 두 지인의 대화인데 처음 만났을 때 하는 인사인 3번은 부자연스럽다. お
> 会^あいできます는 会^あいます의 겸양어인 お会^あいします를 가능형으로 표현한 것이다.

8番^{ばん}

M: 席^{せき}が見付^{みつ}からないんですが。

F： 1 通路側^{つうろがわ}の席^{せき}でよろしいでしょうか。

　　2 そうですか。ご案内^{あんない}いたしましょうか。

　　3 シートベルトを着用^{ちゃくよう}してください。

8번 정답:2

남: 자리를 못 찾겠는데요.

여: 1 통로 측 자리로 해 드리면 될까요?

2 그렇습니까. 안내해 드릴까요?

3 안전벨트를 착용해 주세요.

해설 よろしい는 いい의 정중체이고, ご案内致します는 案内します의 겸양어이다.

겸양어 만드는 공식: お+동사의 ます형 + する 또는 ご+한자어+致します

(예)会う→お会いする 만나 뵙다 | 紹介する→ご紹介する 소개해 드리다

（特別加強） 言語知識（文字・語彙）練習題

もんだい1 ＿＿＿＿ のことばは　ひらがなで　どうかきますか。
　　　　　１・２・３・４から　いちばん　いいものを　ひとつ　え
　　　　　らんでください。

1　こうじちゅうなので、地図の　とおりに　いくことが　できませ
　　ん。
　　１　きす　　　２　ちず　　　３　じず　　　４　ちす

2　びょういんで　やけどの　薬を　もらいました。
　　１　がく　　　２　やく　　　３　くすり　　　４　きらく

3　いつか　世界中を　りょこうしたいと　おもいます。
　　１　せかなか　　　　　　　２　せかいじゅう
　　３　せいかちゅう　　　　　４　せいかいなか

4　この　みちは　工事を　していますから、きを　つけてください。
　　１　くじ　　　２　くふう　　　３　こうじ　　　４　こち

5 あの　しろい　<u>建物</u>は　わたしの　かいしゃです。

1　だてもの　　2　けんちく　　3　けんぶつ　　4　たてもの

6 いつも　がっこうの　<u>食堂</u>で　ていしょくを　たべています。

1　しょくどう　　　　　　2　たべどう
3　しゅくどう　　　　　　4　しょくぶつ

7 この　バッグは　<u>形</u>は　いいけど、いろは　はですぎる。

1　みため　　2　つくり　　3　かたち　　4　けい

8 かるくて　<u>使</u>いやすい　パソコンを　かいました。

1　たと　　　2　つか　　　3　し　　　4　よう

9 いま、メールを　<u>送信</u>しました。

1　そうしん　　2　おくじん　　3　そじん　　4　しのぶ

10 <u>夏休み</u>の　けいかくを　たてました。

1　はるずみ　　　　　　2　ふゆすみ
3　なつやすみ　　　　　4　かきゅみ

11 ふゆやすみに　北海道へ　いくつもりです。

   1　ほっかいどう　　　　　　2　きたみちとう

   3　ほくかどう　　　　　　　4　きたじとう

12 台風で　いけの　みずが　あふれました。

   1　だいほう　　2　たいふう　　3　だいかぜ　　4　たいかぜ

13 あきは　くだものが　おいしい　季節です。

   1　きご　　　　2　きごう　　　3　きせつ　　　4　きせき

14 リモコンに　でんちを　入れました。

   1　にゅ　　　　2　にゅう　　　3　はい　　　　4　い

15 ライブには　ゆうめいな　歌手が　きていました。

   1　かしゅ　　　2　ちょうて　　3　そうしゃ　　4　うたしゃ

16 うちゅうは　広くて　しらないところが　たくさん　あります。

   1　ごう　　　　2　びろ　　　　3　かん　　　　4　ひろ

17 屋上の ビアガーデンは かんこうきゃくで いっぱいです。

1 やね 　　　　　　　　　2 おくじょう

3 やうえ 　　　　　　　　4 ごくじょう

18 かのじょは せが 低いですが、スポーツが じょうずです。

1 ひら 　　　 2 てい 　　　 3 ひく 　　　 4 たか

19 ロビーの 真ん中に テーブルが おいてあります。

1 しんなか 　　　　　　　2 しんちゅう

3 まんなか 　　　　　　　4 もんなか

20 大事な しゃしんですから、なくさないように して ください。

1 だいじ 　　　 2 だいごと 　　　 3 たいじ 　　　 4 たいせつ

21 どうしたんですか。 顔色が よくないですよ。

1 かおしょく 　　　　　　2 かおいろ

3 がんいろ 　　　　　　　4 げんいろ

22 この　かんじの　<u>読み方</u>を　おしえて　くれませんか。

1　どくみほう　　　　　　　　2　うみかた

3　よみかた　　　　　　　　　4　とくみほう

23 どようび　つごうが　よければ、みんなで　<u>集</u>まりませんか。

1　あじ　　　　2　しゅう　　　3　しゅつ　　　4　あつ

24 だいがくいんを　<u>出</u>たら、ぎんこうで　はたらきたいです。

1　で　　　　　2　だし　　　　3　いで　　　　4　しゅつ

25 ２０せいきに　かがくが　<u>進歩</u>しました。

1　しぼる　　　2　しんぼう　　3　しんぽ　　　4　しんぼる

もんだい2 _____のことばは どう かきますか。1・2・3・4か
ら いちばん いいものを ひとつ えらんでください。

1 この マンションの ちかに <u>ちゅう</u>車場が あります。

　　1 住　　　　2 柱　　　　3 駐　　　　4 注

2 ガラスや ちゃわんや <u>とう</u>器は もえない ごみです。

　　1 淘　　　　2 陶　　　　3 掏　　　　4 萄

3 やまださんは あかるくて、そのうえ とても <u>しんせつ</u> です。

　　1 規切　　　2 新切　　　3 親切　　　4 視切

4 これは ははから もらった <u>とくべつ</u>な ネックレスです。

　　1 特別　　　2 侍別　　　3 待別　　　4 持別

5 このへんは よるに なると <u>くらい</u>ですから、あぶないです。

　　1 黒　　　　2 明　　　　3 暗　　　　4 深

6 しごとで ねんに <u>いっかい</u> ヨーロッパに いきます。

　　1 1届　　　2 1次　　　3 1会　　　4 1回

7 エリカちゃんの　しゅみは　うたを　<u>うた</u>うことです。

1 峊　　　　2 歌　　　　3 哥　　　　4 珂

8 <u>しつもん</u>が　むずかしかったので　こたえられなかった。

1 資聞　　　2 質門　　　3 資問　　　4 質問

9 せんせいが　たんごの　いみを　<u>せつめい</u>してくださいました。

1 閲名　　　2 説明　　　3 説朋　　　4 脱明

10 かいしゃの　パーティーに　なにを<u>き</u>ていくか　かんがえます。

1 着　　　　2 規　　　　3 来　　　　4 紀

11 まいにち　<u>じてんしゃ</u>で　がっこうに　かよっています。

1 自伝社　　2 自伝車　　3 児転者　　4 自転車

12 おととい　タイごの　テキストを　<u>ちゅうもん</u>しました。

1 注文　　　2 注目　　　3 註問　　　4 駐聞

13 <u>こうつう</u>が　べんりな　ところに　すみたいです。

1 交番　　　2 苦痛　　　3 合都　　　4 交通

14 ともだちが　にゅういんしているので、おみまいに　いきました。

1　入院　　　2　入賞　　　3　入学　　　4　入籍

15 としょかんに　かがくや　ちりの　せんもんの　ほんが　あります。

1　治里　　　2　地理　　　3　塵　　　　4　知利

16 A「おてあらいは　どこですか。」

B「あの　ちゃいろの　ドアです。」

1　茶塗　　　2　茶色　　　3　茶白　　　4　茶室

17 テストが　おわったら　ほんを　かえして　ください。

1　返　　　　2　速　　　　3　送　　　　4　近

18 ゆうはんの　あとで　おちゃを　のみましょう。

1　夕日　　　2　夕方　　　3　夕食　　　4　夕飯

19 ひるごはんは　とりにくの　カレーに　しましょう。

1　蛙肉　　　2　鳥肉　　　3　豚肉　　　4　生肉

20 コンビニで　でんきだいを　はらいました。

1　電気代　　　2　電器台　　　3　電機台　　　4　電話代

21 ちょっと　がくせいしょうを　はいけんします。

1　派遣　　　2　拝見　　　3　発券　　　4　排研

22 あなたの　こえを　きいて、あんしんしました。

1　萌え　　　2　答え　　　3　音　　　4　声

23 しまいで　おなじ　とけいを　もっています。

1　始末　　　2　姉姝　　　3　姉妹　　　4　試合

24 フランスの　しゅとは　どこですか。

1　首途　　　2　首都　　　3　都会　　　4　首相

25 しけんが　おわったら、1週間くらい　りょこうしたいです。

1　涼子　　　2　良好　　　3　旅行　　　4　慮公

もんだい3 （　　　）に　なにを　いれますか。1・2・3・4から
いちばん　いいものを　ひとつ　えらんでください。

1 　論文の　（　　　）を　かんがえています。

　　1　チーム　　　2　シーマ　　　3　テーマ　　　4　デンマーク

2 　妹と　わたしは　ピアノの　（　　　）を　はじめました。

　　1　リフト　　　2　レッスン　　3　リーズン　　4　レーズン

3 　（　　　）ラーメンを　食べるのが　すきですか。

　　1　コップ　　　2　チャワン　　3　カップ　　　4　ドンブリ

4 　パンと　野菜が　あれば、（　　　）が　つくれます。

　　1　サンドイツ　　　　　　　　2　ハンドイッチ
　　3　スイッチ　　　　　　　　　4　サンドイッチ

5 　あの　レストランは　安いし、（　　　）もいいですから、人気が
　　あります。

　　1　サビース　　　　　　　　　2　サービス
　　3　サービース　　　　　　　　4　サッビス

6 （　　　）部屋を　かりたく　ありません。

　　1　しずい　　　2　せまい　　　3　すくい　　　4　にがい

7 カードは　（　　　）から、あとで　読んで。

　　1　はずかしい　　　　　　　2　つめたい
　　3　やさしい　　　　　　　　4　かっこういい

8 （　　　）結果に　なりました。

　　1　ゆうめいな　　　　　　　2　がんこな
　　3　ざんねんな　　　　　　　4　けちな

9 村上さんには　今度　ちゃんと　（　　　　）。

　　1　あやまります　　　　　　2　うつります
　　3　まがります　　　　　　　4　がんばります

10 こうべで　国際会議が　（　　　　）れます。

　　1　ひらき　　　2　おこなわ　　　3　あけら　　　4　はじま

11 ライスの　ない生活は　（　　　）ない。

1　できられ　　　　　　　　2　おもわれ

3　おくりられ　　　　　　　4　かんがえられ

12 糸を　（　　　）　切りました。

1　きれく　　2　おいしく　　3　みじかく　　4　せまく

13 美術館の　絵に　（　　　）　ください。

1　さわらなくて　　　　　　2　おすな

3　さわらないで　　　　　　4　さがすな

14 （　　　）　都　です。

1　すめば　　2　すんだら　　3　すると　　4　するなら

15 両親からの　小包は　まだ　（　　　）　いない。

1　つかて　　2　ついて　　3　ついた　　4　つく

16 善は　（　　　）。

1　いそご　　2　いそいて　　3　いそげ　　4　いそげば

17 ことしの 夏は （　　　） 暑かった。

　　1　とくに　　2　とく　　　3　かく　　　4　べつに

18 （　　　）に 寝たが、まだ 眠い。

　　1　じぶん　　　　　　　2　じゅっぷん
　　3　じっぷん　　　　　　4　じゅうぶん

19 （　　　） 電子レンジを 直さなかったの？

　　1　どんなに　　　　　　2　どうして
　　3　どうやって　　　　　4　どういう

20 雨に 濡れた。（　　　）、風邪を ひいた。

　　1　あれで　　2　これで　　3　それで　　4　ところで

21 A「彩加も パーティーに 来るの？」
　　B「彼女は 来る（　　　）。」

　　1　だって　　2　て　　　　3　だ　　　　4　って

22 約束が ある（　　　）、コンサートに 行けない。

　　1　のが　　　　2　のを　　　　3　ので　　　　4　のは

23 しんごうが （　　）に 変わりました。

　　1　あかい　　　2　あか　　　　3　あおい　　　　4　あかちゃん

24 （　　　）へ 地図を もらいに いった。

　　1　あんないしょう　　　　　　2　あんないしょ

　　3　あんないじょ　　　　　　　4　あんないじょう

25 夜の （　　　）は きけんだ。

　　1　かいちゅう　　　　　　　　2　がいちゅう

　　3　かいじゅつ　　　　　　　　4　がいしゅつ

특별부록 언어지식(문자·어휘) 해답 + 해설

문제 1 밑줄 친 말은 히라가나로 어떻게 씁니까? 1, 2, 3, 4 중에서 가장 적당한 것을 하나 고르세요.

1 こうじちゅうなので、地図の とおりに いくことが できません。

공사 중이기 때문에 지도대로 갈 수가 없습니다.

해답:2

해설 ～通りに(～하는 대로, ～에 따라, ～와 같이) 동사의 기본형이나 た형에 접속하며, 명사의 경우에는 ～のとおり나 どおり 명사에 바로 접속하는 경우 가 된다. (예)矢印の通り 화살표를 따라, 화살표대로 | ご覧の通り 보시는 바와 같이 私は予定通に出発します。 저는 예정대로 출발하겠습니다.

2 びょういんで やけどの 薬を もらいました。

병원에서 화상 약을 받았습니다.

해답:3

3 いつか 世界中を りょこうしたいと おもいます。

언젠가 전 세계를 여행하고 싶습니다.

해답:2

4 この みちは 工事を していますから、きを つけてください。

이 길은 공사를 하고 있으니까 조심해 주세요.

해답:3

5 あの しろい 建物は わたしの かいしゃです。

저 하얀 건물은 저의 회사입니다.

해답:4

6 いつも がっこうの 食堂で ていしょくを たべています。
<ruby>食堂<rt>しょくどう</rt></ruby>

항상 학교 식당에서 정식을 먹고 있습니다.

해답:1

7 この バッグは 形は いいけど、いろは はですぎる。
<ruby>形<rt>かたち</rt></ruby>

이 가방은 모양은 괜찮은데 색깔은 너무 화려하다.

해답:3

해설 派手 화려함

8 かるくて 使いやすい パソコンを かいました。
<ruby>使<rt>つか</rt></ruby>

가볍고 사용하기 쉬운 컴퓨터를 샀습니다.

해답:2

9 いま、メールを 送信しました。
<ruby>送信<rt>そうしん</rt></ruby>

방금 메일을 송신했습니다.

해답:1

10 夏休みの けいかくを たてました。
<ruby>夏休<rt>なつやす</rt></ruby>

여름 휴가 계획을 세웠습니다.

해답:3

11 ふゆやすみに 北海道へ いくつもりです。
<ruby>北海道<rt>ほっかいどう</rt></ruby>

겨울방학에 홋카이도에 갈 생각입니다.

해답:1

12 台風で いけの みずが あふれました。
<ruby>台風<rt>たいふう</rt></ruby>

태풍으로 인해 연못의 물이 넘쳤습니다.

해답:2

13 あきは くだものが おいしい 季節です。
<ruby>季節<rt>きせつ</rt></ruby>

가을은 과일이 맛있는 계절입니다.

해답 : 3

> (해설) 季語: 俳句(하이쿠) 등에서 춘하추동의 계절감을 나타내기 위해 반드시 넣도록
> 정해진 말 | 記号 기호 | 奇跡 기적

14 リモコンに　でんちを　入れました。

리모컨에 전지를 넣었습니다.

해답 : 4

15 ライブには　ゆうめいな　歌手が　きていました。

라이브에는 유명한 가수가 와 있었습니다.

해답 : 1

16 うちゅうは　広くて　しらないところが　たくさん　あります。

우주는 넓고 모르는 곳이 많이 있습니다.

해답 : 4

17 屋上の　ビアガーデンは　かんこうきゃくで　いっぱいです。

옥상의 비어가든(beer garden)은 관광객으로 꽉 찼습니다.

해답 : 2

18 かのじょは　せが　低いですが、スポーツが　じょうずです。

그녀는 키가 작습니다만, 운동을 잘 합니다.

해답 : 3

> (해설) 일본어에서 背는 키를 나타내기도 하고, 신체의 일부인 등이나 뒤, 배후, 배경
> 의 뜻도 있다.
>
> (예)背が高い 키가 크다 | 背が低い 키가 작다 | 背中 등

19 ロビーの　真ん中に　テーブルが　おいてあります。

로비의 한 가운데에 테이블이 놓여 있습니다.
해답 : 3

20 大事<ruby>な しゃしんですから、なくさないように して ください。

소중한 사진이니까 잃어버리지 않도록 해 주세요.

해답:1

21 どうしたんですか。 顔色が よくないですよ。

무슨 일 있으세요? 안색이 좋지 않아요.

해답:2

22 この かんじの 読み方を おしえて くれませんか。

이 한자의 읽는 법을 가르쳐 주지 않겠습니까?

해답:3

23 どようび つごうが よければ、みんなで 集まりませんか。

토요일 시간이 되면 다 함께 모이지 않겠습니까?

해답:4

> **해설** 集まる는 '모이다'라는 자동사로 '집합'의 뜻이 있고, 集める는 '모으다'라는 타동사로 '수집'의 의미가 있다.

24 だいがくいんを 出たら、ぎんこうで はたらきたいです。

대학원을 나오면 은행에서 일하고 싶습니다.

해답:1

25 ２０せいきに かがくが 進歩しました。

20세기에 과학이 진보했습니다.

해답:3

문제 2 밑줄 친 말은 어떻게 씁니까? 1, 2, 3, 4 중에서 가장 적당한 것을 하나 고르세요.

---

1 この　マンションの　ちかに　駐車場が　あります。

이 맨션의 지하에 주차장이 있습니다.

해답:3

---

2 ガラスや　ちゃわんや　陶器は　もえない　ごみです。

유리나 밥공기나 도자기는 불연 쓰레기입니다.

해답:2

---

3 やまださんは　あかるくて、そのうえ　とても　親切　です。

야마다 씨는 명랑하고, 게다가 매우 친절합니다.

해답:3

---

4 これは　ははから　もらった　特別な　ネックレスです。

이것은 어머니한테 받은 특별한 목걸이입니다.

해답:1

---

5 このへんは　よるに　なると　暗いですから、あぶないです。

이 근처는 밤이 되면 어두우니까 위험합니다.

해답:3

---

6 しごとで　ねんに　1回　ヨーロッパに　いきます。

업무 차 1년에 한 번 유럽에 갑니다.

해답:4

---

7 エリカちゃんの　しゅみは　うたを　歌うことです。

에리카의 취미는 노래를 부르는 것입니다.

해답:2

---

8 質問が　むずかしかったので　こたえられなかった。

질문이 어려웠기 때문에 대답할 수 없었다.

해답：4

9 せんせいが　たんごの　いみを　説明してくださいました。

선생님이 단어의 뜻을 설명해 주셨습니다.

해답：2

10 かいしゃの　パーティーに　なにを着ていくか　かんがえます。

회사 파티에 무엇을 입고 갈지 생각합니다.

해답：1

11 まいにち　自転車で　がっこうに　かよっています。

매일 자전거로 학교에 다니고 있습니다.

해답：4

12 おととい　タイごの　テキストを　注文しました。

그저께 태국어 교재를 주문했습니다.

해답：1

13 交通が　べんりな　ところに　すみたいです。

교통이 편리한 곳에 살고 싶습니다.

해답：4

14 ともだちが　入院しているので、おみまいに　いきました。

친구가 입원했기 때문에 병문안하러 갔습니다.

해답：1

15 としょかんに かがくや 地理の せんもんの ほんが あります。

도서관에 과학이나 지리 전문 책이 있습니다.

해답:2

16 A「おてあらいは どこですか。」
 B「あの 茶色の ドアです。」

A「화장실은 어디입니까?」
B「저 갈색 문입니다.」

해답:2

17 テストが おわったら ほんを 返して ください。

시험이 끝나면 책을 돌려 주세요.

해답:1

18 夕飯の あとで おちゃを のみましょう。

저녁 식사 후에 차를 마십시다.

해답:4

19 ひるごはんは 鳥肉の カレーに しましょう。

점심은 닭고기 카레로 합시다.

해답:2

> **해설** 명사+にします는 '(명사)로 하겠습니다'의 의미로 자신이 결정하거나 선택을 할 때 사용한다. (예)私はコーヒーにします。저는 커피로 하겠습니다.

20 コンビニで 電気代を はらいました。

편의점에서 전기 요금을 지불했습니다.

해답 : 1

해설 수수료를 나타내는 용어로 '요금', '대금', '비용' 등이 있다. '요금'은 약칭해서 '료 料'로 쓰고 예를 들면 '수업료'로, '대금'은 약칭해서 '대 代'로 쓰고 '수도대', '식대' 등으로 쓴다. '비용'의 약칭으로는 '비 費'를 쓰고 예를 들면 '공익비', '관리비', '광 열비', '수도전기비'로 쓴다.

21 ちょっと　がくせいしょうを　拝見_{はいけん}します。

잠깐 학생증을 보겠습니다.

해답 : 2

해설 拝見_{はいけん}します(보겠사옵니다)는 見_みます(보겠습니다)의 겸양어이다.

22 あなたの　声_{こえ}を　きいて、あんしんしました。

당신의 목소리를 듣고 안심했습니다.

해답 : 4

23 姉妹_{しまい}で　おなじ　とけいを　もっています。

자매가 같은 시계를 가지고 있습니다.

해답 : 3

24 フランスの　首都_{しゅと}は　どこですか。

프랑스의 수도는 어디입니까?

해답 : 2

25 しけんが　おわったら、1週間_{しゅうかん}くらい　旅行_{りょこう}したいです。

시험이 끝나면 1주일 정도 여행하고 싶습니다.

해답 : 3

문제 3 (　) 에 무엇을 넣습니까? 1, 2, 3, 4 중에서 가장 적당한 것을 하나 고르세요.

1 論文の テーマ を　かんがえています。

논문(테마)을 생각하고 있습니다.
해답: 3

2 妹と　わたしは　ピアノのレッスン を　はじめました。

여동생과 나는 논문 (레슨)을 시작했습니다.
해답: 2

3 カップ ラーメンを　食べるのが　すきですか。

(컵)라면 먹는 것을 좋아합니까?
해답: 3

해설 '컵'에 대한 일본어는 「コップ」, 「カップ」, 「茶碗」 등이 있다. 「コップ」라는 단어는 원래 손잡이가 없는 유리로 만든 원통형 컵을 의미하는 네덜란드어 「kop」에서 유래했다.

「カップ」는 영어 「cup」에서 유래했으며, 이는 외국 스타일의 찻잔과 손잡이가 있는 찻그릇을 의미한다.

「茶碗」은 손잡이가 없는 일본식 찻잔으로 큰 것은 밥그릇으로 사용할 수 있다. 컵라면의 용기에는 손잡이가 없지만 컵라면을 만들기 전에 컵라면을 머그잔에 넣어 끓이는 경우가 많기 때문에 「カップラーメン」이라고 한다.

4 パンと　野菜が　あれば、サンドイッチ が　つくれます。

빵과 야채가 있으면 (샌드위치)를 만들 수 있습니다.
해답: 4

5 あの　レストランは　安いし、サービス もいいですから、人気が　あります。

저 레스토랑은 싸고, (서비스)도 좋기 때문에 인기가 있습니다.
해답: 2

6 せまい 部屋<ruby>へや</ruby>を かりたく ありません。

(좁은) 방을 빌리고 싶지 않습니다.

해답:2

> **해설** 1번은 静<ruby>しず</ruby>かな의 잘못된 표기이다. 3번은 救<ruby>すく</ruby>い 구원, 구조 4번는 苦<ruby>にが</ruby>い 쓰다

7 カードは はずかしい から、あとで 読<ruby>よ</ruby>んで。

카드는 (부끄러우)니까 나중에 읽어.

해답:1

8 ざんねんな 結果<ruby>けっか</ruby>に なりました。

(아쉬운) 결과가 되었습니다.

해답:3

9 村上<ruby>むらかみ</ruby>さんには 今度<ruby>こんど</ruby> ちゃんとあやまります。

무라카미 씨에게는 다음에 제대로 (사과하겠습니다).

해답:1

10 こうべで 国際会議<ruby>こくさいかいぎ</ruby>が おこなわ れます。

고베에서 국제 회의가 (거행)됩니다.

해답:2

11 ライスの ない 生活<ruby>せいかつ</ruby>は かんがえられ ない。

쌀이 없는 생활은 (생각할 수) 없다.

해답:4

12 糸<ruby>いと</ruby>を みじかく 切<ruby>き</ruby>りました。

실을 (짧게) 잘랐습니다.

해답:3

13 美術館<ruby>びじゅつかん</ruby>の 絵<ruby>え</ruby>に さわらないで ください。

미술관의 그림에 (손대지 말아) 주세요.

해답:3

14 すめば 都 です

(살면) 고향입니다.

해답:1

해설 住めば都 란 타향도 오래 살아서 정이 들면 그곳이 고향이나 마찬가지라는 뜻의 일본 속담이다. 住めば는 住む의 조건형이다.

15 両親からの 小包は まだ ついて いない。

부모님이 보낸 소포는 아직(도착하지) 않았다.

해답:2

16 善は いそげ。

좋은 일은 (서둘러라).

해답:3

해설 善は急げ 란 좋은 일은 서둘러야 한다는 뜻의 일본 속담으로 한국 속담의 '쇠뿔은 단김에 빼라'는 속담과 비슷하다. 急げ는 急ぐ의 명령형이다.

17 ことしの 夏はとくに 暑かった。

올해 여름은 (특히) 더웠다.

해답:1

18 じゅうぶんに 寝たが、まだ 眠い。

(충분)히 잤지만 아직 졸린다.

해답:4

19 どうして 電子レンジを 直さなかったの？

(왜) 전자레인지를 고치지 않았어?

해답:2

20 雨に 濡れた。それで、風邪を ひいた。

비에 젖었다. (그래서) 감기에 걸렸다.

해답:3

21 A「彩加も パーティーに 来るの？」
B「彼女は 来るって。」

A「아야카도 파티에 오는 거야?」
B「그녀는 온(대)」

해답:4

> 해설 ～って(～래, ～대)는 문장의 종지형에 붙여서 제3자로부터 들은 내용을 또 다른 사람에게 전달할 때 쓰는 전문(伝聞)용법으로 ～そうだ나 ～ということだ의 구어체 표현이다.

22 約束が ある ので、コンサートに 行けない。

약속이 있기(때문에), 콘서트에 갈 수 없다.

해답:3

23 しんごうが あか に 変わりました。

신호등이 (빨간색)으로 바뀌었습니다.

해답:2

24 あんないじょへ 地図を もらいに いった。

(안내소)에 지도를 받으러 갔다.

해답:3

25 夜の がいしゅつ は きけんだ。

밤의 (외출)은 위험하다.

해답:4

JLPT 실전 모의고사 N4

초판 인쇄일 2023년 1월 19일
초판 발행일 2023년 1월 31일

지은이 하마가와 마유미, 차이리링
옮긴이 지윤철
발행인 박정모
등록번호 제9-295호
발행처 도서출판 혜지원
주소 (10881) 경기도 파주시 회동길 445-4(문발동 638) 302호
전화 031) 955-9221~5 팩스 031) 955-9220
홈페이지 www.hyejiwon.co.kr

기획 · 진행 박혜지
디자인 조수안
영업마케팅 김준범, 서지영
ISBN 979-11-6764-044-4
정가 17,000원

新日檢JLPT N4 關鍵540題：文字、語彙、文法、讀解、聽解一次到位